U0955648

· 二十一世纪“双一流”建设系列精品教材

税收筹划理论与实务

（第二版）

SHUISHOU CHOUHUA LILUN YU SHIWU

主　编　龙　敏　陈永智

副主编　冯世全　任郁楠

根据最新增值税税率（13%、9%、6%）、
个人所得税法最新政策编写

西南财经大学出版社

中国·成都

图书在版编目(CIP)数据

税收筹划理论与实务/龙敏,陈永智主编 .—2 版.—成都:西南财经大学出版社,2020. 8
ISBN 978-7-5504-4489-8

Ⅰ. ①税…　Ⅱ. ①龙…②陈…　Ⅲ. ①税收筹划—教材　Ⅳ. F810. 423

中国版本图书馆 CIP 数据核字(2020)第 148079 号

税收筹划理论与实务(第二版)

主　编:龙敏　陈永智

副主编:冯世全　任郁楠

策划编辑:羊建容

责任编辑:王琳

封面设计:墨创文化　张姗姗

责任印制:朱曼丽

出版发行	西南财经大学出版社(四川省成都市光华村街 55 号)
网　　址	http://www. bookcj. com
电子邮件	bookcj@ foxmail. com
邮政编码	610074
电　　话	028-87353785
照　　排	四川胜翔数码印务设计有限公司
印　　刷	四川新财印务有限公司
成品尺寸	185mm×260mm
印　　张	17. 25
字　　数	365 千字
版　　次	2020 年 8 月第 2 版
印　　次	2020 年 8 月第 1 次印刷
印　　数	1— 3000 册
书　　号	ISBN 978-7-5504-4489-8
定　　价	39. 80 元

第二版前言

税收筹划是市场经济发展到一定阶段的产物，是在对税收制度和税收政策充分研究的基础上，通过对纳税人具体情况的分析，为纳税人提出合理纳税安排，以规避税务风险、合法减轻纳税人税收负担的一门实践性极强的课程。“税收筹划理论与实务”是应用型高等院校财经专业的一门核心课程。“税收筹划理论与实务”服务财会专业人才培养目标，培养具有一定税收筹划知识的应用型人才。随着个人所得税制度和增值税制度的重大调整，为了满足社会对税收筹划知识的最新需求，我们在第一版教材的基础上对本教材进行了及时更新和完善，修订了增值税筹划、个人所得税筹划等相关内容，补充了资产租赁筹划、资产重组筹划等知识点，以满足广大师生的要求。

本教材为第二版，坚持理论与实务相结合的原则，以税收筹划能力的培养为主线，直接为培养学生从事税收筹划工作应具备的基本知识、基本技能和操作能力服务。本教材内容包括三篇。上篇包括税收筹划概述、税收筹划模型与技术，中篇包括增值税的税收筹划、消费税的税收筹划、企业所得税的税收筹划、个人所得税的税收筹划、关税及其他税种的税收筹划，下篇包括企业成长的税收筹划、企业财务管理的税收筹划、企业经营的税收筹划。本教材收录100多个税收筹划案例，有利于培养应用型的税收筹划人才。

本次修订在借鉴大量优秀税收筹划成果的基础上，结合笔者对税收筹划理论的认知和多年以来实务工作的经验进行编写，具有以下特色：

（1）实用性、针对性、应用性强。

本教材在介绍税收筹划理论的基础上，更加注重税收筹划的实用性、针对性、应用性。本教材涉及案例100多个，案例经典、丰富，让学生能够尽快掌握税收筹划的基本思想。

（2）适合税收筹划应用型人才的培养。

本教材强调理论与实践相结合，突出实践性和应用性，力求场景化教学。教材编写的形式与内容适合税收筹划应用型人才的培养。每章开头设置“能力培养目标”，让学生懂得本章学习的基本目标；在每章学习之前，设置“案例导入”，激发学生的学习兴趣；在对筹划案例的讲解过程中，按照“筹划案例”“工作要求”“税法依据”“筹划思路”“筹划过程”“筹划结论”“筹划点评”7个方面对税收筹划案例进行分析，这种安排一是加强学生对税收筹划理论的理解，二是培养学生的实务操作能力。

(3) 时效性强。

本次修订根据2016年以来我国税制变化，尤其是结合近几年在全国范围内进行的“营改增”改革和个人所得税改革、环境税改革的最新进展进行了全面修订，即以最新税法和会计准则为依据编写的，体现了较强的时效性。

本教材适合于财务管理、会计、财政、工商管理、审计、项目管理、税务等专业的本科及专科教学，也可以作为研究生教育的参考阅读资料，对于从事税务咨询、税收筹划和企业财务管理的工作者也具有参考价值。本课程的先行课程是财务管理、财务会计、税务会计、税法等。

本次修订工作由龙敏、陈永智、冯世全负责，具体分工如下：第1章由陈永智执笔，第2、3、10章由龙敏执笔，第4、5章由冯世全执笔，第6、9章由任郁楠执笔，第7章由时燕君执笔，第8章由褚德勇执笔，第11章由褚德勇执笔。

本教材在编写过程中参阅了大量与本学科相关的学术专著、论文与教材，在此向其作者表示深深的谢意。由于编者能力和水平有限，加之我国税法一直处在不断改革和完善的进程中，本教材中定有不当之处，敬请广大读者批评指正。

编 者

2020年6月

目 录

上篇 税收筹划概论

中篇 国内税种的筹划

下篇　企业经济活动中的税收筹划

上篇　税收筹划概论

第 1 章
税收筹划概述

培养能力目标

(1) 理解税收筹划的含义和特点；

(2) 理解税收筹划产生的原因；

(3) 掌握税收筹划的目标与原则；

(4) 能进行税收筹划的成本与收益分析；

(5) 懂得税收筹划的基本步骤；

(6) 熟悉税收筹划的风险及其防范。

案例导入

税收筹划的案例认知

甲公司因生产经营困难，打算连同厂房、设备一起出租给乙公司，双方谈定厂房连同设备一年的租金是 1 000 万元，然后双方签订了租赁合同。公司的出租行为及为此而签订的租赁合同都要产生纳税义务。

工作要求　请对上述业务进行税收筹划。

案例解析　见本章的 1.1。

1.1　税收筹划的内涵

1.1.1　税收筹划的概念

在经济发达的西方国家流行着这样一句富有哲理的名言："世界上有两件事是不可避免的，那就是死亡和税收。"在我国，税收已经渗透社会经济活动和人民日常生活的各个方面，发挥着越来越重要的作用，尤其与纳税人的自身经济利益息息相关。任何纳税人都有着强烈的规避税负的愿望和动机，纳税人要求以最小的投入，获得最大的产出，这是税收筹划的经济基础和现实客观条件。

税收筹划、纳税筹划、税务筹划都是根据英文"Tax Planning"翻译而来，在此不做具体区分。为了统一，本书采用"税收筹划"一词进行表述，下面是国内外一些学者或词典对税收筹划的解释。

荷兰国际财政文献局（IBFD）编写的《国家税收词汇》一书中认为：“税收筹划是通过对纳税人经营活动或个人事务活动的安排，实现缴纳最低的税收。”

美国加州大学 W. B. 梅格斯博士在与他人合著的《会计学》一书中，对税收筹划的阐述是：“人们合理而又合法地安排自己的经营活动，使之缴纳可能最低的税收。他们使用的方法可能被称为税收筹划……少缴税和递延纳税是税收筹划的目标所在。”另外还说：“在纳税发生之前，系统地对企业经营或投资行为做出事先安排，以达到尽量少缴所得税的目的，这个过程就是税收筹划。”

印度税务专家 N. J. 雅萨斯威在《个人投资和税收筹划》一书中指出：“税收筹划时纳税人通过财务活动的安排，以充分利用税收法规所提供的包括减免税在内的一切优惠，从而获得最大的税收利益。”

以上三种解释在国外较为权威，通过仔细分析，它们之间存在一些细微的差异。印度税务专家 N. J. 雅萨斯威的税收筹划定义实际上是建立在利用税收优惠的基础之上的，是严格意义上的节税；荷兰国际财政文献局的定义过于强调缴纳最低税收，忽略了纳税人的整体利益；美国加州大学 W. B. 梅格斯博士的定义较为全面，但着重强调税负最低这一单一目标。

我国自改革开放以来，特别是 20 世纪 90 年代以来，学术界也对税收筹划概念进行了深入研究。比较有代表性的观点主要有以下几种：第一种观点认为，税收筹划时纳税人依据所涉及的现行税法，在遵守税法、尊重税法的前提下，运用纳税人的权利，根据税法中“允许”与“不允许”“应该”与“不应该”及“非不允许”与“非应该”的项目、内容等，对组建、经营、投资、筹资活动进行旨在减轻税负的谋划和对策。第二种观点认为，税收筹划应包括一切采用合法和非违反法律、法规的手段进行的纳税方面的策划和有利于纳税人的财务安排，主要包括节税筹划、避税筹划、转嫁筹划和实现涉税零风险筹划。第三种观点认为，税收筹划是指纳税人在税法规定许可的范围内，通过对经营、投资、理财活动的事先筹划和安排，尽可能地取得节约税收成本的税收利益。

【例 1-1】导入案例解析

【税法依据】出租房产的，房产税采用从租计征方式，以租金收入作为计税依据，按 12%税率计征。

【筹划思路】在厂房、设备一起出租的情况下，我们应当将厂房与设备的租金分开核算，分开签订合同，从而可以降低房产税从租计征的计税依据。

【筹划过程】

方案 1：厂房连同设备一年的租金是 1 000 万元，统一签订合同。

甲公司应缴纳的房产税 = 1 000 ×12% = 120（万元）

方案 2：将统一签订的合同改为两个合同签订，即签一份 300 万元的厂房出租合同，同时签一份 700 万元的设备出租合同，总计租金仍为 1 000 万元。

甲公司应缴纳的房产税 = 300 ×12% = 36（万元）

【筹划结论】方案2比方案1少缴纳房产税84万元（120−36 = 84万元），因此应当选择方案2。

【筹划点评】纳税人将厂房与设备及附属设施一并出租收取租金时，应当就厂房与设备分开签订租赁合同。在一般情况下，这样可以降低房产税的计税依据，达到降低税负的目的。但我们应注意以事实为依据，注重合理性。

因此，结合我国实际情况，我们认为，税收筹划是指纳税人在纳税行为发生之前，在不违反国家税收法律、法规及其他相关法律、法规的前提下，通过对纳税人的经营活动或投资活动等涉税事项进行事先的安排，以实现税收利益即以经济利益最大化为目标的一系列谋划活动。

1.1.2 税收筹划的特点

从上文中税收筹划的含义可以看出，税收筹划具有以下主要特点。

1.1.2.1 合法性

合法性是税收筹划最本质的特点，也是税收筹划区别于逃避税行为的基本标志。税收筹划的合法性是指纳税人根据国家税收法律、法规和政策导向，通过对投资、融资、供应、生产、销售和利润分配等经营活动的合理安排，达到减轻或延迟纳税义务的一种合法行为，即只能在法律许可的范围内进行。也就是说，对于纳税人而言，其行为不仅在形式上合法，在实质上也顺应了政府的立法意图；对于税务机关而言，其应该依法征税，保护和鼓励税收筹划。

1.1.2.2 遵从性

税收筹划应该在税务机关认可的条件下进行。《中华人民共和国税收征收管理法》（以下简称《税收征管法》）规定：税务机关依照法律、行政法规的规定征收税款，不得违反法律、行政法规的规定开征、停征、少征、提前征收、延缓征收或者摊派税款。其中，《税收征管法》第三十三条规定：纳税人可以依照法律、行政法规的规定书面申请减税、免税。减税、免税的申请需经法律、行政法规规定的减税免税审查机关审批。因此，任何纳税人的税收筹划都必须遵从三条原则：第一，纳税人制定的税收筹划方案应得到税务机关的认可，只有在税务机关认定合法的前提下，才能付诸具体行动；第二，要向税务机关提出相应的书面申请，由税务机关进行审查审批；第三，特殊的税收筹划方式，应在与税务机关达成共识后方可操作。

1.1.2.3 超前性

超前性是指事先规划、事先设计、事先安排的意思。在经济生活中，纳税行为相对于纳税人的经济行为而言，具有滞后的特点。纳税人在发生经济行为之后产生纳税义务，纳税人在实现收益或分配收益之后，才计算缴纳所得税；纳税人在取得财产之后才会缴纳财产税。因此，税收筹划应在纳税人的纳税义务发生之前，进行规划设计，事先安排，测算税收筹划的效果。若是在纳税人的纳税义务已经发生或发生之后，再做所谓的筹划，那就不是税收筹划，而是逃税或避税了。

1.1.2.4 综合性

税收筹划是一门很复杂的实践艺术，纳税人在进行一种税的筹划时，还要考虑与之有关的其他税种的税负效应，进行整体筹划、综合衡量，以求整体税负最轻、长期税负最轻，防止顾此失彼、前轻后重。因为，有时税收筹划的节税目标与企业整体理财目标会出现矛盾。一是税收支出与其他成本支出的矛盾。税收支出少，但如果其他成本高，节税就不能带来资本总体收益的增加。二是节税与现金流量的矛盾。如果一个纳税人的现金前松后紧，滞延纳税时间将不利于纳税人资金收支的管理，会加剧后期现金流动的紧张，造成纳税人资金运动困难。三是如果纳税人在实施税收筹划过程中片面地追求节税及自身效益的提高，则会扰乱正常的经营理财秩序，导致纳税人内在经营机制的紊乱，并最终使得纳税人遭受更大的损失。这些情况的出现和发生都有违于税收筹划的初衷。因此，将税收筹划看作一种单纯的节税行为是不可取的，应当进行综合考虑。

1.1.2.5 时效性

税收法律、法规和相关的政策处在不断的发展变化之中，尤其是目前我国正处在经济发展较快的时期，一些税收法律、法规、政策将会发生较大变动，这就使得税收筹划必须面对现实，及时把握税收法律、法规和政策发生的变化，使之更适应经济和税收工作的特点，适时筹划方能获得更大的经济利益。否则，税收法律、法规、政策变化后的溯及力很可能使预定的税收筹划策略失去原有的效用，“变质”成避税甚至逃税，给纳税人带来纳税风险。在利用税收优惠政策筹划时我们要注意这一点。

1.1.2.6 专业性

专业性是指税收筹划已经形成一项专门的服务，税收筹划涉及税收学、管理学、财务学、会计学、法学等学科，这需要专业人员进行操作。随着全球经济日趋一体化，国际经贸业务日益频繁，规模也越来越大，各国税制也越来越复杂，纳税人仅靠自身进行税收筹划已经显得力不从心，作为第三产业的税务代理、税务咨询便应运而生。现在世界各国，尤其是发达国家的会计师事务所、律师事务所纷纷开辟和发展有关税收筹划的咨询业务，说明税收筹划正向专业化发展。

1.1.3 税收筹划的分类

税收筹划根据不同的标准，主要可以划分为以下不同的类型。

1.1.3.1 根据税收筹划服务的对象不同分类

根据税收筹划服务的对象不同，税收筹划可以分为法人税收筹划和自然人税收筹划两大类。

法人税收筹划是把经济运行主体——法人作为税收筹划对象，对法人的组建、分支机构的设立、筹资、投资、运营、核算、分配等方面进行税收筹划以达到经济利益最大化的目标。本教材以法人作为税收筹划研究和实施的主要内容。

自然人税收筹划主要是在个人投资理财领域进行的。目前我国税制模式决定了自然人不是税收的主要缴纳者，虽然涉及自然人的税种不少，但纳税总量不大，因此自然人的税收筹划需求相对于法人（企业）的税收筹划要小一些。随着经济的发展、个人收入水平的提高及个人收入渠道的增多，我国自然人的税收筹划需求也会相应增加。

1.1.3.2　根据税收筹划涉及的区域分类

根据税收筹划涉及的区域，税收筹划可以分为国内税收筹划和国际税收筹划两大类。

国内税收筹划是指非跨国纳税人对在国内从事生产经营、投资理财活动进行的税收筹划。国内纳税人进行的国内税收筹划的主要依据是国内的税收法律法规及其国内的相关政策。

国际税收筹划是指跨国纳税人利用国家（地区）与国家（地区）之间的税收政策差异和国际税收协定的条款进行的税收筹划。随着我国对外开放的扩大，我国纳税人涉及的国际税收筹划需求将会越来越多，目前主要是针对对外贸易和对外投资活动领域。可以预见，随着我国“一带一路”倡议的实施，我国将会出现更多国际化企业，它们在境外从事的投资和贸易活动日益频繁，会需要国际税收筹划，这将是税务师事务所重要的业务领域。

1.1.3.3　根据税收筹划供给主体的不同分类

根据税收筹划供给主体的不同，税收筹划可以分为自行税收筹划和委托税收筹划两大类。

自行税收筹划是指由税收筹划需求主体（纳税人）自身为实现税收筹划目标进行的税收筹划。自行税收筹划要求需求主体拥有具备税收筹划能力的专业人员。对于企业而言，自行税收筹划的供给主体一般是以财务部门及财务人员为主。自行税收筹划的成本与风险是比较大的，而且成本与风险自行承担，因此自行税收筹划的效果不是很理想，一般比较少采用，其主要适用于较为简单和可以直接运用税收优惠的税收筹划项目。

委托税收筹划是指需求主体委托税务代理人或者委托第三方进行的税收筹划。由于受托税收筹划的税务代理人具有较强的专业知识和较强的税收筹划能力，制订的税收筹划方案成功率相对较高。尽管需要支付一定的费用，承担一定的风险，但委托税收筹划的成本与风险相对自行税收筹划要低一些。委托税收筹划主要适用于企业的大型税收筹划项目和业务发展难度较大的税收筹划项目。在我国，受托提供税收筹划服务的主要是税务师事务所、会计师事务所及其他提供税务代理服务的中介机构。

1.1.3.4　根据所涉及的税种不同分类

每一个税种都有特定的征税对象，税收按照不同的征税对象可以分为商品劳务税、所得税、财产税、资源税和行为税等几大类。与之相对应，税收筹划根据所涉及的税种不同，可以分为商品劳务税的税收筹划、所得税的税收筹划、财产税的税收筹划、资源税的税收筹划、行为税的税收筹划等。我国目前税制结构中的主体税制为商品劳务税制和所得税制两大类，因而，纳税人进行的税收筹划也主要针对这两大类税制。

商品劳务税税收筹划主要是围绕纳税人身份、销售方式、货款的结算方式、销售额、适用税率、税收优惠等方面进行税收筹划。但由于商品劳务税属于间接税，相对于所得税而言弹性较小，因此税收筹划的空间相对于所得税要小得多。

所得税税收筹划主要是围绕纳税人收入的实现、经营方式、成本核算、折旧方法、捐赠、筹资方式、投资方式、投资方向、设备购置等方面进行税收筹划。所得税相对于商品劳务税而言弹性较大，税收筹划的空间也相对较大，税收筹划的效果也比较明显。

1.1.3.5 根据税收筹划适用的公司生产经营的不同阶段分类

根据税收筹划适用公司的生产经营的不同阶段，税收筹划可以分为公司投资决策中的税收筹划、公司生产经营中的税收筹划、公司成本核算中的税收筹划和公司成果分配中的税收筹划。

公司投资决策中的税收筹划是指公司将税收作为投资决策中的一个重要因素，在投资决策中全面考虑税收的影响，从而选择税负最合理的投资方案的行为。投资影响因素的复杂多样性决定了投资方案的多样性，然而不同的投资方案的实施存在不同的纳税义务。因此，公司就得衡量不同投资方案的税负水平，选择最优的投资方案投资。

公司生产经营中的税收筹划是指公司在生产经营过程中全面考虑税收因素，进而选择有利于使自身税负最轻的生产经营行为。公司生产经营中的税收筹划主要通过产品价格的确定、公司从事产业的选择、生产经营方式的选择使公司生产经营处于理想状态。对公司而言，应纳税额等于税基与税率的乘积，当税率一定时，税基越小，应纳税款越少；反之亦然。因而在进行生产经营税收筹划时，我们要仔细计算分析产业方向的选择、经营方式的选择导致的税率和税基的变化而产生的税负变化，再做出生产经营决策。

公司成本核算中的税收筹划是指公司对社会经济形势的预测及其他因素的综合考虑，选择恰当的会计处理方式，以利于公司获得最大经济利益的行为。不同的会计处理方式对公司纳税是有影响的，比如固定资产折旧方法、存货计价方法等。就公司固定资产折旧方法而言，有直线折旧方法和加速折旧法；就存货计价方法而言，目前有先进先出法、加权平均法、个别计价法等。公司选择不同的固定资产折旧方法和不同的存货计价法会改变公司的税基，进而影响纳税。

公司成果分配中的税收筹划是指公司在对经营成果分配时充分考虑各种分配方案的税收影响，选择税负最轻的分配方案的行为。公司税收筹划主要是结合国家税收政策，通过筹划合理归属所得年度进行。合理归属所得年度是指利用合理手段将所得归属在税负最轻的年度里，其途径是合理提前所得年度或合理推迟所得年度，从而起到减轻税负或延迟纳税的作用。

1.1.4　税收筹划与偷税、逃税、骗税、抗税、避税的区别

从主观上讲，每个纳税人都希望少缴纳税收，但使用的手段多种多样。税收筹划的基本特征之一是合法性，与偷税、骗税、抗税有着本质的区别。因此，纳税人要进行正确的税收筹划，一定要识别偷税、骗税、抗税等违法行为，要认识其界定依据及其相关的处罚规定。

1.1.4.1　税收筹划与偷税

偷税是在纳税人的纳税义务发生并且能够确定的情况下，采用不正当或者不合法的手段逃避其纳税义务的行为。偷税具有故意性、欺诈性，是一种违法行为，国家将严厉打击。

我国修改前的《中华人民共和国刑法》第二百〇一条规定：纳税人伪造、变造、隐匿、擅自销毁账簿、记账凭证，或者在账簿上多列支出或者不列、少列收入，或者经税务机关通知申报而拒不申报或者进行虚假的纳税申报，不缴或者少缴应纳税款的，偷税数额占应纳税额的10%以上不满30%并且偷税数额在1万元以上不满10万元的，或者因偷税被税务机关给予二次行政处罚有偷税的，处以3年以下有期徒刑或者拘役……《税收征管法》第六十三条规定：纳税人伪造、变造、隐匿、擅自销毁账簿、记账凭证，或者在账簿上多列支出或者不列、少列收入，或者经税务机关通知申报而拒不申报或者进行虚假的纳税申报，不缴或者少缴应纳税款的，是偷税。对纳税人偷税的，由税务机关追缴其不缴或者少缴的税款、滞纳金，并处不缴或者少缴的税款50%以上5倍以下的罚款；构成犯罪的，依法追究刑事责任。

需注意的是，2009年2月第十一届全国人大常务委员会第七次会议表决通过了《中华人民共和国刑法修正案（七）》，修正后的刑法对第二百〇一条关于不履行纳税义务的定罪量刑标准规定中的相关表述发生了变化，《中华人民共和国刑法修正案（七）》用“逃避缴纳税款”取代了“偷税”。但目前《中华人民共和国税收征收管理法》（以下简称《税收征管法》）中还没有做出相应的修改。

目前，纳税人在进行税收筹划时存在两个误区：一是不懂得避税与偷税的本质区别，把一些实为偷税的手段误认为是避税；二是明知故犯，打着税收筹划的幌子偷税。在实践当中，二者的区分的确很难被把握，关键在于度的把控。有时，纳税人避税力度过大，就成了不正当避税，在法律上可能被认定为偷税。

1.1.4.2　税收筹划与逃税

逃税是许多国家常用的术语，一般是指纳税人采取漏报、谎报、隐瞒、欺骗等各种非法手段，不缴纳或少缴纳税款及妨碍税务机关追缴欠缴税款的税务违法行为。对于逃税行为，《税收征管法》规定，由税务机关追缴欠缴的税款、滞纳金，并处

欠缴税款50%以上5倍以下的罚款；构成犯罪的，依法追究刑事责任。逃税与税收筹划的区别在于：第一，性质不同。逃税违法、不合理，而税收筹划合法、合理。第二，发生时间不同。逃税往往发生在纳税义务之后，而税收筹划发生在纳税义务发生之前，具有超前性。第三，动机不同。逃税的动机是减轻税负而不顾及后果和影响，而税收筹划的动机是合法地实现公司价值最大化。第四，政府对此态度不同。政府严厉打击和惩罚逃税行为，保护、鼓励和倡导税收筹划行为。

1.1.4.3 税收筹划与骗税

骗税是指采取弄虚作假和欺骗的手段，将本来没有发生的应税行为及小额的应税行为伪造成大额的应税行为，即根本未向国家纳税或未足额纳税，却声称为已经纳税，而从国库中骗取退税的行为。这是一种极其恶劣的行为，国家将会严厉打击。《税收征管法》第十六条规定，以假报出口或者其他欺骗手段，骗取国家出口退税款的，由税务机关追缴其骗取的退税款，并处骗取税款1倍以上5倍以下的罚款；构成犯罪的，依法追究刑事责任。对骗取国家出口退税款的，税务机关可以在规定期间内停止为其办理出口退税。

1.1.4.4 税收筹划与抗税

《税收征管法》规定，抗税是指以暴力、威胁方法拒不缴纳税款的违法行为。除由税务机关追缴其拒缴的税款、滞纳金外，依法追究刑事责任。情节轻微，未构成犯罪的，由税务机关追缴其拒缴的税款、滞纳金，并处拒缴税款1倍以上5倍以下的罚款。抗税与税收筹划的区别在于：第一，性质不同。抗税极其恶劣，属于违法行为，严重的抗税行为要被追究刑事责任，而税收筹划合法、合理。第二，实施的手段不同。抗税采用暴力、威胁手段拒不缴纳税款，而税收筹划采用合法、合理的手段降低税负。第三，目的不同。抗税的目的是减轻税负，不顾及后果和影响，而税收筹划的动机是合法地实现公司价值最大化。第四，政府对此态度不同。政府严厉打击和惩罚抗税行为，保护、鼓励和倡导税收筹划行为。

1.1.4.5 税收筹划与避税

我国对于避税未在法律上做概念表述，在税收政策文件和相关报告中有所论及，因此税收理论界学者对此存在较大的争议。归纳起来，主要有两种观点。一种观点认为：避税的外延很广，包括正当的避税和非正当的避税。正当避税是指税收筹划，是纳税人合法地利用税收优惠政策减轻税负；不正当的避税是指纳税人通过钻税法的漏洞规避税负，是对税法的错用或者滥用。另一种观点认为：避税的外延更广泛，包括三个内容，即节税筹划、避税筹划和转嫁筹划。

我们认为，避税和税收筹划是并行的，不存在包容关系。避税与税收筹划的区别在于：第一，性质不同。避税非违法、不合理，而税收筹划合法、合理。第二，发生的时间不同。避税往往发生在纳税义务之中，而税收筹划发生在纳税义务发生之前。第三，效果不同。避税只能获得短期的经济利益，对微观有利，对宏观无利，而税收筹划能获得长期经济利益，对微观、宏观都有利。第四，政府对此态度不同。国家对于避税将会采用反避税手段，对于税收筹划将会保护、鼓励和倡导。

1.1.5 税收筹划的意义

税收筹划不论从公司层面、政府层面还是学术层面上讲，都有着积极而重要的意义。

从公司层面上讲，税收筹划有助于公司降低税收成本，增加税后利润，实现经济利益最大化；有助于提高公司经营管理水平和财务管理水平，增强公司竞争能力。

从政府层面上讲，税收筹划有利于减少逃税、抗税等违法行为，全面提高纳税人的纳税意识；有利于优化产业结构和社会资源的合理配置，最大限度地发挥税收调节经济的杠杆作用；有利于涵养税源，促进国民经济的稳定和持续发展；从长远看，税收筹划有助于增加国家税收。

从学术层面上讲，税收筹划的研究拓展了我国税收理论研究的深度与广度；从税收筹划审视税法，有利于税收法律法规和政府税收政策的不断改进和完善。

1.2 税收筹划的基本前提、原因和实施条件

1.2.1 税收筹划的基本前提

1.2.1.1 公司成为真正的市场主体

从根本上讲，公司之所以进行税收筹划，是因为对于经济利益的追逐。这是符合理性经济人假设的，而这种假设的前提在于公司必须是真正的市场主体。在过去高度集中的计划经济体制下，公司不是真正的市场主体，社会的一切经营活动完全服务于国家指令性计划，公司实现的利润基本上都上缴财政，公司生产所需的资金全部靠国家财政拨款解决，公司几乎没有自身利益可言。不管经营效果怎样，公司享有大致相同的经济利益。即使公司通过税收筹划减轻了税负，只不过是将税收转化成利润上缴国家。因此，在计划经济条件下，公司的任何税收筹划行为，既无存在的必要，也无实施的可能。

在市场经济条件下，公司是真正的市场主体，具有自身的经济利益、法定权利、义务，具有自我约束和自我激励机制。竞争是市场经济的特征之一，公司为了在竞争中处于不败之地，就必须对自己的生产经营进行全方位、多层次的考虑。由此可见，公司具有独立的经济利益，是公司进行税收筹划的利益动机；公司享有法定的权利和义务是公司实现税收筹划的保障机制。因此，市场经济的土壤培育了公司税收筹划，公司税收筹划适用于市场经济的真正主体。

1.2.1.2 税收制度的“非中性”和真空地带的存在

所谓税收中性包括两方面的含义：其一，政府征税使社会付出的代价应以征税

数额为限，除此之外，不应该让纳税人或社会承担其他的经济牺牲或额外负担；其二，政府征税应当避免对市场机制运行产生不良影响，特别是不能超越市场成为影响资源配置和经济决策的决定性力量。税收中性只是税制设计的一般性原则，在实践中，国家在制定税收制度时，为了实现不同的目标，都会有许多差异化的政策，如差别税率、差别税收待遇及不同经济事项差异化的处理方法。这使得税收制度在执行过程中呈现“非中性”，公司经营活动面对税收制度差异化必然会呈现差异化的反应，理性的公司必然会选择符合自身利益最大化的方案，并有目的地进行事先安排和筹划。由于社会经济环境不断变化，公司的实际情况多种多样，交易事项形形色色，作为税收政策的制定者不可能获取完整信息规避税收制度的“非中性”和真空地带，形成税法空白。这样，纳税人完全可以利用税收制度的“非中性”和税法的空白进行税收筹划。

1.2.1.3　完善的税收监管体系

由于征纳双方对于同一事项的信息不对称性，尤其在会计信息的掌握方面，公司占据优势地位。然而，绝大多数税收计量又是以会计信息为基础，政府为了弥补其在会计信息掌握方面的弱势地位，必然对公司进行税收监管，并对违法、违规行为进行处罚。税收监管的存在增加了公司税收欺诈的成本，在一定程度上会抑制公司利用税收欺诈降低税负的税收筹划行为。如果整个社会税收监管水平较高，形成了良好的纳税风气和税收执法环境，纳税人要想获得税收利益，只能放弃违法行为而通过税收筹划方式进行。反之，如果税收监管力度较差，执法弹性空间较大，纳税人采取风险和成本都比较低的税收欺诈行为即可以实现公司目标，自然无须进行税收筹划。因此，完善的税收监管体系是税收筹划的前提。但是，必须指出，由于监管人员的自身能力和有限理性以及监管成本可能过高，现实税收的监管存在期望差距，这种差距可能会使公司放弃税收筹划，铤而走险地选择违法手段。

1.2.2　税收筹划的原因

主体利益的驱使是纳税人进行税收筹划的主观原因，国家税制是纳税人抑减税负的客观原因，正是这两方面的原因使公司进行税收筹划成为可能。

1.2.2.1　税收筹划的主观原因

主体利益的驱使是纳税人进行税收筹划的主观原因，主要体现为纳税人降低纳税风险和纳税成本的需求。

（1）纳税人降低纳税风险的需求。

税收具有无偿性、强制性和固定性的特点。对公司而言，纳税作为一种直接的现金支出，意味当期既得的经济利益的损失。虽然公司会因纳税而享受国家征税后所提供的公共福利，但这些福利既非对等也不易量化，给讲求等价交换的公司的感觉便是纳税吃亏，所纳税款越多，公司税后利益越少。这种客观存在的经济利益刺激必然使公司想方设法进行税收筹划以减轻税收负担。

纳税风险主要包括以下三个方面：

第一，投资扭曲风险。现代税收理论之一是税收应当保持中性。事实上却不是这样，一旦政府对公司的某种投资行为进行课税，就有可能使该公司放弃事先认为最优的项目，而选择投资其他的次优项目。这种因国家课税而使纳税人被迫改变投资行为而给公司带来的机会损失，即为投资扭曲风险。可以说，税收的“非中性”越强，投资扭曲风险程度越大，相应的扭曲成本越高。

第二，经营损益风险。政府课税（尤其是企业所得税）通常体现为对公司既得利益的分享，而不得承担相应比例的经营损失风险。尽管我国税法规定，公司本年的亏损可以在以后5年内的所得税前弥补，但不得超过5年。使得政府在5年内从某种意义上将成为公司的合伙人，若公司赢利，政府通过征税获取一部分利润；若公司亏损，政府也因允许其递延补亏而损失一部分税款。然而当公司超过5年后还不能扭亏为盈时，一切经营损益风险就完全归公司自己承担。

第三，纳税支付风险。税法规定，公司只要取得账面收入和账面利润，就必须按期申报和纳税，不管这些账面收入和账面利润是否变现或能否变现，这样使得税金具有一定预付性质，且必须全部付现，即使有特殊情况需延期，也得经税务机关审批。现金是公司财务管理中最稀缺的资源，公司一旦出现既存现金匮乏而又无法获得延期纳税的许可，便只能形成欠税，产生相应的风险。

（2）纳税人降低纳税成本的需求。

纳税意味公司可支配的收入或利益减少，从主观上讲，期望降低纳税成本。纳税成本是指公司在履行其纳税义务时所支付的和潜在支付的各种资源的价值。一般包括三部分：所纳税款、纳税费用和风险成本。第一，所纳税款是指直接的现金支出，即税款缴款书上所列的金额，又称为外显成本，是纳税成本中最主要的部分。第二，纳税费用又称为内涵成本，是指公司履行纳税义务时所支付的除税款之外的其他费用，一般包括公司办理税务登记的费用、时间耗费、填写纳税申报的劳动耗费、税务代理费用及税务人员稽查带给公司的心理负担等。第三，风险成本一般指因纳税给公司带来或加重的风险程度，如前面所述，由纳税引起的投资风险、经营损失风险和纳税支付风险。

1.2.2.2　税收筹划的客观原因

（1）税收政策导向性为税收筹划提供了客观条件。

国家税制在税负公平和税收中性的一般原则下，总渗透着体现政府经济政策的税收优惠政策。对于不同产业、不同产品，其税基、税率、免税及退税的政策不同，政府会通过倾斜的税收政策诱导公司在追求自身利益最大化的同时，实现政府的目的和意图。

（2）纳税义务履行的滞后性。

税收筹划的一个重要特点就是超前性，即事先安排、设计、规划。在经济活动中，纳税人的纳税义务的履行通常具有滞后性，如公司在经营行为发生之后才缴纳流转税；收益实现之后，才缴纳所得税。这在客观上提供了纳税人在事先根据需要安排自己的经营活动进行税收筹划的可能性。税收筹划的实质是运用税法的指导，通过调整生产经营活动安排纳税义务的发生。

(3) 税收的国际化。

经济的国际化导致了税收的国际化，出现了跨国纳税人和跨国征税对象。然而，现实的世界中还没有一部统一的税法。由于各国的经济发展水平和经济运行机制的不同，各国的税收制度也不同。各国税制的差异为公司进行跨国税收筹划提供了客观条件。

1.2.3 税收筹划的实施条件

纳税人都有进行税收筹划的强烈愿望，但是具有强烈的税收筹划愿望并不意味着能成功地实施税收筹划。纳税人成功地进行税收筹划必须具备特定的条件。

1.2.3.1 纳税筹划者应该严格遵守国家法律法规

合法性是税收筹划最本质的特点，也是税收筹划区别于逃税避税行为的基本标志。税收筹划只有在遵守国家法律法规，且国家利益得到保障的前提下进行，才能规避纳税风险。合格的纳税人总是在遵守国家法律法规的前提下，利用自己的专业知识，获得公司利益的最大化。而不合格的纳税人，整天想着怎样才能使自己的公司少缴税和不交税，往往弄巧成拙，既损害了国家利益，又在纳税过程中因违法而被税务机关处罚，使得公司的经济利益受到损失。

1.2.3.2 纳税筹划者应具备丰富的税收专业知识

税收筹划是一项专业性很强的工作，税收筹划者需要扎实的理论知识和丰富的实践经验。扎实的理论知识要求纳税人除了对法律、税收政策和会计知识相当精通外，还应通晓工商、金融、保险、贸易等方面的知识；丰富的实践经验要求纳税人能在极短的时间内掌握公司的基本情况、涉税事项、涉税环节、筹划意图，在获取真实、可靠、完整的筹划资料的基础上，选准策划切入点，针对不同的情况做出最符合公司要求的有效筹划方案。纳税人只有具备丰富的理论知识和实践经验，才能达到公司所要求的目标。如果一个纳税人具有非常强的税收筹划意识，但没有丰富的实践经验作为基础，税收筹划也只能是一厢情愿。

1.2.3.3 纳税人应该全面了解税收法律法规

我国的税法在立法体制上有多个层次，有全国人大及其常务委员制定的税收法律，有国务院制定的税收行政法规，有财政部、国家税务总局和海关制定的税收规章等。具体的税收法律法规变化频繁，若稍不注意，使用的法律法规就有可能过时。加之税收筹划方案主要针对不同的投资、筹资、经营方式，所以，对与投资、筹资、经营活动相关的税收法律法规的全面了解，就成了税收筹划的基础环节。否则，真正的税收筹划是无法进行的。

1.2.3.4 纳税筹划者应当具备较强的沟通能力

一个成功的税收筹划者，不仅具备扎实的理论知识和丰富的实践经验，还应该是一个有效的沟通者。沟通具体表现在筹划者与税务机关的沟通和与公司领导人的沟通两个方面。筹划者如何将一个成功的筹划方案通过自己的有效的沟通技巧获得税务机关的认可，是一个十分重要的问题。这就要求筹划者具有良好的口才，能根据税务机关针对筹划方案提出的各种问题做出有理有据的解释，从而得到税务机关的认可。同时，也要与公司领导进行有效沟通，以得到领导的肯定和支持。

1.2.3.5 纳税筹划者应该具备良好的职业道德

职业道德是税收筹划者的精神面貌，反映了纳税筹划者的品德和修养。纳税筹划者的职业道德具体体现在正确处理好国家利益和公司利益的相互关系上。合法是进行税收筹划的前提，但公司领导对于某些涉税事项、涉税环节分不清合法与非法的界限，往往会提出一些影响税收筹划合法性的要求，甚至一些违法要求。在这种情况下，税收筹划者应以国家利益为重，态度鲜明地维护税法的权威性，不能因为一己私利而违背职业道德。

1.2.3.6 纳税筹划者应该注意税收筹划方案的针对性、可行性和可操作性

针对性是指税收筹划者在做具体的筹划时，要针对公司不同的生产经营情况，做到有的放矢。不同的地区、行业、部门和生产经营规模，国家对其有着不同的税收政策法规。因此，在具体的筹划过程中，税收筹划者的思路、看问题的角度及采用的筹划方式不尽相同。可行性和可操作性是指税收筹划者要针对公司的具体情况量体裁衣，制订切实可行的税收筹划方案。

1.3 税收筹划的目标与原则

1.3.1 税收筹划的目标

税收筹划的目标，是指公司通过税收筹划所期望达到的结果，对税收筹划的目标进行准确定位，直接关系税收筹划的成败。根据我国的实际情况，税收筹划的目标可以分为三个层次：税收筹划的基础目标、税收筹划的中间目标和税收筹划的最终目标。

1.3.1.1 税收筹划的基础目标

(1) 避免多纳税。

以下这些情况都会导致纳税人多纳税：纳税人对计税公式不理解，出现错误，导致多申报；纳税人符合税收优惠条件，但没有申报；对于准予扣除的项目，因没有报备而不能税前扣除；等等。为了避免多纳税，纳税人必须通晓税法和税收政策。另外，税务机关为了完成税收任务或基于其他原因，可能造成多征税或征收过头税，这就要求纳税人运用法律手段，维护自身的合法权益。

（2）避免纳税风险。

避免纳税风险是指纳税人账目清楚，纳税申报方式正确，缴纳税款及时、足额，不会出现任何关于税收方面的处罚，即在税收方面风险极小的可以忽略不计的一种状态。因为这样可以避免企业发生不必要的经济损失和精神损失。

纳税人常见的误区是：纳税人一方面逃税，另一方面却多纳税。当前，我国有些纳税人的税法意识不强，多纳税与逃税并存是客观的事实。多纳税与逃税是将纳税人缴纳的税款与税法规定的税款进行对比，判定是多纳税还是逃税。因此，纳税人进行税收筹划的初级目标是：不多纳税，也不逃税；诚信纳税，不逃税。也就是说，纳税人不缴纳比税法规定更多的税收，也不缴纳比税法规定更少的税收。

1.3.1.2 税收筹划的中间目标

（1）纳税最小化。

纳税最小化，是指在遵守国家税法的前提下，在税法允许的范围内，通过合理安排，选择纳税最小的方案，从而减轻税负。纳税最小化，不是少纳税，不是逃税，而是遵守税法，在多个纳税方案中选择纳税最小的方案。然而，现实中税收筹划关于此存在的误区是：一种税少纳了，其他税却增加了。纳税最小化，不是指个别税负的高低，而是指公司整体税负最低。

（2）纳税最迟化。

纳税最迟化，是指在税法允许的范围内，通过合理安排，选择纳税最迟的方案，尽量推迟缴纳税款。纳税最迟化，不是欠税。欠税是违反税法规定的，而纳税最迟化的前提是遵守税法。尽管这笔税款迟早是要缴纳的，但推迟了纳税，就相当于公司从政府部门获得了一笔无息贷款，获得了资金时间价值。

（3）税收筹划收益大于税收筹划成本。

税收筹划收益是指通过税收筹划而合理减少的税收，或者是指获得的税收利益。税收筹划成本是指为获得税收筹划利益而产生的代价。税收筹划应当坚持成本效益原则，即税收筹划收益应该大于税收筹划成本。因此，纳税人在进行税收筹划时，要运用成本效益分析方法，只有在税收筹划收益大于税收筹划成本时，税收筹划才是可取的。

1.3.1.3 税收筹划的最终目标

避免多交税，纳税风险、纳税最小化和最迟化，税收筹划收益大于税收筹划成本，总体来讲都是实现税收利益最大化。因此，税收筹划的基础目标和中间目标可以归纳为税收利益最大化。其实，作为公司来讲，税收利益只是经济利益的一种。公司作为独立经济实体，其总体目标是经济利益最大化。所以税收筹划目标最终应服务于公司总体目标。公司的经济利益除了税收利益之外，还包括非税利益，用数学公式表示为

$$经济利益=非税利益+税收利益 \quad （公式 1.1）$$

经济利益是扣除损失之后的经济利益，即税后利益。非税利益是不考虑纳税而

获得的经济利益，即税前利益；税收利益是考虑纳税而获得的经济利益，是负的税收总额。因此上述公式也可以表示为

税后利益=税前利益-税收总额　　　　（公式1.2）

而税收总额与税前利益之间又有相关性。纳税人在进行税收筹划时，在追求纳税最小化的过程中，可能出现一些情况，税收筹划的可能性如表1.1所示。

表1.1　　税收筹划的可行性

序列	税收利益	非税利益	经济利益	税收筹划
1	增加	增加	增加	可行
2	增加	不变	增加	可行
3	增加	税收利益增加幅度大于非税利益减少幅度	增加	可行
4	增加	税收利益增加幅度等于非税利益减少幅度	不变	没必要
5	增加	税收利益增加幅度小于非税利益减少幅度	减少	不可行

税收筹划常见的误区为：只考虑纳税人的税收利益，不考虑纳税人的非税收利益，税收减少了，但税后利益也减少了。如果片面强调税收利益，不重视非税收利益和整体经济利益，当税收总额减少的幅度小于税前利益减少的幅度时，也会适得其反。

总之，税收筹划的最终目标是通过税收利益的最大化进而实现公司经济利益最大化，或者说通过纳税最小化实现税后利益最大化。

1.3.2　税收筹划原则

为保证管理工作正常进行，我们必须遵守相应的原则。税收筹划作为公司理财工作的重要组成部分，也应当遵守相应的原则。

1.3.2.1　法律原则

（1）合法性原则。

税收筹划是纳税人根据国家税收法律、法规和政策导向，通过对投资、融资、供应、生产、销售和利润分配等经营活动的合理安排，达到减轻或延迟纳税义务的一种合法行为。税收筹划必须遵守国家法律法规和政策，尤其是税收法律法规和政策，只有在这个前提下，才能确保所设计的筹划方案被税务机关认可和接受，否则会受到相应的惩罚并承担法律责任。

【例1-2】某商贸公司经销家电。公司既销售家电，又负责家电的安装维修，该公司按照税法的规定，应按13%的税率缴纳增值税。公司经理考虑到安装维修部抵扣的进项税很少，按13%的税率缴纳增值税税负太重。公司财务人员分析税法认为，把安装维修业务独立出来，独立收取安装维修费用，这部分收入可以按照建筑服务缴纳9%的增值税，与缴纳13%的增值税相比，税负要轻得多。于是，该公司

按照上述思路成立了独立核算的安装维修公司。商贸公司在销售家电产品时，与购买方签订购销合同，安装维修公司再与购买方签订安装维修合同，各收取各的费用。安装维修公司在取得收入后按9%的税率申报缴纳增值税。但这种做法没有得到税务机关认可。为什么？应如何筹划？

【税法依据】根据《中华人民共和国增值税暂行条例》，“修理修配收入”应按照13%的税率缴纳增值税。

【筹划思路】该公司可以把安装业务独立出来，只就安装收入缴纳9%的增值税就符合税法规定了。

【筹划过程】该公司可以成立独立核算的安装公司（假设为一般纳税人），商贸公司在销售家电产品时，与购买方签订购销合同，安装公司再与购买方签订安装合同，各收取各的费用。安装公司在取得收入后按9%的税率申报缴纳增值税。商贸公司销售家电后按13%的税率申报缴纳增值税。

【筹划结论】这样，安装公司收取的安装费用以9%的税率申报缴纳增值税，肯定较以前按照13%申报缴纳增值税税负要轻得多。

【筹划点评】公司的错误在于没有准确理解“应税收入”的含义。从国家对行业的分类来看，商业和建筑业属于不同行业，凡是对建筑物等不动产的修理、装饰属于建筑业，对货物的修理属于工业。修理收入是按13%还是按9%申报缴纳增值税，关键看修理对象。对货物（动产）的修理属于《中华人民共和国增值税暂行条例》规定的“修理修配收入”，按规定申报缴纳13%的增值税。当然，如果安装公司为小规模纳税人，适用征收率3%。

（2）合理性原则。

税收筹划合理性原则就是以贯彻国家立法精神为宗旨。税收筹划的基础是税制要素中税负弹性的存在，税制中的各种税收优惠政策和选择时机都体现国家的立法精神，体现国家政策对社会经济活动的引导和调整。因而，切实有效的税收筹划，应该以立法为依据，深刻理解税法所体现的国家政策，从而有效贯彻国家税法及其相关政策的立法精神，使之成为实现政府利用税收杠杆进行宏观经济调控的必要环节。那些不符合国家政策精神的筹划行为，比如钻税法的漏洞、空白的行为等，都是不符合税收筹划合理性原则的。

（3）规范性原则。

税收筹划不单单是税务方面的问题，还涉及许多其他方面的问题，如财务、会计等各领域，以及金融、制造业等行业方面的问题。税收筹划要遵守各领域、各行业、各地区约定俗成或明文规定的各种制度的标准。比如，在税收筹划时，涉及财务、会计方面问题时要遵守财务、会计方面的规范制度，涉及行业方面的问题时要遵守各行业制定的规范制度，涉及地区方面问题时要遵守地区的规范，纳税人应以规范的行为方式和方法制定相应的税收筹划方案。

1.3.2.2 财务原则

(1) 综合衡量原则。

税收筹划的综合衡量原则是指在进行税收筹划时，要考虑与之有关的其他税种的税负效应，进行总体筹划、综合衡量，以求整体税负最轻，防止顾此失彼。综合衡量原则的内涵包括：①税收筹划应算大账，不要算小账，我们不能只关注个别税种的税负高低，也许一种税少缴了，另一种税却多缴了，因而税收筹划要着眼整体税负最轻。②税收负担的降低并不等于资本总收益的增加，如果有多种选择，总收益最多但纳税并不一定最少的方案应被视为最理想的方案。③在选择和应用较有利的税收筹划策略时，我们要与其他措施相配合，因为实施这些措施所增加的各项支出也是筹划成本。

(2) 财务利益最大化原则。

进行税收筹划，归根结底是使纳税人的可支配财务利益最大化，即税后财务利益最大化。纳税人财务利益最大化除了考虑节减税收外，还要考虑纳税人的综合经济利益；不仅要考虑纳税人现在的财务利益，还要考虑纳税人未来的财务利益；不仅要考虑纳税人的短期利益，还要考虑纳税人的长期利益；不仅要考虑纳税人的所得增加，还要考虑纳税人的资本增值。

(3) 稳健性原则。

在追求税收筹划目标时，我们还必须注意筹划的稳健性原则。一般地讲，纳税人的节税收益越大，风险也越大。各种节减税的方式或方法都有一定的风险，节税收益与税制变化风险、市场风险、利率风险、债务风险、汇率风险、通货膨胀风险等是紧密相连的。税收筹划要尽量使风险最小化，要在节税收益与节税风险之间进行必要的权衡，以保证能够真正安全地实现税收筹划目标。

1.3.2.3 筹划管理原则

(1) 时效性原则。

税收筹划的基本特点是不违法，究竟什么是不违法，什么是违法，完全取决于一个国家的具体法律规定。随着时间的推移，国家的法律法规也会发生相应的变化。公司面对的具体的国家法律法规的不同，其行为的性质也会不同。由此可见，任何一个税收筹划方案都是在一定的地区、一定的时间、一定的法律环境条件下，以一定的公司的经济活动为背景制订的，具有针对性和时效性。

(2) 便利性原则。

税收筹划的便利性原则就是指纳税人在选择税收筹划方案时，选择的方案应是越容易操作越好，越简单越好。作为纳税人，可以选择的节税方式或方法很多，在此原则的导向下，凡是能够用简单方法的，就不要用复杂方法；凡是就近能解决的，就不要舍近求远。

(3) 节约性原则。

税收筹划无论是纳税人自己筹划，还是借助“外脑”筹划，在实现税收筹划目标时，都要耗费一定的人力、物力和财力。所以，税收筹划与其他管理决策一样，必须遵守成本效益原则，只有当税收筹划方案的所得大于支出时，该项税收筹划才是成功的，即在进行税收筹划时我们要注重节约成本。

1.4 税收筹划成本与收益分析

税收筹划成本与效益分析，是指在税收筹划方案的制订和执行过程中，要比较税收筹划方案带来的收益与其耗费的成本，只有税收筹划方案的成本小于获得的收益时，该税收筹划方案是可行的；反之，则不可行。

1.4.1 税收筹划成本

税收筹划成本是指因公司进行税收筹划而失去或放弃的资源，税收筹划成本包括以下几个方面的内容。

（1）税收筹划直接成本。

税收筹划直接成本是指税收筹划方案在制订和执行过程中所产生的支出或代价，主要包括：收集和保存与税收筹划相关信息的耗费；筹划人员因从事与税收筹划方案制订和执行工作相关的工资、薪金；对筹划人员进行税收筹划培训所产生的费用；委托税务代理机构进行税收筹划的全部费用；因按照税收筹划方案安排生产、经营等活动产生的成本，如改建成本、沟通协作成本、制订计划成本、谈判的成本和管理成本；税收筹划失败产生的风险成本；等等。需要注意的是，我们在进行税收筹划时，应当在确保税收筹划目标实现的前提下，尽可能降低税收筹划的直接成本。

（2）税收筹划机会成本。

税收筹划机会成本是指由于公司选择了某一筹划方案而放弃的可以采用的其他筹划方案的最大收益或潜在收益。在进行税收筹划时，机会成本是相关成本。尽管机会成本没有实际发生且很难用数字进行准确计量，但它是公司进行税收筹划方案选择时必须考虑的因素。因为公司的任何资源都具有稀缺性，公司必须使资源的收益最大化。

（3）税收筹划隐性成本。

税收筹划活动作为公司理财的重要组成部分，除了导致自身的利益损失外，还会对其他经济活动的成本产生影响。基于公司关联战略的考虑的税收筹划目标在于提高公司的整体价值。有时税收筹划使税负降低了，可能使公司税前收益率降低，降低的部分构成了税收筹划的隐性成本。因为，如果市场是均衡的，不同资产的税后收益率是相同的，纳税较少的方案意味税前收益率较低。公司放弃的税收筹划方案由于需要抵减较高的税负，其税前收益也较高；公司选择税负较少的税收筹划方案，失去了较高的税前利益。通常，税收筹划的隐性成本无法用数字准确地计量，但是基于税收筹划的战略高度需要也应当考虑，这样才能使税收筹划的成本分析更加全面。

1.4.2　税收筹划收益

进行税收筹划的目的是追求税收筹划收益。税收筹划收益是指公司因进行税收筹划而获得的各种利益。它由可以量化的经济利益和难以量化的经济效益构成。可以量化的经济效益由节税收益和时间价值收益构成，难以量化的经济效益由协同效应收益和未来现金流入收益构成。

（1）节税效益。

节税效益是指实施税收筹划使公司的纳税额降低的数额，属于绝对节税。不同的税收筹划方案产生的节税效益是有差别的，有的能大幅度降低纳税额；有的只能少量减少纳税额；有些出于长远考虑的税收筹划方案还会使纳税增加，应视其为节税效益的抵减。

（2）时间价值收益。

时间价值收益是指公司采用的税收筹划方案，虽然没有减少应纳的税款，但可以推迟纳税，当期的税款在以后期间缴纳，形成了公司的流动资金，可以弥补公司自身流动资金的短缺，将其投入生产经营活动或进行短期盈利性投资，都会给公司带来相应的收益。这部分时间的价值收益可以通过财务理论计算货币时间价值计量。

（3）协同效应收益。

公司的税收筹划是在公司战略目标下进行的，全面考虑了公司各方面的经济活动，进而使得税收筹划与公司其他经济活动或管理活动相互促进，形成协同效应，产生的收益大于公司只进行单项活动产生收益的总和。协同效应收益体现在税收筹划和其他经济活动同时进行的收益中，无法分离出税收筹划的那一部分。比如，公司进行税收筹划时，启用高素质的财税人才，规范了公司的财务会计处理、财务管理、内部纳税控制和纳税申报，提高了公司的管理水平和核算水平，从而为公司带来相应的收益。

（4）未来现金流入收益。

税收筹划注重战略的考虑，不仅关心公司短期的收益，更加关注公司的长远发展，能给公司带来长期的经济利益流入。公司通过税收筹划，实现涉税零风险，有利于公司形成较好的纳税信誉，树立良好的形象，进而增强公司的长远发展能力，获得长远的现金流入。客观地讲，税收筹划给公司带来的未来现金流入收益存在不确定性，很难被计量。

1.4.3　税收筹划成本与收益分析法的基本步骤

成本与收益分析法是公司财务管理中普遍运用的一种决策分析方法。在此，我们也可以将此方法运用到税收筹划中去。税收筹划成本与收益分析法，是指在税收筹划方案的制订和执行过程中，我们将方案的预期成本与预期收益进行分析比较，只有税收筹划方案的预期成本小于预期收益时，方案才可行；反之，则不可行。

借鉴财务管理中投资决策的分析方法，在进行税收筹划成本与效益分析时，我们可以把能够量化的纳税成本和收益进行折算，然后进行比较，其基本步骤如下。

①确定比较期限。税收筹划一般是立足于公司的长远发展，因而税收筹划的成本与收益不仅仅局限于某个纳税年度。公司应根据自身的实际，确定比较的年限，假设为 n 年。

②将比较期限内的税收筹划成本折现，即把 n 年内的所有税收筹划成本按照发生的时间先后顺序折现到筹划方案的执行的起始日，并求和得出 C。

③将比较期限内的税收筹划收益折现，即把 n 年内的所有税收筹划收益按照发生的时间先后顺序折现到筹划方案的执行的起始日，并求和得出 R。

④比较税收筹划成本与税收筹划收益的大小。如果 $R>C$，则此税收筹划方案可行；如果 $R<C$，则此税收筹划方案不可行。

上述步骤中的（2）、（3）的计算公式为

$$C = \sum_{i=1}^{n} C_t \times (P/F_{,\, i,\, t}) \qquad \text{（公式 1.3）}$$

$$R = \sum_{t=1}^{n} R_t \times (P/F_{,\, i,\, t}) \qquad \text{（公式 1.4）}$$

式（1.3）、式（1.4）中，C 是总的税收筹划成本，C_t 是第 t 年的税收筹划成本，R 是总的税收筹划收益，R_t 是第 t 年的税收筹划收益，$(P/F_{,\, i,\, t})$ 是第 t 年的复利现值系数，i 是折现率，n 是比较期限（年）。

1.5 税收筹划的思路与步骤

1.5.1 税收筹划思路

随着社会的不断发展，税收筹划模型日趋复杂，税收筹划技术不断创新。我们在税收筹划的学习和工作中，可能会感到千头万绪，不知道从何入手，其主要原因在于税收筹划思路没有理清。税收筹划思路是连接税收筹划理念与实务的桥梁。税收筹划人员在税收筹划过程中一定要保持清醒的税收筹划思路，才能进行有效的税收筹划，避免陷入税收筹划的误区，实现税收筹划的目标。我们认为税收筹划的思路主要包括两个方面，即税收筹划总体思路与税收筹划具体思路。

1.5.1.1 税收筹划总体思路

税法告诉我们，引起税收法律关系的前提条件是税法；税收法律关系产生、变更或消失的决定因素是税收法律事实，即纳税人的经济活动行为。因此，税收筹划的主体思路是：悉心研究税法，精心安排经济活动，将经济活动与税法有机结合，最终实现税收筹划目标。

（1）悉心研究税法。

如果没有税法，就不可能产生税收法律关系，也就不存在缴纳税款之说；有了税法，才能产生税收法律关系和缴纳税款的需要；税法的修改会引起税收法律关系的变更和缴纳税种、税款的改变；税法的废止会使税收法律关系消失，并使人们不需要缴纳税款。因此，缴纳税款与税法密切相关。不精通税法，我们就不能进行有效的税收筹划。税收体系由货劳税、所得税、财产税和其他税种构成，进行税收筹划必须对相应的税法进行悉心研究。

（2）精心安排经济活动。

如果没有经济活动，就不可能产生税收法律关系，我们就不需要缴纳税款；有经济活动，才可能产生税收法律关系，我们才需要缴纳税款；经济活动的改变会引起税收法律关系的变更和缴纳税种、税款的改变；经济活动的撤销会引起税收法律关系的消失且不需要缴纳税款。可见，缴纳税款与经济活动密切相关，公司的经济活动总体来讲包括三个层次，即成长阶段和生命流层次、财务循环和资金流层次、经营流程和存货流层次。进行税收筹划，我们必须深入到纳税人的经济活动中去，对纳税人的成长活动、财务活动和经营活动进行精心安排。因此，经济活动税收筹划思路应包括公司成长税收筹划、公司财务税收筹划和公司经营税收筹划三方面。

（3）将经济活动与税法有机结合。

只有税法，而纳税人没有发生经济活动，纳税人就无须纳税；只有纳税人的经济活动，而没有税法，纳税人也无须纳税；既有税法又有经济活动，纳税人才会纳税。因此，缴纳税款与税法、经济活动是不可分开的。税收筹划应将纳税人经济活动与税法有机结合起来。纳税人进行税收筹划只有两条途径：一是改变税法，使税法适应自己，从而减轻税负；二是改变自身的经济活动，使自身经济活动适应税法，从而减轻税负。但是，纳税人改变税法较为困难，而改变自身的经济活动较为容易。纳税人只有改变自身经营活动，适应税法，才能改变纳税额，减轻税负。特殊利益集团（如某些产业、某些地域或者某些大型公司）通过游说，争取对自己有利的税收政策和税收优惠，使税法适应自己，从而改变纳税额，减轻税负。产业税收筹划和地域税收筹划均涉及多个税种和诸多经济活动，是综合性税收筹划。因此，将经济活动与税法有机结合的综合税收筹划思路包括产业税收筹划和地域税收筹划。

【例 1-3】20×7 年，张某作为个体户经营热水器销售和安装业务，由其妻李某负责门店经营，张某负责安装热水器，同时承接一些热水器的维修业务，预计每年销售热水器的应税所得额为 2.8 万元，安装兼修理热水器的应税所得额为 2.5 万元。

【工作要求】请对上述业务进行税收筹划。

【税法依据】根据《中华人民共和国个人所得税税法》规定，从 2019 年 1 月 1 日起，我国对个体工商户、个人独资企业、合伙企业的生产经营所得按照经营所得项目征收个人所得税，适用 5%～35%的超额累进税率。

【筹划思路】张某和妻子李某可以成立两个个人独资企业，妻子李某只负责门店销售热水器，张某负责热水器安装和热水器维修业务。

【筹划过程】

筹划前，张某经营所得属于个体工商户生产经营所得，全年应纳个人所得税＝53 000×10%－1 500＝3 800（元）。

筹划后，由于是两个个人独资企业，所以：

张某应纳个人所得税＝25 000×5＝1 250（元）

妻子李某应税个人所得税＝28 000×5%＝1 400（元）

张某和妻子李某共缴纳个人所得税＝1 250+1 400＝2 650（元）

【筹划结论】筹划后，张某每年可以少缴纳个人所得税＝3 800－2 650＝1 150（元）。

【筹划点评】税法不是纳税人所能控制的。但是，纳税人可以改变自身的经营活动去顺应税法，从而达到节税。在本案例中，张某改变自身的纳税身份，由一个个体工商户变成为两个个人独资企业，从而达到减轻税负的目的。但这种改变需要支付一定的工商登记费用和手续费。

1.5.1.2 税收筹划具体思路

税收筹划必须针对具体税种、具体的经济活动和具体的产业与地域，涉及相应的具体税收筹划思路。

（1）税种筹划思路。

税收体系由多税种构成，不同税种有不同的特点，其税收筹划的方法也不相同。税种筹划思路就是：根据不同税种的特点，我们采用不同的税收筹划方法。我国现行的税收体系是由货劳税类、所得税类、财产税类和其他税类构成的复合税体系。

货劳税是以货物或劳务为征税对象的一类税。我国现行货劳税包括增值税、消费税和关税。因此，货劳税筹划包括增值税筹划、消费税筹划和关税筹划。这些内容将在以后有关章节具体讲解。

所得税是以所得作为征税对象的一类税。我国现行所得税包括企业所得税和个人所得税。因此，所得税筹划包括企业所得税筹划和个人所得税筹划。这些内容将在以后的有关章节中具体讲解。

财产税是以财产为征税对象的一类税。财产税分为静态财产税和动态财产税，也可以分为一般财产税和个别财产税（我国现行财产税为个别财产税）。个别财产税又包括动产税和不动产税。我国现行涉及不动产的税种有耕地占用税（准财产税、动态财产税）、城镇土地使用税（准财产税、静态财产税）、房产税（静态财产税）、土地增值税（准财产税、动态财产税）、契税（准财产税、动态财产税）。我国现行涉及动产的税种有车辆购置税（动态财产税）、车船税（静态财产税）、船舶吨税（静态财产税）。我国现行的其他税种有资源税、烟叶税（2006 年开征）、印花税、城市维护建设税及其教育费附加（视同税金）。因此，财产税、其他税筹划包括财产税筹划、其他税种筹划和税种综合筹划。这些内容将在以后的有关章节具体讲解。

(2) 经济活动税收筹划思路。

纳税义务产生于公司的经济活动。不同的经济活动其征税情况不同，不同的经济活动其缴纳的税种不同，不同的经济活动其缴纳的税额不同。因此，经济活动税收筹划的思路是：全面考虑不同经济活动的税负差异并对经济活动进行精心安排。税收筹划不仅要贯穿所有的经济活动，还要贯穿经济活动的始终。

关于公司的经济活动，从公司成长阶段和生命流层次看，有设立、扩张、重组和清算等活动；从财务循环和资金流层次看，有筹资、投资、分配等活动；从经营流程和存货流层次看，有采购、生产、销售、非货币性资产交换等活动。公司经济活动税收筹划包括公司成长税收筹划、公司财务税收筹划和公司经营税收筹划，这些内容将在以后的有关章节中具体讲解。

(3) 产业与地域税收筹划思路。

不同的产业和行业具有不同的特征，其税收待遇也不同。因此，产业税收筹划的思路是：应针对不同产业的特征分别进行，不同的产业其税收优惠内容和程度不同，公司进行税收筹划应充分利用不同产业的税收优惠，结合国家的产业税收倾斜政策，考虑公司的具体情况，选择并确定要投资的产业；在选定的产业范围内，公司应充分利用税收优惠政策，使自身的经营范围尽可能地享受税收优惠政策，实现整体税负最低。

不同的地域，其税收负担往往存在差异。因此，地域税收筹划的思路是：根据国内不同地域、不同国家（或地区）的税负差异，统筹安排国内或跨国经济活动并充分利用不同地域的税收优惠。地域税收筹划包括国内地域税收筹划和国际地域税收筹划。

1.5.2 税收筹划基本步骤

要搞好税收筹划工作，实现税收筹划目标，除了遵守正确的税收筹划原则外，还必须要求税收筹划工作遵循一定的工作流程，即税收筹划基本步骤。

1.5.2.1 收集税收筹划的必要信息

(1) 分析公司涉税情况与需求。

不同公司其基本情况及纳税情况是存在差异的，在实施税收筹划活动时，我们要全面了解公司的这些基本情况，如公司的组织形式、经营情况、财务状况、投资意图、管理层面对风险的态度、公司需求、公司经营目标和筹划主体的意图等。其中，筹划主体的意图是税收筹划中最基本的部分，是税收筹划活动的出发点。

(2) 分析公司相关的税收政策与面临的环境。

在设计税收筹划方案之前，我们应收集与公司相关的税收政策和法规，并整理和归类。全面了解与公司相关行业、部门的税收政策，理解和掌握国家税收政策及其精神，争取得到税务机关的帮助并与其合作，这对于成功实施税收筹划极其重要。同时，我们也要分析税收筹划主体所面临的环境，因为税收筹划要有效整合和利用纳税主体的环境资源。

（3）确定税收筹划的具体目标。

前面已讲述，税收筹划的最终目标是通过税收筹划实现公司经济利益最大化，或者通过税收筹划实现税后利益最大化。对上面收集的公司涉税信息进行分析整理后，我们便可以确定税收筹划的各个具体目标，并以此为基准制订税收筹划方案。税收筹划的具体目标主要包括实现税负最小化、实现税后利润最大化、获取资金时间价值最大化和实现纳税风险最小化。

1.5.2.2　设计备选的税收筹划方案

在确定了税收筹划的具体目标之后，税收筹划者可以着手设计税收筹划的具体方案。由于关注角度不同，具体的税收筹划方案可能存在差异，因此税收筹划者应将筹划方案逐一列出，以便于择优选择。

税收筹划方案的设计一般按以下步骤进行：首先，对纳税人的涉税问题进行认定，即对涉税项目的性质、涉及税种的认定等；其次，对涉税问题进行分析，即对涉税项目的发展态势、引发后果、纳税筹划空间、需要解决的关键问题进行分析等；最后，设计多种备选方案，即针对涉税问题，设计若干个可选方案，包括涉及的经营活动、财务运作和会计处理等。

1.5.2.3　分析、评价并选择税收筹划方案。

税收筹划方案是多种筹划技术的组合运用，同时我们要考虑风险因素。税收筹划方案被设计出来以后，我们必须逐一进行以下分析。

（1）合法性分析。

税收筹划的首要原则是合法性原则，任何税收筹划方案都必须在不违法的前提下进行，不能超越法律、法规。因此，我们要分析税收筹划的思路、具体步骤、方法、注意事项及其所依据的法律、法规，进行合法性分析有助于规避法律风险。

（2）可行性分析。

税收筹划的实施需要多方面的条件，公司必须对筹划方案的可行性进行评估，包括实施时间的选择、地点的选择、人员素质及趋势预测等。

（3）目标分析。

每一个税收筹划方案都会产生不同的纳税后果，这种纳税后果是否符合公司既定的目标，是税收筹划方案选择的基本依据。因此，我们必须对税收筹划方案目标进行分析，选取最佳方案。目标分析还包括评价税收筹划的合理性、防止税收筹划的片面性。

1.5.2.3　实施税收筹划方案

税收筹划方案确定之后，经管理层批准后，即进入实施阶段。公司应当按照选定的税收筹划方案，对纳税人的纳税身份、组织形式、注册地点、所从事的产业和经济活动等做出相应的处理或改变，同时记录税收筹划方案的收益。

1.5.2.4　对税收筹划方案进行监控、评估和改进

在税收筹划方案的实施过程中，我们应及时监控出现的问题，如国家税收政策的改变或调整、相关人员操作不当、税收筹划方案出现漏洞等。我们再运用反馈的信息，对税收筹划方案的效果进行评价，考核其经济效益与最终结果是否实现了税收筹划目标。在实施税收筹划方案的过程中，因执行偏差、环境的改变或者原有方案的设计存在缺陷，可能与预期结果产生差异，这些差异要及时反馈给税收筹划的决策者，并对方案进行改进。

1.6　税收筹划风险及其防范措施

1.6.1　税收筹划风险的含义及特征

1.6.1.1　税收筹划风险的含义

对于风险的内涵，目前学界还没有统一和权威的定义，人们对风险深入研究以后，对风险的内涵归纳主要从广义和狭义两个层面体现。广义的风险可以定义为：事件的不确定性导致损失或收益产生的可能性。狭义的风险可以定义为：事件的不确定性导致损失产生的可能性。

一般情况下，从狭义的角度来理解风险更有意义。因此，我们在对税收筹划风险管理进行探讨时，把重点往往放在损失上。所以，我们认为税收筹划风险是指纳税人在进行税收筹划时因各种不确定因素的存在，税收筹划方案失败、税收筹划目标落空、逃税等违法行为认定等引发各种损失的可能性。

1.6.1.2　税收筹划风险特征

（1）税收筹划风险的客观性。

税收筹划风险是客观存在的，是不以人的意志为转移的。税收筹划风险的客观性基于两个方面。一方面是缺乏信息。税收筹划者在筹划时，由于取得信息的成本过高，或者因为有些信息根本无法取得，筹划者对一些情况不了解，从而产生筹划风险。另一方面是税收筹划者不能控制事物的未来情况，如国家宏观经济政策的变化、市场供求关系的变化及纳税人和纳税人的客户违约等，这些因素的存在客观上使风险不可避免。

（2）税收筹划风险的复杂性。

税收筹划风险的复杂性主要体现在税收筹划风险的形成原因、形成过程、表现形式、影响程度都具有多样性。

（3）税收筹划风险的潜在性。

一方面，由于税收筹划风险是客观存在的，不易做出精确的判断，税收筹划人员能在思想上认识到它的存在，但必须依赖知识和经验做出专业判断；另一方面，

税收筹划风险可能造成的损失要有一个显著化的过程，这一过程的长短因税收筹划风险的内容、公司的经济环境、法律环境及纳税人对风险的认识程度而异。

（4）税收筹划风险的可评估性。

税收筹划风险的可评估性是指税收筹划风险是可被度量的。虽然税收筹划具有复杂性，但是税收筹划风险可能造成的损失的大小和损失发生的可能性可以参照经验数据，借助于数理技术加以分析估算，并在此基础上采取相应的策略加以应对。

1.6.2 税收筹划风险产生的原因及其防范措施

1.6.2.1 税收筹划风险产生的原因

税收筹划风险产生的原因主要有以下几个方面。

（1）政策风险。

政策风险是指税收筹划者利用国家政策进行税务筹划活动以达到减轻税负目的的过程中存在的不确定性。总体上看，政策风险可分为政策选择风险和政策变化风险。第一，政策选择风险。政策选择风险，即错误选择政策的风险。企业自认为所做出的筹划决策符合一个地方或一个国家的政策或法规，但实际上可能会由于政策的差异或认识的偏差受到相关的限制或打击。由于税务筹划的合法性、合理性具有明显的时空特点，因此税务筹划人员首先必须了解和把握好尺度。第二，政策变化风险。国家政策不仅具有时空性，且随着经济环境发生变化，其时效性也日益显现出来。

（2）不依法纳税的风险。

选择纳税核算方法是进行税收筹划的重要手段，有时纳税核算方法从表面或局部的角度看是按规定去操作的，但是由于对有关税收政策的精神把握不准，会产生逃税、漏税等行为，从而受到税务机关的处罚。

（3）筹划方案不被税务机关认同的风险。

进行税收筹划时，由于许多活动是在法律的边界运作，税收筹划人员很难准确地把握其确切的界限，有些问题在概念的界定上本来就很模糊，比如税收筹划与避税的区别等，况且各地具体的税收征管方式有所不同，税收执法部门拥有较大的自由裁量权，这可能导致纳税人实施的税务筹划方案不被税务机关认同。

（4）投资扭曲风险。

建立现代税制的一项主要原则是税收的中立性，即中性原则，纳税人不应因国家征税而改变其既定的投资方向。事实上并非如此，纳税人往往因税收因素放弃最优的方案而改为次优的其他方案。这种因课税而使纳税人被迫改变投资行为给企业带来机会损失的可能性，即为投资扭曲风险。这种风险源于税收的非中立性，可以说，税收非中立性越强，投资扭曲风险越大，相应的扭曲成本也就越高。

1.6.2.2 税收筹划风险的防范措施

（1）牢固树立税务筹划的风险意识。

税收筹划者确立法制观念，避免筹划手段选择上的风险。税收筹划的规则决定了依法筹划是税收筹划工作的基础，严格遵守相关税收法规是进行筹划工作的前提。一项违法的税收筹划，无论其成果如何显著，注定是要失败的。这就要求公司自身应做到依法诚信纳税，办理税务登记，建立健全内部会计核算系统，完整、真实和及时地对经济活动进行反映，准确计算税金，按时申报，足额缴纳税款，树立风险意识。

（2）提高税收筹划人员素质。

税收政策是随着经济的发展而不断变化的，因此进行税收筹划就是要不断研究经济发展的特点，及时关注税收政策的变化趋势。这也要求不断增强税收筹划人员的素质，使他们对税收政策有很好的了解，同时也可避免具体执行上的风险。筹划的决策者和执行者必须专心，一方面要提高筹划工作的专业化水平，根据公司的经营规模和具体需求专心培养或聘用专业化的筹划团队，优化筹划队伍的素质结构，使其能力得以充分发挥；另一方面要给予筹划队伍足够的信任，尽量减少对筹划具体操作的人为干扰，使筹划人员能专心开展工作，从而将筹划执行过程中的风险降至最低。

（3）加强公司的税务管理。

税收筹划风险要在公司的整个业务过程中被防范。公司应当树立正确的税务管理理念，摈弃以往把税务管理工作只看作财务部门工作的陈旧观念，要认识到不规范的业务过程才是税收筹划风险的根源，积极理解、支持财务部门的工作。公司要在内部大力宣传税法知识，提高公司员工对税法的了解，树立全员参与、全员控制的新思维。各个业务部门要与财务部门相互配合，相互协作，从经济合同的签订到经济业务的完成都必须充分考虑税收因素，真正做到税前控制、税中控制。只有这样，公司才能规范纳税行为，减少税务风险。

（4）加强与税务机关的沟通，处理税收征纳关系。

公司应当加强与税务机关的沟通与交流，处理好税收征纳关系；主动适应税务机关的管理，及时争取税务机关的指导，努力寻求税务机关的支持与帮助，树立良好的纳税信誉和形象；甚至在实施每项新的税收筹划方案时，诚心地向税务机关咨询，获得税务机关的批准和认可，降低税收筹划风险，实现公司与税务机关双赢。

（5）加强税收筹划风险的自查。

公司不能在税务机关检查时才“临时抱佛脚”。为了防范税收筹划风险，在平时的工作中，公司应当加强税务风险的自查，及时发现税务风险，将税务风险消灭在萌芽状态中。自查时，税收筹划人员应对税收筹划方案的思路、具体步骤、方法、注意事项及其所依据的法律法规进行合法性分析，发现问题并及时纠正，有助于规避税收筹划的法律风险。

【例 1-4】ABC 公司为某名牌服装的代理商。20×7 年代理的商品购销价格受到产品的生产厂家的控制，毛利率偏低。近期，ABC 公司一方面集中购入产品，导致进项税额急剧上升；另一方面前期库存商品的市场价格下跌，导致销项税额下降，已经连续 3 个月增值税应纳税额为零申报。20×7 年 1 月至 3 月的销项税额分别为

100 万元、120 万元、80 万元，认证通过可抵扣的进项税额分别为 110 万元、140 万元、100 万元。这样，该公司在 20×7 年 4 月份仍有 50 万元的进项税留抵。20×7 年 4 月份销项税额为 70 万元，购入产品取得增值税专用发票 30 万元。

【工作要求】请对上述业务的纳税风险进行防范。

【税法依据】国家税务总局公告 2019 年第 45 号规定：增值税一般纳税人取得 2017 年 1 月 1 日及以后开具的增值税专用发票、海关进口增值税专用缴款书、机动车销售统一发票、收费公路通行费增值税电子普通发票，取消认证确认、稽核对比、申报抵扣期限。

【筹划思路】公司对增值税的纳税申报，如果在一定时期内均为零申报，则可能被主管税务机关作为异常户进行管理。公司将被税务机关约谈，要求说明纳税申报异常的原因，甚至有可能接受税务机关的调查和检查。为了避免上述麻烦，公司可以在 180 天的认证期内适当推迟认证抵扣增值税进项税额的时间，以避免长期零申报，从而避免不必要的麻烦。

【筹划过程】

方案 1：20×7 年 4 月，将 30 万元增值税专用发票认证，则本月应纳增值税 = 70 - 30 - 50 = -10（万元），即本月仍是零申报，且有 10 万元进项税留抵。可能导致的后果是，公司将被税务机关约谈，要求说明纳税申报异常的原因，甚至有可能接受税务机关的调查。

方案 2：公司对本月 30 万元的增值税专用发票暂不向税务机关申请认证抵扣，则本月产生适当的应交增值税税额 = 70 - 50 = 20（万元），从而避免了因增值税零申报带来的诸多麻烦。

【筹划结论】与方案 1 相比，方案 2 会避免公司税收风险，因此，ABC 公司应当选择方案 2。

【筹划点评】税收筹划的目的不仅仅是节税，更重要的是防范税收风险，为公司营造一个安全稳定的经营环境。

本章小结：

税收筹划是指纳税人在纳税行为发生之前，在不违反国家税收法律法规及其相关法律法规的前提下，通过对纳税人的经营活动或投资活动等涉税事项进行事先的安排，以实现税收利益及经济利益最大化为目标的一系列谋划活动。税收筹划已具有相当长的历史，但在我国处于起步发展阶段。

税收筹划具有合法性、遵从性、超前性、综合性、时效性、专业性等重要特点。

为了方便研究，我们需要根据不同的标准对税收筹划进行适当的分类，税收筹划与偷税、逃税、骗税、抗税有着本质的区别，避税与税收筹划的区别越来越难以划分。

税收筹划不论从公司层面、政府层面还是学术层面上讲，都有着积极而重要的意义。

公司成为真正的市场主体。税收制度的“非中性”和真空地带的存在、完善的税收监管体系是税收筹划的基本前提。主体利益的驱使是纳税人进行税收筹划的主观原因。同时，国家税制也存在纳税人抑减税负的客观原因。正是这两方面的原因使公司进行税收筹划成为可能，纳税人都有进行税收筹划的强烈愿望，但是只具有强烈的税收筹划愿望，并不意味着就能成功地实施税收筹划。纳税人成功地进行税收筹划必须具备特定的条件。

根据我国的实际情况，税收筹划目标可以分为三个层次：税收筹划基本目标、税收筹划中间目标和税收筹划最终目标。纳税人进行税收筹划必须遵循一定原则。

税收筹划成本与效益分析是指在税收筹划方案的制订和执行过程中，要比较税收筹划方案带来的收益与其耗费的成本，只有税收筹划方案的成本小于获得的收益时，该税收筹划方案是可行的；反之，则不可行。

税收筹划一定要具有正确的筹划思路和实施步骤，税收筹划具有一定的风险性，因此我们要加强对税收筹划的风险防范。

关键术语：

税收筹划	国内税收筹划	国际税收筹划	自行税收筹划	委托税收筹划
逃税	骗税	抗税	避税	纳税风险
税收筹划目标	纳税最小化	纳税最迟化	税收筹划收益	税收筹划成本
协同效应收益	税收筹划风险	税收中性	税收筹划的机会成本	

思考题

1. 简述税收筹划的特点。
2. 简述税收筹划与偷税、逃税、骗税、抗税、避税的区别。
3. 简述税收筹划的意义。
4. 简述税收筹划的基本前提、原因和实施条件。
5. 简述税收筹划目标。
6. 简述税收筹划的原则。
7. 简述税收筹划的成本。
8. 简述税收筹划收益的构成。
9. 简述税收筹划的思路。
10. 简述税收筹划的基本步骤。
11. 简述税收筹划风险的基本特征。
12. 简述税收筹划风险产生的原因。
13. 简述税收筹划风险的防范。

第 2 章
税收筹划模型与技术

培养能力目标

（1）理解税收筹划模型的基本含义；

（2）熟悉税收筹划模型的适用范围；

（3）熟悉税收筹划基本技术的含义及其特点；

（4）掌握税收筹划技术运用要点。

案例导入

如何实现纳税最小化

某生产企业生产应税消费品，20×7 年 5 月生产甲型号消费品的成本为 36 万元，对外销售不含增值税价格为 80 万元。当月生产乙型号消费品的成本为 14 万元，发给公司职工。该消费品的消费税税率为 10%，全国平均成本利润率为 10%。

对外销售应纳消费税＝360 000×10%＝36 000（元）

自产自用应纳消费税＝140 000×(1+10%)÷(1−10%)×10%＝17 111.11（元）

增值税销项税额＝140 000×(1+10%)÷(1−10%)×13%+800 000×13%

＝126 244.44（元）

工作要求　请对上述业务进行税收筹划，以降低公司消费税和增值税。

案例解析　见本章的 2.1。

2.1　税收筹划模型

税收筹划模型是连接税收筹划目标与税收筹划技术的纽带。税收筹划者在对纳税方案进行决策的过程中，总是要运用简单或者复杂的数学模型。税收筹划模型按照适用范围可以分为一般模型、类别模型和个别模型。其中，税收筹划一般模型在税收筹划中普遍适用，税收筹划类别模型适用于某一类情况的税收筹划模型。本节根据税收筹划目标建立税收筹划一般模型，即税后利益最大化模型和纳税最小化模型；然后用税收筹划一般模型和税收原理推导三个税收筹划类别模型，即相机抉择模型、纳税禁区模型和统一调度模型。

2.1.1　税后利益最大化模型

2.1.1.1　税后利益最大化模型的概念

税收筹划的最终目标是税后利益最大化。税后利益最大化模型是设计可供选择的纳税方案，计算出各个纳税方案的税前利益和税收总额，比较各个纳税方案的税后利益，选择最优纳税方案的数学模型。

2.1.1.2　税后利益最大化模型的步骤

（1）确定可供选择的纳税方案。

这一步是最关键的一步，也是最重要的一步。对于纳税方案的设计，人们往往认为只有一条路可走，或者说只发现一套纳税方案。因此，我们应当熟悉纳税人的经济活动，运用发散思维，寻找并设计多种纳税方案。

（2）计算并比较各种纳税方案的税收总额或税后利益。

这一步要运用税法基本知识计算与比较各纳税方案的税收总额，运用财务与会计专业知识计算与比较各个纳税方案的税前利益与税后利益。

（3）选择最优纳税方案。

这一步应当根据税收筹划目标，运用聚合思维，选择税后利益最大的纳税方案，实施有效的税收筹划。

2.1.1.3　税后利益最大化模型的参数

设税前利益为 B，税收总额为 T，税后利益为 A，则

$$A = B - T \qquad \text{（公式 2.1）}$$

税后利益可根据具体情况，采用权责发生制，有税后利润、每股收益或净资产收益率等指标；也可以采用现值标准，有税后净现值、每股税后净现值或内含报酬率等标准。税收总额可以是所得税，也可以是包括增值税在内的所有税收。

2.1.1.4　税后利益最大化模型的通用模型

假设有两个纳税方案，方案 1 为 $A_1 = B_1 - T_1$，方案 2 为 $A_2 = B_2 - T_2$。

当 $A_1 > A_2$ 时，选择方案 1；当 $A_1 < A_2$ 时，选择方案 2。

因此，为实现税收筹划最终目标，我们应该选择税后利益最大的方案。该模型告诉我们，在选择最优纳税方案的时候，不能就税收谈税收，只比较方案的税收，不考虑方案的税前利益和税后利益，会陷入税收筹划的误区。

2.1.1.5　税后利益最大化模型的增量模型

假设有两个纳税方案，方案 1 为 $B_2 = B_1 + \Delta B$，方案 2 为 $T_2 = T_1 + \Delta T$，稍加变化可得

$$A_2 = B_2 - T_2 = (B_1 + \Delta B) - (T_1 + \Delta T) = A_1 + (\Delta B - \Delta T)$$

当 $\Delta B < \Delta T$，则恒有 $A_1 > A_2$ 时，选择方案 1；当 $\Delta B > \Delta T$，则恒有 $A_1 < A_2$ 时，选择方案 2。

因此，方案 2 与方案 1 相比，只有税前利益增加的幅度超过税收增加的幅度，

我们才能实现税后利益的增加，方案才是可行的；同样道理，方案2与方案1相比，只有税前利益减少的幅度小于税收减少的幅度，我们才能实现税后利益的增加，方案才是可行的。

税后利益最大化模型在分析不同纳税方案时，只分析它们有区别的部分，可以不分析其相同部分，甚至可以忽略虽然不相同但并不重要的部分。该模型无须计算总量指标，忽略不重要指标，只对重要增量指标进行计算、比较，以选择最优方案，从而可以节省大量的时间和精力。

【例2-1】某乳品厂于20×7年8月开业，该乳品厂内设有牧场和乳品加工厂两个分部，牧场饲养奶牛生产的原奶经乳品加工厂加工成花色奶后出售。该厂为工业生产企业，牧场草料来源为向农民收购和牧场自产，每月需向当地农民收购草料500吨，每吨单价2 000元。该乳品厂每月购入水电、修理备用件可以抵扣的进项税额为3万元，生产的花色奶对外销售收入为150万元。当地的附加税费率为10%。

该乳品厂每月应纳增值税＝150×13%－500×0.2×9%－3＝15.6（万元）

每月应纳城建税及教育费附加费＝15.6×10%＝1.56（万元）

增值税税负率＝15.6÷150＝10.4%

【工作要求】该乳品厂增值税税负率高达10.4%，根据税务部门统计的数据，食品饮料企业增值税税负率一般为4.5%。请分析其中的原因并提出筹划方案。

【税法依据】参考《中华人民共和国增值税暂行条例》《中华人民共和国增值税暂行条例实施细则》《农业产品征税范围注释》及《关于简并增值税税率有关政策的通知》（财税〔2017〕37号）。

【筹划思路】该厂为工业生产企业，因而其加工出售的产品不享受农业生产者自产自销的免税待遇，可以抵扣的进项税额主要是向当地农民收购的草料，扣除收购额11%的进项税，以及水电和修理备用件的3万元进项税。但该企业生产的产品花色奶，适用13%的基本税率，全额按13%税率计算销项税额，加之外购草料价格是很低的，外购草料抵扣的进项税是很少的，所以造成该乳品厂增值税税负率偏高。因此，拆分业务或者分散业务可以降低增值税税负率。

【筹划过程】

我们将乳品厂拆分为两个经营主体（纳税人），成立集团企业，包含牧场和乳品加工厂。业务重新构建为：牧场生产的初级奶卖给乳品加工厂，乳品厂生产的花色奶外销。

假设牧场收购草料500吨，每吨单价为2 000元，生产的初级奶（为免税农产品）销售给乳品加工厂的价格为110万元，乳品厂按150万元价格外销。牧场不缴纳增值税。

乳品厂每月应纳增值税＝150×13%－110×9%－3＝6.6（万元）

乳品厂每月应纳城建税及教育费附加费＝6.6×10%＝0.66（万元）

乳品厂增值税税负率＝6.6÷150＝4.4%

【筹划结论】增值税税负率降低，即整个集团缴纳增值税减少，同时城建税及其附加费降低，集团利润总额增加。

【筹划点评】当然，拆分业务建立新的业务流程需要反思一些费用，但是该集团是长期经营的，这些费用会慢慢被分摊。同时，牧场销售的初级奶的价格要符合非关联定价。因此，该筹划不仅考虑了增值税，也考虑了其他税种；不仅考虑了税收利益，也考虑了非税利益；不仅考虑了单个公司的利益，也考虑了公司集团的整体利益，能有效地实现税收筹划目标。

2.1.2 纳税最小化模型

2.1.2.1 纳税最小化模型的概念

税收筹划的目标可以归纳为通过纳税最小化实现税后利益最大化。纳税最小化模型是指各个纳税方案的税前利益相等，通过计算和比较各个纳税方案的税收，我们选择纳税最小化的方案，从而实现税收筹划目标的数学模型。

2.1.2.2 纳税最小化模型的推导

设税前利益为 B，税收总额为 T，税后利益为 A。假设有两个纳税方案，且 $B_1=B_2$。

当 $T_1<T_2$，则恒有 $A_1>A_2$ 时，选择方案1；当 $T_1>T_2$，则恒有 $A_1<A_2$ 时，选择方案2。

因此，在税前利益相等的情况下，我们选择纳税最小的方案，就能实现税后利益的最大化。该模型可以使计算大大简化，在税收筹划中得到广泛使用。

要实现纳税最小化，我们必须计算税额。

设 T_0 为应纳税额，b 为税基，t 为税率，c 为税额抵扣（或简称抵扣），则有

$$T_0 = b \times t - c \quad \text{（公式 2.2）}$$

设 i 为应税收入，d 为税收扣除，一般有

$$B = i - d \quad \text{（公式 2.3）}$$

$$T_0 = (i - d) \times t - c \quad \text{（公式 2.4）}$$

设 T 为实缴税额，r 为税额抵免（或简称减免），则有

$$T = T_0 - r \quad \text{（公式 2.5）}$$

$$T = (i - d) \times t - c - r \quad \text{（公式 2.6）}$$

式（2.5）与式（2.6）是税额计算通用公式。

每个税种的具体计算公式都是通用公式的具体运用，比如

增值税=销售额×税率-进项税额（公式 2.7）

企业所得税=（应税收入-税收扣除）×税率-税额抵扣-税额减免（公式 2.8）

个人所得税=（应税收入-税收扣除）×税率-速算扣除数（公式 2.9）

土地增值税=（应税收入-税收扣除）×税率-速算扣除率×税收扣除（公式 2.10）

从税额计算通用公式可以得知，税额的计算与税基（应税收入、税收扣除）、

税率税额抵扣、税额减免密切相关。税额与税基、税率呈正相关，与税收扣除、税额抵扣、税额减免呈负相关。纳税人进行税收筹划时要实现纳税最小化，应尽量降低税基、应税收入和税率，尽量增加税收扣除、税额抵免和税额减免。

【例2-2】案例导入解析

【税法依据】《中华人民共和国消费税暂行条例》规定：销售额为纳税人销售应税消费品向购买方收取的全部价款和价外费。纳税人自产自用的应税消费品，凡用于其他方面的，按照纳税人生产的同类消费品的销售价格计算纳税；没有同类消费品销售价格的，按照组成计税价格计算纳税。组成计税价格的计算公式为：组成计税价格=（成本+利润）÷（1-消费税税率），公式中的成本是指应税消费品的产品生产成本。

【筹划思路】由于成本是计算组成计税价格的重要因素，成本高低直接影响组成计税价格的高低，进而影响消费税和增值税的高低。所以，在成本分配时，我们应尽量减少乙型号消费品的成本，增加甲型号消费品的成本。

【筹划过程】我们将乙型号消费品的成本转移4万元到甲型号消费品，则甲型号消费品的成本为40万元，乙型号消费品的成本为10万元，则有

对外销售应纳消费税=360 000×10%=36 000（元）

自产自用应纳消费税=100 000×(1+10%)÷(1-10%)×10%=12 222.22（元）

增值税销项税额=100 000×(1+10%)÷(1-10%)×13%=119 888.89（元）

节省增值税和消费税=17 111.11+126 244.44-12 222.22-119 888.89
=11 244.44（元）

【筹划结论】经过筹划，节省增值税和消费税约11 244元。

【筹划点评】因为产品成本是通过公司自身的会计核算计算出来的，按照会计准则的核算要求，很多间接费用如制造费用要通过一定的分配方式在各步骤的在产品、半成品及产成品中间进行分配，最后计算出产成品、半成品的成本。可见，只要将自用产品应负担的间接费用合理地少留一部分，而将更多的费用分配给其他产品，这样就便于降低用来计算组成计税价格的成本，进而使计算出来的组成计税价格降低，从而降低税基，使自用产品应负担的消费税相应地减少。

2.1.3 相机抉择模型

2.1.3.1 相机抉择模型的概念

相机抉择模型，也可称为无差别点模型，是先计算两个或两个以上的纳税方案的税收及其税后利益的无差别点，再根据纳税人的实际情况，对纳税方案进行相机抉择的数学模型。相机抉择模型包括纳税无差别点模型和税后利益无差别点模型。

2.1.3.2 纳税无差别点模型

(1) 模型基本假设。

假设有两个纳税方案且 $B_1=B_2$，$T_1=b_1\times t_1$，$T_2=b_2\times t_2$。其中，t_1、t_2 为常量，

b_1、b_2 为变量，$t_1 < t_2$，$b_1 > b_2$。

（2）模型推导。

令 $T_1 = T_2$，则 $b_2/b_1 = t_1/t_2$。

设 $X = b_2/b_1$。

当 $X = b_2/b_1 = t_1/t_2$ 时，$T_1 = T_2$。

当 $X = b_2/b_1 < t_1/t_2$ 时，$T_1 > T_2$。

当 $X = b_2/b_1 > t_1/t_2$ 时，$T_1 < T_2$。

纳税无差别点模型如图 2.1 所示。

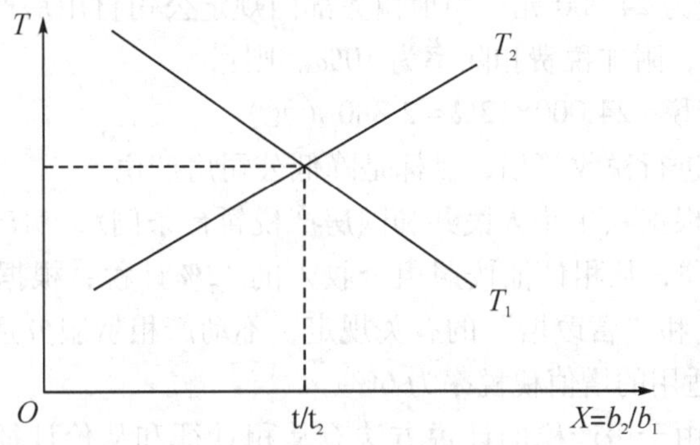

图 2.1　纳税无差别点模型

（3）总结。

纳税无差别点模型由纳税最小化模型推导而来。在两个方案税前利益相等的前提下：

① 当变量 X 处于无差别点时，两个方案可以任意选择；

② 当变量 X 大于无差别点时，我们应选择税额与变量 X 呈负相关的方案；

③ 当变量 X 小于无差别点时，我们应选择税额与变量 X 呈正相关的方案。

（4）纳税无差别点模型适用范围。

纳税无差别点模型适用于税前利益相等的情况。两个纳税方案的纳税计算主要有两个方面的差异，从一个因素看，方案 1 优于方案 2；从另一个因素看，方案 2 优于方案 1。

在房产税中，房产自用与出租的计税方法不同。房产税自用按照房产余值与 1.2%的税率计算房产税，房产出租按照租金收入与 12%的税率计算房产税。纳税人可以运用纳税无差别点模型进行筹划，对房产出租或者自用进行相机抉择。

在增值税中，纳税人兼营免税项目，不单独核算免税产品的进项税额，并且无法准确划分不得抵扣的进项税额的，则不得抵扣的进项税额=全部进项税额×免税销售额/全部销售额，即可以抵扣的进项税额=全部进项税额×（1-免税销售额/全部销售额）。如果纳税人单独核算免税产品的进项税额，能准确划分应税项目与免税项目进项税额的，则可以抵扣的进项税额=应税项目进项税额。纳税人可以运用纳税无差别点模型进行筹划，选择是否单独核算免税产品的进项税额。

在增值税中，一般纳税人销售货物，采用购进扣税法计税，则应纳增值税=增值额×税率；小规模纳税人销售货物，采用简易计税方法，则应纳税额=销售额×征收率。纳税人可以运用纳税无差别点模型进行筹划，选择不同的纳税身份。

在增值税中，对于混合销售，一般纳税人的主业适用13%或9%或6%的税率时，纳税人可以运用纳税无差别点模型进行筹划，调整业务内容与比重，选择不同的增值税税率。

【例2-3】某公司（一般纳税人）有4间房屋，账面价值为10万元，出租给其他公司使用，租金为24 000元。当地税务部门规定公司自用房产按照房产原值减除30%后的余值计税，附加税费扣除率为10%。则：

公司应纳房产税=24 000×12%=2 880（元）

【工作要求】进行税收筹划，目标是降低公司房产税。

【税法依据】根据《中华人民共和国房产税暂行条例》，房产税从价计征按照房产余值的1.2%计税，从租计征按照租金收入的12%计税；根据《中华人民共和国增值税暂行条例》和“营改增”的有关规定，不动产租赁服务适用的增值税税率为9%，现代服务业适用的增值税税率为6%。

【筹划思路】由于房产税的计税方法有从租计征和从价计征两种，从租计征按照租金收入的12%计税，从价计征按照房产余值的1.2%计税。因此我们可以选择房产税的计税方法进而降低房产税；对于增值税，由于税率有13%、9%、6%，我们可以事前规划选择适用税率，降低增值税及其附加。

【筹划过程】我们可以改变公司的经营模式，将4间房屋由出租改为仓储业务。由于改变了房屋用途，房屋应纳房产税的计征方法会随之改变。

公司应纳房产税=100 000×（1-30%）×1.2%=840（元）

【筹划结论】我们经过筹划，即改变房屋的用途，节省房产税2 040元（2 880-840=2 040）。

【筹划点评】我们改变了房屋的用途，进而改变了房产税的计税方法。

2.1.3.3 *税后无差别点模型*

（1）模型基本假设。

A_1、A_2 分别为方案1和方案2的税后利益。

$A_1 = B_1(1 - t_1)$，$A_2 = B_2(1 - t_2)$；t_1、t_2 为常量，B_1、B_2 为变量；$t_1 < t_2$，$B_1 > B_2$。

（2）模型推导。

令 $A_1 = A_2$，则 $B_2/B_1 = (1 - t_1)/(1 - t_2)$。

设 $X = B_2/B_1$。

当 $X = B_2/B_1 = (1 - t_1)/(1 - t_2)$ 时，则 $A_1 = A_2$。

当 $X = B_2/B_1 < (1 - t_1)/(1 - t_2)$ 时，则 $A_1 > A_2$。

当 $X = B_2/B_1 > (1 - t_1)/(1 - t_2)$ 时，则 $A_1 < A_2$。

税后利益无差别点模型如图 2.2 所示：

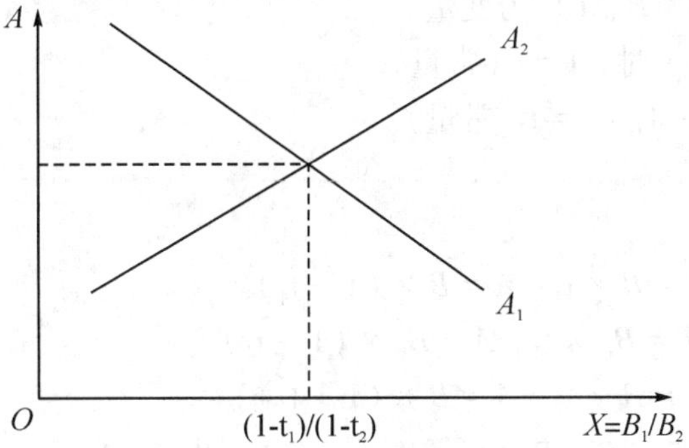

图 2.2　税后利益无差别点模型

（3）总结。

税后利益无差别点模型由税后利益最大化模型推导而来。

① 当变量 X 处于无差别点时，两个方案可以任意选择；

② 当变量 X 小于无差别点时，我们应选择税后利益与变量 X 呈负相关的方案；

③ 当变量 X 大于无差别点时，我们应选择税后利益与变量 X 呈正相关的方案。

（4）税后无差别点模型的适用范围。

税后无差别点模型适用于两个纳税方案的税后利益存在两个方面的差异，从一个因素看，方案 1 优于方案 2；从另一个因素看，方案 2 优于方案 1。

就债券而言，债券有免税债券和应税债券之分，投资免税债券的税前利率和税率均小于投资应税债券，在不同的公司和个人所得税率情况下，我们可以运用税后利益无差别点模型，分别计算应税债券与免税债券税前利率之比的无差别点，进行税收筹划。

就增值税而言，增值税一般纳税人进行材料采购时，选择不同的供货方，其购进货物的抵扣率不同，主要有 13%、9%、6%等，其含税价格也不同，一般抵扣率越高，其含税购进价格就越高，纳税人可以运用税后利益无差别点模型进行税收筹划。

2.1.4　纳税禁区模型

2.1.4.1　纳税禁区模型的概念

根据我国现行税制，在起征点或者临界点附近，税前利益的少量增加会导致税额的跳跃上升，得不偿失，是纳税误区；全额累进税率的每一个临界点产生一个向上的税收调控缺口，并且对应一个纳税禁区。因此，纳税禁区模型（或称临界点模型）是先求出税前利益的纳税禁区，当税前利益处于纳税禁区之内，我们应降低税前利益，使税前利益摆脱纳税禁区的数学模型。

2.1.4.2 纳税禁区模型的推导

（1）模型假设。

$A = B \times (1 - t)$，B、t 均为变量。

当 $B \leqslant B_0$（变量）时，$t = t_1$（常量）。

当 $B > B_0$（常量）时，$t = t_2$（常量）。

$0 \leqslant t_1 < t_2$。

（2）模型推导。

当 $B < B_0$ 时，$T = B \times t_1$，$A = B \times (1 - t_1)$。

当 $B = B_0$ 时，$T = B_0 \times t_1$，$A = B_0 \times (1 - t_1)$。

当 $B > B_0$ 时，$T = B \times t_2$，$A = B \times (1 - t_2)$。

当 $B \to B_0^*$ 时，$T = \lim\limits_{B \to B_0^+} B \times t_2 = B_0 \times t_2$，$A = B_0 \times (1 - t_2)$。

又因为 $B_0 \times t_2 > B_0 \times t_1$，$B_0 \times (1 - t_2) < B_1 \times (1 - t_1)$。

所以，当 $B \to B_0^*$ 时，税后利益反而要小于当 $B = B_0$ 时的税后利益。

这就是说，在临界点附近，税前利益（销售额、增值额或者利润额）的少量增加导致税额跳跃式增加，税后利益（销售额、增值额或者利润额）反而减少，得不偿失，是纳税禁区，我们还不如将税前利益控制在临界点以下。

设税前利益 B_1 处于纳税禁区。

则 $B_0 < B_1$，且 $A_0 > A_1$，即 $B_0 \times (1 - t_1) > B_1 \times (1 - t_2)$，解得 $B_0 < B_1 < B_0 \times (1 - t_1) / (B_1 - t_2)$。

因此，税前利益 B 的禁区为 $[B_0, B_0 \times (1 - t_1)/(1 - t_2)]$。

在临界点之上，只有当税前利益（销售额、增值额或者利润额）增加的幅度大于或者等于税额增长的幅度才是合算的，即当 $B \geq B_0 \times (1 - t_1)/(1 - t_2)$ 时，我们才能摆脱税前利益的纳税禁区（见表 2.1）。

表 2.1 税前利益的纳税禁区

区间	税前利益 B	是否纳税禁区
1	$0 \sim B_0$	否
2	$B_0 \sim B_0 \times (1 - t_1)/(1 - t_2)$	是
3	$B_0 \times (1 - t_1)/(1 - t_2) \sim +\infty$	否

根据表 2.1，我们可以知道，在第二个区间，税前利益 B 大于 B_0，其税后利益 A 反而小于 A_0，因此第二个区间是税前利益 B 的禁区。其原因是税前利益的小量增加导致税额的跳跃式上升，得不偿失。临界点附近税收变化和临界点附近税后利益变化与纳税禁区见图 2.3 和图 2.4（S 为斜率）。

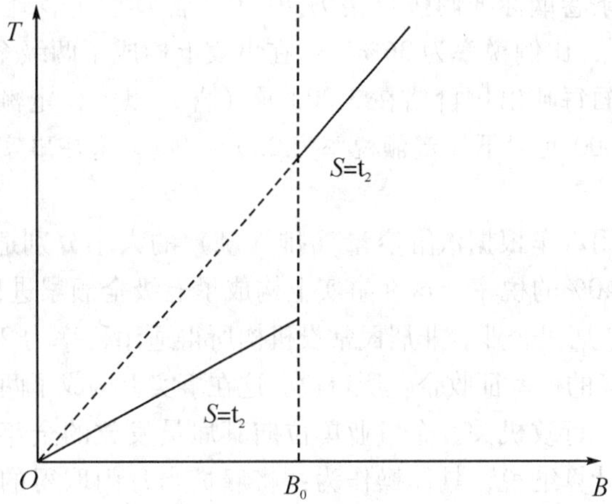

图 2.3　临界点附近税收变化

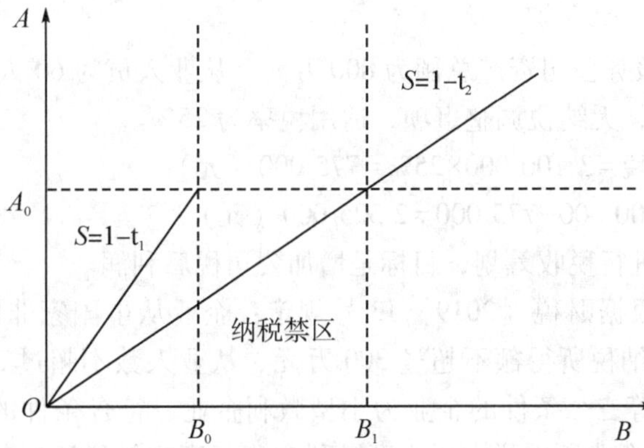

图 2.4　临界点附近税后利益变化与纳税禁区

（3）总结。

纳税禁区模型由税后利益最大化模型推导而来。纳税人在进行纳税决策的时候，应当避免进入纳税禁区。税前利益如果在纳税禁区之内，我们应当减少税前利益，如通过降低收入、增加扣除等非常规方式，使税前利益控制在临界点以下。而在纳税禁区之外，我们应当采取常规方式增加税前利益，税前利益越大越好。

2.1.4.3　纳税禁区模型的适用范围

纳税禁区模型适用于税法中有起征点、临界点或者全额累进税率的情况，包括销售额、扣除额、增长率、所得额的起征点或临界点。

增值税有起征点的规定，纳税人可以运用纳税禁区模型进行税收筹划。

2006 年 4 月，消费税新增了高档手表税目，高档手表是指销售价格（不含增值税）每只在 10 000 元（含）以上的各类手表，高档手表的消费税率为 20%，销售价格 10 000 元成为手表的起征点。

消费税中，每条卷烟标准调拨价格为70元（含）以上，比例税率为56%；调拨价格在70元以下，比例税率为36%。这在事实上构成了两级全额累进税率。

消费税中，啤酒每吨出厂价格在3 000元（含）以上，定额税率为250元/吨；每吨出厂价格在3 000元以下，定额税率为220元/吨。这在事实上构成了两级全额累进税率。

消费税中，乘用汽车根据汽缸容量（排气量）的大小分别适用1%、3%、5%、9%、12%、25%、40%的税率。这在事实上构成了七级全额累进税率。

企业所得税中，居民企业、非居民常设机构所得适用税率为25%，符合条件的小型微利企业减按20%的税率征收企业所得税。这在事实上构成了两级全额累进税率。

个人所得税中，行政机关、企事业单位向其雇员发放的全年一次性奖金单独作为一个月薪金所得计算纳税，具体操作为：将雇员当月内取得的全年一次性奖金除以12，按其商数确定其使用税率和速算扣除数。该规定改变了工资薪金超额累进税率的规则，从而使年终奖也存在纳税禁区，纳税人可以运用纳税禁区模型进行税收筹划。

【例2-4】某服务公司资产总额为800万元，从业人员为60人，预计2017年利润总额为310万元，无纳税调整事项，适用税率为25%。

应纳企业所得税=3 100 000×25%=775 000（元）

税后利润=3 100 000-775 000=2 325 000（元）

【工作要求】进行税收筹划，目标是增加公司税后利润。

【税法依据】根据财税〔2019〕13号规定：企业从事国家非限制和禁止行业，且同时符合年度应纳税所得额不超过300万元、从业人数不超过300人、资产总额不超过5 000万元等三个条件的企业为小型微利企业，符合条件的小型微利企业减按20%的税率征收企业所得税。对小型微利企业年度应纳税所得额不超过100万元的部分，减按25%计入应纳税所得额，按20%的税率计算缴纳企业所得；对应纳税所得额超过100万元但不超过300万元的部分，减按50%计入应纳税所得额，按20%的税率计算缴纳企业所得税。

【筹划思路】我们把公司应纳税所得控制在300万元以内，适用小微企业20%的税率。

【筹划过程】该公司的应纳税所得额仅超过小微企业临界点10万元，适用高一档税率很不合算。我们应当减少应纳税所得额，减少应纳税所得额的办法有四个：一是推迟应税收入的实现，二是减少应税收入，三是提前实现费用或损失，四是增加费用或损失，比如该公司可以通过公益性社会团体向灾区捐赠10万元。

捐赠后利润总额=3 100 000-100 000=3 000 000（元）

捐赠扣除限额=3 100 000×12%=372 000（元）

公益性捐赠未超过准予扣除的限额，无须进行纳税调整。

公司应纳企业所得税=1 000 000×25%+2 000 000×50%×20%=250 000（元）

税后利润 = 3 100 000−250 000−100 000 = 2 750 000（元）

【筹划结论】筹划后税后利润增加额 = 2 750 000−775 000 = 1 975 000（元）

推而广之，当应纳税所得额为 3 000 000 元时，并且符合小微企业的条件，适用税率为 20%。

应纳所得税额 = 3 000 000×20% = 600 000（元）

设应纳税所得额增加到 X 元，X >3 000 000 元，适用税率为 25%。

应纳所得税额 = X ×25%

年应纳税所得额增加的金额小于应纳所得税额增加的金额，得不偿失，为纳税禁区：X −3 000 000< X ×25%−600 000，解之得 3 000 000< X <3 200 000。

因此，年应纳税所得额 3 000 001～3 199 999 元为纳税禁区。

该小型微利企业年应纳税所得额的纳税禁区如表 2.2 所示。

表 2.2　该小型微利企业年应纳税所得额的纳税禁区

区间	年应纳税所得额（元）	是否纳税禁区
1	0～3 000 000	否
2	3 000 001～3 199 999	是
3	3 200 000 及以上	否

【筹划点评】企业所得税正常税率为 25%，符合条件的小型微利企业税率为 20%，事实上构成了两级全额累进税率，300 万元就是企业所得税税率变化的临界点，在临界点附近，应纳税所得额增加的金额小于所得税增加的金额，得不偿失，是纳税禁区。当小型微利企业预计年应纳税所得额处于纳税禁区时，可以采用减少收入或者增加扣除等办法，使年应纳税所得额脱离纳税禁区，从而实现经济利益最大化。

2.1.5　统一调度模型

2.1.5.1　统一调度模型概念

在我国现行税制中，由于不同税种之间存在税率差异，不同地区之间存在税率差异，不同纳税人之间存在税率差异，不同征税对象之间存在税率差异。纳税人可以对整体税前利益（收益或者利润）进行统一安排（调度），以实现纳税最小化。

统一调度模型，是指在纳税人整体利益不变的前提下，我们将税前利益在纳税人的不同成员（或项目、时间）之间进行统一调度，按照先低税率后高税率的顺序进行安排，从而建立纳税最小化及税后利益最大化的数学模型。

需要特别说明的是，统一调度模型的税收筹划目标不是集团中单个成员公司、单个项目等的纳税最小化及税后利益最大化，而是整个公司集团整体纳税最小化及税后利益最大化。

2.1.5.2 比例税率下统一调度模型的推导

(1) 模型假设。

纳税人两个成员公司（或者两个项目、两个时间段）适用不同的税率，且 $0 \leq t_1 < t_2$。

纳税人整体税前利益 B 为正的常量，$B_1 + B_2 = B$（正的常量）；

$T_1 = B_1 \times t_1$（当 $B_1 \geq 0$），$T_1 = 0$（当 $B_1 < 0$）；

$T_2 = B_2 \times t_2$（当 $B_2 \geq 0$），$T_2 = 0$（当 $B_2 < 0$）；

纳税人的整体税收 $T = T_1 + T_2$。

纳税人整体税后利益 $A = B - T$。

(2) 模型推导。

当 $B_1 = B$ 或者 $B_2 = 0$ 时，T 取得最小值 $\min T = B \times t_1$，A 取得最大值 $\max A = B \times (1 - t_1)$。

比例税率下整体税收和整体税后利益如图 2.5、图 2.6 所示。

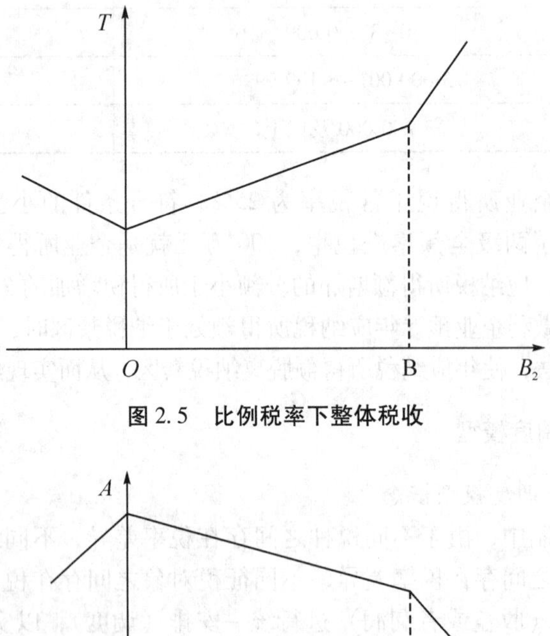

图 2.5 比例税率下整体税收

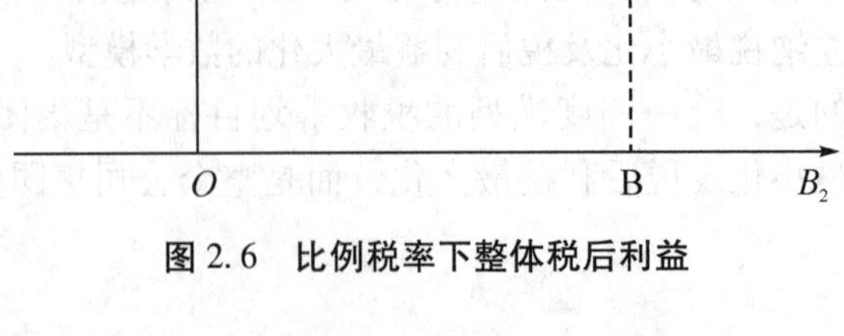

图 2.6 比例税率下整体税后利益

（3）总结。

统一调度模型由纳税最小化模型推导而来。比例税率下，当纳税人的不同公司或不同项目或不同时间段的适用税率不相同时，纳税人应将税前利益尽量安排给适用税率低的公司（或项目或时间段），将适用税率高的公司（或项目或时间段）的税前利益转移到适用税率低的公司（或项目或时间段），从而减少纳税人的整体税收，进而获得最大的税后利益。

（4）比例税率下统一调度模型的适用范围。

统一调度模型可以适用于企业所得税，既可以在国内税收筹划中运用，也可以在国际税收筹划中运用；由于集团内部各个成员公司所处产业或地域不同，其适用的所得税税率可能不同，成员公司可以安排交易，适度提高或压低售价或费用，将利润从高税率公司转移到低税率公司，进而降低集团所得税。

统一调度模型可以适用于消费税。消费税实行一次课征制，一般选择在初始环节征收，以后不再征收。在税收筹划上，只要做到该环节不纳税或者少纳税，就可以减轻纳税人的消费税税负。因此，生产应税消费品的厂家，一般将其销售部门设为独立核算的销售公司，进而降低应税环节的销售额，最终减少消费税。另外，消费税法规定有些中间消费品不能抵扣，关联公司可以采用转让定价的方法，减轻中间消费品的消费税负担。

统一调度模型可以适用于关税。由于关税是在进口环节纳税，进口以后就不再缴纳关税。因此，进口商可以在进口国设立关联公司，进行适度的转让定价，进而节约关税或者推迟消费税的缴纳。

统一调度模型可以适用于增值税。对于一个既从事农业初级产品的生产，又对农业初级产品进行加工的公司，当农业初级产品达到一定规模时，应分设农场与农产品加工两个具有独立法人资格的公司，并进行合理转让定价，以增加抵扣进项税，从而减少增值税。

2.1.5.3　累进税率下统一调度模型的推导

（1）模型假设。

纳税人包括两个成员公司，纳税人整体税前利益 B 为正的常量，$B_1 + B_2 = B$。

两个成员公司的适用税率均为超额累进税率，如表 2.3 所示：

表 2.3　两个成员公司适用的超额累进税率表

顺序	B_1	t_1	B_2	t_2
1	$0 \sim B_{11}$	t_{11}	$0 \sim B_{21}$	t_{21}
2	$B_{12} \sim B_{13}$	t_{13}	$B_{22} \sim B_{23}$	t_{23}
……	……	……	……	……

$t_{11} < t_{21} < t_{13} < t_{23}$；纳税人整体税收 $T = T_1 + T_2$；纳税人整体税后利益 $A = B - T$。

（2）模型推导。

① 当 $B \leqslant B_{11}$ 时，

$\min T = B \times t_{11}$，此时 $B_1 = B$ 和或 $B_2 = 0$。

② 当 $B_{11} < B \leqslant B_{11} + B_{21}$ 时，

$\min T = B_{11} \times t_{11} + (B - B_{11}) \times t_{21}$，此时 $B_1 = B_{11}$ 或 $B_2 = B - B_{11}$。

③ 当 $B_{11} + B_{21} < B \leqslant B_{11} + B_{21} + B_{12}$ 时，

$\min T = B_{11} \times t_{11} + B_{21} \times t_{21} + (B - B_{11} - B_{21}) \times t_{13}$，此时，$B_1 = B - B_{21}$ 或 $B_2 = B_{21}$。

④ 当 $B_{11} + B_{21} + B_{12} < B \leqslant B_{11} + B_{21} + B_{12} + B_{23}$ 时，

$\min T = B_{11} \times t_{11} + B_{21} \times t_{21} + B_{13} \times t_{13} + (B - B_{11} - B_{21} - B_{13}) \times t_{23}$。

此时 $B_1 = B_{11} + B_{13}$ 或 $B_2 = B - B_{11} - B_{13}$。

……

（3）总结。

在不同成员公司均实现累进税率的情况下，由于不同成员公司有多档税率，税收筹划是较为复杂的。总而言之，我们应将税前利益安排在适用税率最低的成员公司，然后再安排给适用税率较高的成员公司，直到安排完毕。这样可以最大限度地减少纳税人的整体税收，实现纳税人整体税后利益最大化。

（4）累进税率下统一调度模型的适用范围。

累进税率一般是在所得税中采用，因此该模型主要适用于所得税。

该模型适用于企业所得税。当关联公司分别位于均采用累进税率的不同国家（或者地区），可进行转让定价，合理转移利润，从而减轻集团所得税，实现集团税后利益最大化。

该模型适用于个人所得税。年薪包括每月工资和年终奖两个项目，其税负存在差异，纳税人应将年薪在每月工资和年终奖两个项目上进行合理分配，从而节省个人所得税。

2.2 税收筹划技术

税收筹划技术是指合法、合理地使纳税人缴纳尽量少的税收的技巧。税收筹划中广泛采用的税收筹划技术主要包括免税技术、减税技术、税率差异技术、分劈技术、扣除技术、抵免技术、延期纳税技术和退税技术。这些技术可以单独使用，也可以同时使用。但是，如果同时采用两种或两种以上的税收筹划技术时，我们必须注意各种税收筹划技术之间的相互影响。

2.2.1 免税技术

（1）免税技术的含义。

免税技术是指在合法、合理的情况下，使纳税人成为免税人，或使纳税人从事免税活动，或使征税对象成为免税对象，从而免征（纳）税收的税收筹划技术。

一般来讲，税收是不可避免的。但是纳税人可以成为免征（纳）税收的纳税人——免税人。比如，国家所得税法规定从事工商经营活动的公司都是纳税人，但在工业开发区从事工商经营活动的公司可以免征5年的企业所得税，那么一个设在工业开发区从事工商经营活动的公司在5年内就是一个免征税收的纳税人。所以，我们通过税收筹划合法、合理地利用免税政策规定，可以节减税收。

（2）免税技术的特点。

① 绝对节税。免税技术运用的是绝对节税原理，直接免除纳税人的税收绝对额，属于绝对节税型税收筹划技术。

② 技术简单。免税技术不需要利用复杂的数理、统计、财务管理等专业知识进行税收筹划，不用进行复杂的计算，有的甚至不用计算或不用比较，我们就能知道是否可以节减税收，技术非常简单。

③ 适用范围较窄。免税是针对特定的纳税人、征税对象、特定行业、特定地区等情况的减免。这说明免税必须要满足一些前置条件，而这些不是所有纳税人都能够或者都愿意做到的。因此，免税技术往往不能普遍使用，适用范围较窄。

④ 具有一定的风险性。纳税人在进行投资、经营时，往往存在一些投资收益率高因而风险也高的地区、行业、项目、行为。比如，投资高科技行业可以享受免税待遇，还可能得到超过社会平均利润水平的投资收益，并且也可能具有高成长性，但是风险也极高，非常有可能因风险高而投资失败，使免税变得毫无意义。

（3）免税技术的运用要点。

① 应尽量争取更多的免税待遇。在合法、合理的情况下，我们应尽量争取免税待遇，争取尽可能多的项目，获得免税待遇。因为，获得的免税项目越多，节税的效果就越大。

② 应尽量使免税期最长化。许多免税都有明确的期限规定。因此，纳税人应在合法、合理的情况下，尽量使免税期最长化，免税期越长，节省的纳税额就越多。比如，一个国家对一般公司按普通税率征收企业所得税，对在A经济开发区企业制定了从开始经营之日起3年内的免税规定，对B经济开发区企业制定了从开始经营之日起5年内的免税规定。那么在外部条件基本相似的情况下，一个公司应达到B经济开发区的企业的水平，以获得更长期限的免税待遇，从而在合法、合理的情况下节税更多。

③ 应注意避开免税误区。在一些特定的情况下，纳税人享受免税不但不能获取节税效益，反而有可能增加税负。例如，在增值税中，公司处于中间环节，购入应税产品，生产免税产品（公司自己承担了增值税的进项税），且在所得税中，在免税期中加速折旧，等等。因此运用免税技术一定要避开免税误区。

2.2.2 减税技术

（1）减税技术的含义。

减税技术是指在合法、合理的情况下，使纳税人减少应纳税而直接节税的税收筹划技术。就一般情况而言，减税实质上是相对于财政补贴，减税主要有两种情况：一种是税收照顾目的的减税，如国家对民政福利企业的减税；另一种是税收奖励目的的减税，如产品出口企业、高科技企业等的减税。

（2）减税技术的特点。

① 绝对节税。减税技术运用的是绝对节税原理，直接减少纳税人的税收绝对额，属于绝对节税型税收筹划技术。

② 技术简单。减税技术不需要利用复杂的数理、统计、财务管理等专业知识进行税收筹划，不用进行复杂的计算，有的甚至不用计算或不用比较，我们就能知道是否可以减少税收，技术非常简单。

③ 适用范围较窄。减税是针对特定的纳税人、征税对象、特定行业、特定地区等情况进行的减税。这说明减税必须满足一些前置条件，而这些不是所有纳税人都能够满足的。因此，减税技术往往不能普遍使用，适用范围较窄。

④ 具有一定的风险性。纳税人在进行投资、经营时，往往存在一些投资收益率难以预测同时风险也高的地区、行业、项目，从事这类投资、经营或个人活动具有一定的风险性。比如，投资利用“三废”进行循环再生产的企业就有一定的风险，其投资收益难以预测。

（3）减少技术的要点。

①应尽量争取更多的减税待遇。在合法、合理的情况下，我们应尽量争取减税待遇，争取尽可能多的税种获得减税待遇，争取减征更多的税收。与纳税人缴纳税款相比，减征的税收就是节减的税收，获得的减税待遇的税种越多，节税的效果就越大。

② 应尽量使减税期最长化。许多减税都有明确的期限规定。因此，纳税人在合法、合理的情况下，应尽量使减税期最长化，减税期越长，节约的税收就越多。比如，一个国家对一般公司按普通税率征收企业所得税，对在A经济开发区企业制定从开始经营之日起3年内的减税规定，对B经济开发区企业制定从开始经营之日起5年内的减税规定，那么在外部条件基本相似的情况下，一个公司应达到B经济开发区的企业的水平，以获得更长期限的减税待遇，从而在合法、合理的情况下节税更多。

③ 应注意避开减税误区。在一些特定的情况下，纳税人享受减税不但不能获取节税效益，反而有可能增加税负。例如，企业所得税中在减税期内加速折旧等情况。我们运用减税技术时一定要避开减税误区。

2.2.3 税率差异技术

（1）税率差异技术的含义。

税率差异技术是指在合法、合理的情况下，利用税率的差异而直接节减税收的税收筹划技术。税率越低，节减的税额就越多。

总体而言，税率差异是普遍存在的，可能因不同纳税人、不同行业、不同地区、不同征税对象等情况而存在，只要不是出于避税的目的，而是出于真正的商业理由，在市场经济条件下，一个公司完全可以根据国家有关法律和政策自主决定公司的组织形式、投资规模和投资方向等，利用税率差异少缴纳税收；同样道理，一个自然人也可以选择自身的投资规模、投资方向和居住国，利用税率差异少缴纳税收。

（2）税率差异技术的特点。

① 绝对节税。税率差异技术是绝对节税原理，直接减少纳税人的税收绝对额，属于绝对节税型税收筹划技术。

② 技术较为复杂。采用税率差异技术节减税收，要受不同税率差异的影响，也要受不同的计税基数差异的影响，计税基数的确定较为复杂，计算出来的结果要按照一定的方法进行比较，才能确定节税的效果，所以税率差异技术的运用较为复杂。

③ 适用范围大。在全球，税率差异是普遍存在的，每一个纳税人都有一定的选择范围，所以税率差异技术是一种能够普遍运用、适用范围较为广泛的税收筹划技术。

④ 具有相对确定性。税率差异是客观存在的，并且在相当长的一段时期内是保持不变的（相对稳定的）。因此，税率差异技术的运用具有相对确定性。

（3）税率差异技术的要点。

① 应当寻求税率最低化。因为纳税人纳税多少与税率成正比。因此，对于纳税人而言，按高低税率纳税有所不同，它们之间的差异，就是节减的税收。所以，纳税人应在合法、合理的前提下，尽量寻求适用税率最低化。

② 应尽量寻求税率差异的稳定性与长期性。任何税收筹划都是有成本的，税率差异的不稳定性与长期性将给税收筹划带来更大的风险成本。因此，就纳税人而言，利用差异技术筹划时，应在合法、合理的前提下尽量寻求税率差异的稳定性与长期性，进而减少税收筹划的风险成本。

③ 应尽量实现累进税率下的税负最小化。在累进税率下，纳税人的所得税负差异是很大的，因而纳税人可以在合法、合理的条件下，通过对纳税人的收入与费用发生时间的安排、获利年度的确认、融资的不同方式等方面的选择，使纳税人选择较低的税率，进而使税负由重到轻发生转换。

2.2.4　分劈技术

（1）分劈技术的含义。

分劈是指把一个自然人（法人）的应税所得或应税财产分成多个自然人（法人）的应税所得或应税财产。分劈技术是指在合法、合理的情况下，使所得、财产在两个或两个以上的纳税人之间进行分劈而直接节税的税收筹划技术。

例如，在英国，英国遗产税税率为 40%，每人有 23.1 万英镑（1 英镑约等于

9.116 人民币，下同）的免税额。一个英国人名下有 40 万英镑的财产，要立遗嘱先留给妻子（英国税法规定丈夫留给妻子的遗产可享受免税）。然后，妻子去世后再将财产留给儿子。后经税收筹划，方法为：生前将 40 万英镑先分劈为两部分。自留 23.1 万英镑，死后留给儿子，分给妻子 16.9 万英镑，妻子死后留给儿子。这样筹划后可以节减 6.76 万英镑的遗产税。

（2）分劈技术的特点。

① 绝对节税。分劈技术运用的是绝对节税原理，直接减少纳税人的税收绝对额，属于绝对节税型税收筹划技术。

② 适用范围较窄。一些公司往往通过分立为多个公司，以适用较低税率，这种行为往往被许多国家认定为是一种避税行为。一些国家为了防止公司利用小公司税收待遇避税，制定了许多反避税条款。另外，分立成为多个公司后，公司需要发生更多的管理成本和维持费用，有时得不偿失。所以分劈技术一般适用于自然人的税收筹划，即自然人分劈的项目是有限的，分劈的条件极为苛刻。因此，分劈技术的适用范围较窄。

③ 技术较为复杂。采用分劈技术节税不但要受损失条件的限制，还要受很多非税收因素的影响。不同的分劈方法，涉及的税收多少要按照一定的方法计算并进行比较，才能确定节税的效果，所以分劈技术运用较为复杂。

（3）分劈技术的要点。

① 分劈应尽量合理化。分劈技术的使用，除了要合法，还要注意的是对分劈对象进行分劈的合理性，因为不同的分劈方法，其税收负担是不同的。作为纳税人，其税收筹划的基本目标是实现税后利益最大化。因此，纳税人应严格税收政策，以最大限度地合理化分劈所得和财产，以减轻税负。

② 节税最大化。对于分劈技术而言，不同的分劈方法，其纳税人的税收负担是不同的。因此，纳税人应在合法、合理的前提下，通过分劈使节税最大化。

2.2.5 扣除技术

（1）扣除技术的含义。

从税收角度讲，扣除是指从原数额中减除一部分，有广义与狭义之分。税收中的狭义扣除是指从计税金额中减去一部分以求出应税金额，如我国企业所得税的应纳税所得就是纳税人每一个纳税年度的收入总额减去准予扣除项目后的金额。扣除技术的扣除是指狭义扣除。因此，扣除技术是指在合法、合理的情况下，使扣除额增加而直接节税，或调整各个计税期的扣除额而相对节税的税收筹划技术。对纳税人而言，在收入相同的情况下，各项扣除额越大，其税基越小，节税效果越大。

（2）扣除技术的特点。

① 可以用于绝对节税和相对节税。通过扣除技术，纳税人税基绝对减少，从而使绝对纳税额减少；通过扣除技术合法、合理地分配各个计税期间的费用和亏损的

冲减，纳税人增加现金流量，起到延期纳税的目的，实现相对节税。

② 计算较为复杂。各个国家的税法关于扣除、冲减等的规定是复杂、繁琐的，并且变化最多和最快。因此，扣除技术必须要随时根据税法将不同扣除方法的税收结果进行比较，所以扣除技术难把握、要求高，运用起来较为复杂。

③ 适用范围较大，具有相对确定性。税收扣除适用所有纳税人，纳税人可以根据自身的情况采用此技术。因此，扣除技术是一种普遍运用的适用范围较大的税收筹划技术。同时，税收扣除在规定时期内是相对稳定的，说明采用扣除技术进行税收筹划具有相对的确定性。

（3）扣除技术的要点。

① 扣除项目最多化。因为在其他条件相同的情况下，扣除项目越多，计税基数就越小，节减税款就越多。所以，纳税人应在合法、合理的前提下，尽量使更多的项目得到扣除，进而获得最大的节税效益。

② 扣除金额最大化。因为在其他条件相同的情况下，扣除金额越大，计税基数就越小，节减税款就越多。所以，纳税人应在合法、合理的前提下，尽量使各项目扣除金额最大化，进而实现节税最大化。

③ 扣除最早化。因为在其他条件相同的情况下，扣除越早，前期缴纳的税收就越少，前期的现金净流量就越大，对公司而言，可运用的资金就越多，将带来更多的收益，相对节减的税收就越多。所以，纳税人应在合法、合理的前提下，尽量使各允许扣除的项目在最早的计税期得到扣除，进而实现节税效果最大化。

2.2.6　抵免技术

（1）抵免技术的含义。

税收抵免是指从纳税人应纳税额中扣除的税收抵免额。在国家征税机关方面，纳税人的应纳税款实际上是征税机关的债权，表示为有关账户的借方；纳税人的已纳税款是纳税人已支付的债务，表示为有关账户的贷方。税收抵免的原意是纳税人在汇算清缴时可以用贷方已纳税款冲减其借方应纳税额。

税收筹划抵免技术所涉及的税收抵免，主要是利用国家为贯彻其政策意图而制定的税收优惠性或奖励性税收抵免和基本扣除性抵免。其税收优惠性抵免包括诸如投资抵免、研究开发抵免等。其基本扣除性抵免包括个人生计抵免等。

抵免技术是指在合法、合理的情况下，使税收抵免额增加，实现绝对节税的税收筹划技术。税收抵免额越大，冲减应纳税额的数额就越大，应纳税额越小，节减的税额就越大。

（2）抵免技术的特点。

① 绝对节税。抵免技术运用的是绝对节税原理，直接减少纳税人的税收绝对额，属于绝对节税型税收筹划技术。

② 技术简单。抵免技术不需要利用复杂的数理、统计、财务管理等专业知识进

行税收筹划，由于各国规定的税收优惠性或基本扣除性抵免一般种类有限，用不着通过复杂的计算，所以抵免技术较简单。

③ 适用范围较大。由于各国规定了税收优惠性或基本扣除性抵免，税收抵免是普遍存在的，所以，抵免普遍适用于所有纳税人，因此抵免技术是一种能够普遍运用、适用范围较为广泛的税收筹划技术。

④具有相对确定性。税收抵免在一定时期内相对稳定，风险较小，因此纳税人采用抵免技术进行税收筹划具有相对的确定性。

（3）抵免技术的要点。

① 抵免项目最多化。在合法与合理的前提下，纳税人应尽量争取更多的抵免项目。在其他条件相同的情况下，抵免的项目越多，冲减应纳税额的项目越多，应纳税款就越少，因而节减的税收也就越多，从而使抵免项目最多化，可以实现节税的最大化。

② 抵免金额最大化。在合法与合理的前提下，纳税人应尽量使各抵免项目的抵免金额最大化。在其他条件相同的情况下，抵免项目金额越大，冲减应纳税额的金额越大，应纳税额就越小，因而节减的税收也就越多，从而使抵免金额最大化，可以实现节税的最大化。

2.2.7 延期纳税技术

（1）延期纳税的含义。

延期纳税是指延缓一定时期后再缴纳税收。狭义的延期纳税指纳税人按照国家有关延期纳税规定进行的延期纳税；广义的延期纳税还包括纳税人按照国家其他规定可以达到延期纳税目的的纳税安排。例如，按照折旧制度、水平存货制度等规定达到延期纳税目的的纳税安排。

延期纳税技术是指在合法、合理的情况下，使纳税人延期缴纳税收而相对节税的税收筹划技术。纳税人延期缴纳本期税收并不能减少纳税人的纳税绝对总额，但相对于得到了国家的一笔无息贷款，可以增加纳税人本期的现金流量，使纳税人在本期有多余的资金扩大流动资本，用于投资，从而相对节税。

（2）延期纳税技术的特点。

① 相对节税。延期纳税技术运用的是相对节税原理，一定时期的纳税绝对额并没有减少，只是利用了货币的时间价值因素节减税收，属于相对节税型的税收筹划技术。

② 技术复杂。大多数延期纳税技术涉及财务制度各个方面的规定和其他一些技术，同时涉及财务管理的各个方面，需要运用一定的数学、统计和财务管理知识。各种延期纳税节税方案要通过较为复杂的财务计算才能比较，才能知道相对节减税收的多少，技术复杂。

③ 适用范围大。延期纳税技术几乎适用于所有纳税人，适用范围较广。

(3) 延期纳税技术的要点。

①延期纳税项目最多化。在合法与合理的前提下，纳税人应尽量争取更多的项目延期纳税。在其他条件相同的情况下，延期纳税项目越多，本期缴纳的税收就越少，现金流量就越大，可以增加本期流动资本进而增加本期投资，将来的收益也就越多，因而相对节减的税收越多。如果使延期纳税项目最多化，纳税人可以实现节税的最大化。

②延长期最长化。在合法与合理的前提下，纳税人应尽量争取纳税延长期最长化。在其他条件相同的情况下，纳税延长期越长，因延期纳税增加的现金流量产生的收益也将越多，因而相对节减的税收也越多。如果使纳税延长期最长化，纳税人也可以实现节税的最大化。

2.2.8　退税技术

(1) 退税技术的含义。

退税是指税务机关按照规定，对纳税人已征税款进行退还。税务机关向纳税人退税的情况一般包括税务机关误征或多征的税款，如税务机关不应征收或错误多征收的税款、纳税人多缴纳的税款，纳税人源泉扣缴的预提税款或分期预缴的税款超过纳税人应纳税额的税款，符合国家退税奖励条件的已纳税款。

退税技术涉及的退税主要是指税务机关退还纳税人符合国家退税条件的已纳税款。例如，我国对外商投资企业的符合税法规定的再投资，允许退还企业所得税的40%，是一种奖励性退税。

退税技术是指在合法、合理的情况下，使税务机关退还纳税人已纳税款而直接节税的税收筹划技术。

(2) 退税技术的特点。

① 绝对节税。退税技术运用的是绝对节税原理，直接减少纳税人的税收绝对额，属于绝对节税型税收筹划技术。

② 技术较为简单。退税技术不需要利用数理、统计、财务管理等专业知识进行税收筹划，一般通过简单的退税公式就能计算出来，一些国家给出了简化的计算公式，简化了退税额的计算，因此，退税技术较为简单。

③ 适用范围较小。退税不适用于所有纳税人，一般适用于某些特定行为的纳税人，要满足国家特定的退税条件，因此，退税技术适用的范围较小。

④ 具有一定的风险性。国家之所以用退税鼓励纳税人的某种特定行为，比如投资某个特定的行业，往往是因为纳税人投资该行业具有一定的风险性，进而说明采用退税技术的税收筹划是具有一定风险性的。

(3) 退税技术的要点。

① 应尽量争取退税项目最多化。在合法与合理的前提下，纳税人应尽量争取更多的退税待遇。因为，在其他条件相同的情况下，退税项目越多，退还已纳的税款就越多，因而节减的税收就越多，可以实现节税最大化。

② 应尽量使退税额最大化。在合法与合理的前提下，纳税人应尽量使各项退税额最大化。因为，在其他条件相同的情况下，各项退税额越大，退还已纳的税款就越多，因而节减的税收就越多，即退税额最大化，纳税人就可以实现节税最大化。

本章小结：

税收筹划模型是连接税收筹划目标与税收筹划技术的纽带。税收筹划者在对纳税方案进行决策的过程中，总是要运用简单或者复杂的数学模型。税收筹划模型按照适用范围可以分为一般模型、类别模型和个别模型。

税收筹划技术是指合法和合理地使纳税人缴纳尽量少的税收的技巧。税收筹划中广泛采用的税收筹划技术主要包括免税技术、减税技术、税率差异技术、分劈技术、扣除技术、抵免技术、延期纳税技术、退税技术。这些技术可以单独使用，也可以同时使用。但是，如果同时采用两种或两种以上的税收筹划技术时，纳税人必须注意各种税收筹划技术之间的相互影响。

关键术语：

税后利益最大化模型　纳税最小化模型　相机抉择模型　纳税禁区模型
统一调度模型　税收筹划技术　免税技术　减税技术
税率差异技术　分劈技术　扣除技术　抵免技术
延期纳税技术　退税技术　税收抵免　延期纳税
免税　退税

思考题

1. 简述实施税后利益最大化模型的步骤。
2. 简述比例税率下统一调度模型的适用范围。
3. 简述累进税率下统一调度模型的适用范围。
4. 简述免税技术含义、特点及运用要点。
5. 简述减税技术含义、特点及运用要点。
6. 简述税率差异技术含义、特点及运用要点。
7. 简述分劈技术含义、特点及运用要点。
8. 简述扣除技术含义、特点及运用要点。
9. 简述抵免技术含义、特点及运用要点。
10. 简述延期纳税技术含义、特点及运用要点。
11. 简述退税技术含义、特点及运用要点。

中篇　国内税种的筹划

第 3 章
增值税的税收筹划

培养能力目标

（1）理解并运用增值税纳税人的身份进行纳税筹划；
（2）掌握增值税销项税额与进项税额的纳税筹划；
（3）掌握增值税税率和纳税方式的纳税筹划；
（4）熟悉全面“营改增”的增值税税收筹划；
（5）掌握增值税税收优惠政策的税收筹划。

案例导入

促销方式选择的纳税筹划

某市某服装零售企业（一般纳税人）在当地有一定的知名度。20×8 年国庆节很快就要到了，公司在此期间准备开展一次促销活动。欲采用三种促销方式：一是让利（折扣）20%销售商品，即企业将 1 000 元的商品以 800 元的价格销售，或者企业销售价格仍为 1 000 元，但在同一张发票上反映的折扣额为 200 元。二是赠送 20%的购物券，即企业在销售 1 000 元商品的同时，另外再赠 200 元的购物券，持券人可以凭购物券购买商品。三是返还 20%的现金，即企业在销售 1 000 元商品的同时，向购货人赠送 200 元现金。另外，参与这次活动的商品的购进成本为含税价 600 元。经测算，公司每销售 1 000 元的商品可以在企业所得税前扣除工资和其他费用 60 元（暂不考虑城建税和教育费附加）。

工作要求　请对上述业务进行税收筹划，公司应选择何种促销方式。

案例解析　见本章的 3.2。

3.1　增值税纳税人的税收筹划

根据增值税纳税人的会计核算是否健全、是否能够提供准确的税务资料及企业经营规模的大小（一般以年销售额为依据），我们将增值税纳税人划分为增值税一般纳税人和小规模纳税人，不同身份的纳税人其纳税义务与税收优惠政策不同。

3.1.1 增值税纳税人的管理

3.1.1.1 小规模纳税人的管理

增值税小规模纳税人是指年销售额在规定标准以下，且会计核算不健全，不能按照规定报送有关税务资料的增值税纳税人。根据《中华人民共和国增值税暂行条例》及其实施细则和《关于统一增值税小规模纳税人标准的通知》（财税〔2018〕33号），增值税小规模纳税人标准为年应征增值税销售额500万元以下。我国对小规模纳税人实行简易办法征收增值税，小规模纳税人一般不得使用增值税专用发票。

3.1.1.2 一般纳税人的管理

增值税一般纳税人是指年应税（增值税）销售额超过财政部、国家税务总局规定的小规模纳税人标准的企业和企业性单位。年应税销售额是指纳税人在连续不超过12个月的经营期内累计应征的增值税销售额，包括纳税申报销售额、稽查查补销售额、纳税评估调整销售额、税务机关代开发票销售额和免税销售额。

根据《国务院关于取消和调整一批行政审批项目等事项的决定》（国发〔2015〕11号），国家税务总局对增值税一般纳税人管理有关事项进行了调整。我国对增值税一般纳税人资格实行登记制，即增值税纳税人的年应税销售额超过财政部、国家税务总局规定的小规模纳税人标准的，除另有规定外，应当向主管税务机关申请一般纳税人资格登记，除国家税务总局另有规定外，一经登记为一般纳税人，不得转为小规模纳税人，并且纳税人自选择一般纳税人资格之日起，按照增值税一般纳税人的计税方法计算应纳税款并按规定领用增值税专用发票。

3.1.2 选择增值税纳税人身份应考虑的因素

从增值税一般纳税人和小规模纳税人相关管理规定可以看出，在增值税纳税人身份的选择上我们应考虑以下因素。

3.1.2.1 成本因素

（1）受货物（劳务、服务）增长率影响的纳税成本的高低。

对于一般纳税人，当期应交税金=当期销项税-当期进项税。纳税人销售的货物（劳务、服务）增长率越大，可抵扣的进项税相对越少，纳税负担就越重；纳税人销售的货物（劳务、服务）增长率越小，可抵扣的进项税相对越多，纳税负担就越轻。

对于小规模纳税人，当期应交税金=当期销售额（不含税）×征收率。纳税成本与销售额成正比，与增长率成反比，增长率越高，税负越轻。

（2）额外成本。

在暂时无法扩大经营规模的前提下实现由小规模纳税人向一般纳税人的转变必然要增加会计成本，如增设会计账簿、培养或聘请会计人员等。如果小规模纳税人转为一般纳税人而减少的税负尚不足以抵扣这些成本的支出，对企业来说是不利的，此时企业最好保持小规模纳税人的身份。

3.1.2.2 限制因素

(1) 如果产品主要销售给一般纳税人，且购货方需要增值税专用发票抵扣进项税，企业应选择一般纳税人。

(2) 个人、非企业性单位、不经常发生增值税应税行为的企业不得办理一般纳税人登记，只能选择小规模纳税人。

(3) 除国家税务总局另有规定外，一经登记为一般纳税人，不得转为小规模纳税人。

3.1.3 增值税一般纳税人和小规模纳税人税负平衡点的定量分析方法

在一般情况下，小规模纳税人的税负重于一般纳税人，但不是在所有情况下都是如此。增值税纳税人类别的选择可以通过税负平衡点方法进行分析。现在就纳税人销售的货物（服务）做以下的假设和分析。

假定理论增值率平衡点为 V，实际增值率为 V_1，一般纳税人适用的税率为 X_1，小规模纳税人适用的征收率为 X_2，则有

增值率（V）=（销项税-进项税）÷销项税

一般纳税人应纳增值税税额=当期销项税额-当期进项税额

=销售收入×X_1-销售收入×X_1×（1-V）

=销售收入×X_1×V

小规模纳税人应纳增值税税额=销售收入×X_2

当两者应纳税额相等时，增值率计算如下：

销售收入×X_1×V=销售收入×X_2

$$\text{增值率}(V)=\frac{X_2}{X_1}\times 100\%$$

说明：若实际增值率（V_1）=理论增值率（V），两种纳税人的税负相同；若实际增值率（V_1）>理论增值率（V），一般纳税人的税负重于小规模纳税人；若实际增值率（V_1）<理论增值率（V），一般纳税人的税负轻于小规模纳税人。

通过以上分析可以看出，在设立企业时，纳税人可以依据上述指标，选择有利于自己的纳税人身份。但是，纳税人要有长远的眼光，在身份确认前就要做好税收筹划，以便能够真正达到节税的目的，因为增值税纳税人一经登记为一般纳税人，不得转为小规模纳税人。

供增值税纳税人税收筹划参考的一般纳税人平衡点有两种：一般纳税人不含税销售额增值率平衡点和一般纳税人含税销售额增值率平衡点。

3.1.3.1 一般纳税人不含税销售额增值率平衡点

我们假定纳税人不含税销售额增值率平衡点为 V，不含税的销售额为 S，适用的增值税税率为 T_1，不含税可抵扣的购进额为 P，适用的增值税税率为 T_2。具体

计算分析如下。

（1）不含税销售额增值率 V 的计算。

V =（不含税的销售额 - 不含税可抵扣的购进额）÷ 不含税销售额

$= (S - P) \div S$

（2）纳税人应纳税额的计算。

$$\text{一般纳税人应纳税额} = S \times T_1 - P \times T_2 \quad \text{（公式 3.1）}$$

$$\text{小规模纳税人应纳税额} = S \times 3\% \quad \text{（公式 3.2）}$$

（3）计算不含税销售额增值率平衡点 V。

令式（3.1）等于式（3.2），得

$$S \times T_1 - P \times T_2 = S \times 3\%$$

$$V = \frac{S - P}{S} = 1 - \frac{T_1 - 3\%}{T_2} \quad \text{（公式 3.3）}$$

令 $T_1 = 13\%$，$T_2 = 13\%$，得

$$V = \frac{S - P}{S} = 1 - \frac{13\% - 3\%}{13\%} = 23.08\%$$

不含税销售额增值率平衡点为 23.08%，通过对纳税人不含税销售额增值率的分析，我们就可以比较不同类别纳税人的税负。

当实际增值率等于不含税增值率平衡点 23.08%时，两种纳税人的税负相同；

当实际增值率大于不含税增值率平衡点 23.08%时，一般纳税人的税负重于小规模纳税人，即作为小规模纳税人可以节税；

当实际增值率小于不含税增值率平衡点 23.08%时，一般纳税人的税负轻于小规模纳税人，即作为一般纳税人可以节税。

我们将征收率 3%、增值税率 13%和 9%分别代入上式（3.3），计算出无差别平衡点不含税增值率，如表 3-1 所示。

表 3-1　　无差别平衡点不含税增值率

一般纳税人销货（服务）税率（T_1）	一般纳税人购货（服务）税率（T_2）	小规模纳税人征收率	无差别平衡点不含税增值率
13%	13%	3%	23.08%
13%	9%	3%	-11.11%
9%	9%	3%	33.33%
9%	13%	3%	53.85%

【例 3-1】A 公司为商业企业，属于小规模纳税人，年应税销售额为 280 万元（不含税），该企业年进货金额为 260 万元（不含税）。另有 B 公司也为商业企业，年应税销售额为 240 万元（不含税），该企业年进货金额为 220 万元（不含税）。此时，假设 A 公司有机会合并 B 公司，且是否合并对 A、B 公司自身经营没有什么影

响，该货物适用的增值税税率为 13%。

【工作要求】请对上述业务进行纳税筹划。

【税法依据】根据增值税法的有关规定：增值税一般纳税人应纳增值税税额=当期销项税-当期进项税；小规模纳税人应纳增值税税额=销售额（不含税）×征收率。

【筹划思路】由于一般纳税人可以抵扣进项税，小规模纳税人只能按照简易的征税办法计算税款。上述业务中，如果纳税人销售货物不含税的增值率低于无差别平衡点增值率，作为一般纳税人，其纳税较少，可以考虑合并 A、B 公司业务，登记成为一般纳税人；如果纳税人销售货物不含税的增值率高于无差别平衡点增值率，作为小规模纳税人，其纳税较少，则维持现有的小规模纳税人身份；如果纳税人销售货物不含税的增值率等于无差别平衡点增值率，尽管两种身份纳税无差别，但从实际情况看应选择一般纳税人身份，因为可以领购使用增值税专用发票，这有助于纳税人业务的展开。

【筹划过程】

$$\text{A 公司销售货物的增值率} = \frac{280-260}{280} \times 100\% = 7.14\%$$

$$\text{B 公司销售货物的增值率} = \frac{240-220}{240} \times 100\% = 8.33\%$$

A、B 公司合并业务，合并成为新公司 C，则

$$\text{新公司 C 销售货物的增值率} = \frac{280+240-260-220}{280+240} \times 100\% = 7.69\%$$

由于 A、B 公司销售货物的增值率均小于无差别平衡点增值率 13%（来自表 2-1），合并后的新公司 C 销售货物的增值率也小于无差别平衡点增值率 13%（来自表 2-1）。故，应当选择合并 A、B 公司为新公司 C。

合并前，A、B 公司应纳增值税为：

A 公司应纳增值税=280×3%=8.4（万元）

A 公司应纳增值税=240×3%=7.2（万元）

A、B 公司共计纳税=8.4+7.7=15.6（万元）

合并成为新公司 C，即 A、B 公司合并业务，合并成为新公司 C，并向税务机关登记成为一般纳税人，则：

合并后的新公司 C 应纳增值税=(280+240)×13%-(260+220)×13%=5.2（万元）

【筹划结论】合并为增值税一般纳税比 A、B 公司各自作为小规模纳税人少缴纳增值税 10.4 万元（15.6-5.2=10.4 万元）。因此我们应选择合并 A、B 公司业务，合并成为新公司 C。

【筹划点评】小规模纳税通过合并业务登记成为一般纳税人后，就不能再恢复成小规模纳税人。如果公司将来销售货物的实际增值率大于无差别平衡点增值率

23.08%（见表 3-1），则企业不适合作为一般纳税人。

3.1.3.2　一般纳税人含税销售额增值率平衡点

如果纳税人提供的资料是含税销售额，实际上纳税人每次都是将含税销售额倒算出不含税销售额进而计算应纳税款的。在这种情况下，我们也可以提供纳税人的含税销售额增值率平衡点来分析、判断不同类别纳税人的增值税税负。

我们假定纳税人含税销售额增值率平衡点为 V，含税的销售额为 S，适用的增值税税率为 T_1，含税可抵扣的购进额为 P，适用的增值税税率为 T_2。具体计算分析如下。

（1）含税销售额增值率 V 的计算。

V =（含税的销售额-含税可抵扣的购进额）÷含税销售额

$= (S - P) \div S$

（2）纳税人应纳税额的计算。

$$\text{一般纳税人应纳税额} = \frac{S}{1 + T_1} \times T_1 - \frac{P}{1 + T_2} \times T_2 \qquad \text{（公式 3.4）}$$

$$\text{小规模纳税人应纳税额} = \frac{S}{1 + 3\%} \times 3\% \qquad \text{（公式 3.5）}$$

（3）计算不含税销售额增值率平衡点 V。

令式（3.4）等于式（3.5），得

$$\frac{S}{1 + T_1} \times T_1 - \frac{P}{1 + T_2} \times T_2 = \frac{S}{1 + 3\%} \times 3\%$$

$$V = \frac{S - P}{S} = 1 - \frac{P}{S} = 1 - \frac{T_1 \div (1 + T_2) - 3\% \div (1 + 3\%)}{T_2 \div (1 + T_2)} \qquad \text{（公式 3.6）}$$

令 $T_1 = 13\%$，$T_2 = 13\%$，得

$$V = \frac{S - P}{S} = 1 - \frac{P}{S} = 1 - \frac{13\% \div (1 + 13\%) - 3\% \div (1 + 3\%)}{13\% \div (1 + 13\%)} = 25.32\%$$

不含税销售额增值率平衡点为 25.32%，通过对纳税人不含税销售额增值率的分析，我们就可以比较不同类别纳税人的税负。

当实际增值率等于含税增值率平衡点 25.32%时，两种纳税人的税负相同；当实际增值率大于含税增值率平衡点 25.32%时，一般纳税人的税负重于小规模纳税人，即作为小规模纳税人可以节税；当实际增值率小于含税增值率平衡点 25.32%时，一般纳税人的税负轻于小规模纳税人，即作为一般纳税人可以节税。

我们将征收率 3%、增值税率 13%和 9%分别代入式（3.6），计算出的无差别平衡点含税增值率如表 3-2 所示。

表 3-2　　无差别平衡点含税增值率

一般纳税人销货（服务）税率（T_1）	一般纳税人购货（服务）税率（T_2）	小规模纳税人征收率	无差别平衡点含税增值率
13%	13%	3%	25.32%
13%	9%	3%	-9.17%
9%	9%	3%	35.28%
9%	13%	3%	56.08%

【例 3-2】ABC 公司是一家商业企业，属于小规模纳税人，年应税销售额为 80 万元（含税），该企业年进货金额为 50 万元（含税）。如果是一般纳税人，ABC 公司产品的适用税率是 13%；如果是小规模纳税人，征收率为 3%。该公司会计核算健全，有条件登记成为一般纳税人。

【工作要求】请对该公司纳税人类别进行纳税筹划。

【税法依据】根据《中华人民共和国增值税暂行条例》及其实施细则和《关于统一增值税小规模纳税人标准的通知》（财税〔2018〕33 号），增值税小规模纳税人标准为年应征增值税销售额 500 万元及以下；小规模纳税人实行简易办法征收增值税，一般不得使用增值税专用发票。年应税销售额未超过规定标准的纳税人，会计核算健全，能够提供准确税务资料的，可以向主管税务机关申请一般纳税人资格登记，成为一般纳税人。

【筹划思路】由于一般纳税人可以抵扣进项税，小规模纳税人只能按照简易的征税办法计算税款。关于上述企业，如果纳税人销售货物的含税增值率低于无差别平衡点的含税增值率，作为一般纳税人其纳税较少，公司可登记成为一般纳税人；如果纳税人销售货物的含税增值率高于无差别平衡点的含税增值率，作为小规模纳税人，其纳税较少，则以小规模纳税人身份纳税更划算；如果纳税人销售货物的含税增值率等于于无差别平衡点的含税增值率，尽管两种身份纳税无差别，但从实际情况看应选择一般纳税人身份，因为可以领购并使用增值税专用发票，有助于纳税人将来的业务展开。

【筹划过程】

$$该公司的含税销售额增值率=\frac{80-50}{80}\times 100\% = 37.5\%$$

说明公司含税销售额的增值率大于无差别平衡点含税增值率 25.32%（见表 3-2）。因此，该公司维持小规模纳税人的身份更为有利，成为一般纳税人后的增值税负会重于小规模纳税人。

$$一般纳税人应纳增值税额=\frac{80}{1+13\%}\times 13\% - \frac{50}{1+13\%}\times 13\% = 3.45(万元)$$

$$小规模纳税人应纳增值税额=\frac{80}{1+3\%}\times 3\% = 2.33(万元)$$

【筹划结论】维持小规模纳税人身份较登记成为一般纳税人节税 1.12 万元（3.45-2.33=1.12 万元）。

【筹划点评】在选择增值税纳税人身份时，除了比较税收负担之外，我们还要考虑一般纳税人经营规模往往比小规模纳税人大，一般纳税人的信誉往往要比小规模纳税人信誉好。从一般纳税人处购货的可抵扣税额要比从小规模纳税人那里购货多，这会使一般纳税人有更多的顾客。但是一般纳税人要有健全的会计核算制度，要建立健全账簿，培养或聘用会计人员，将增加会计成本；一般纳税人的增值税征收管理制度复杂，需要投入的财力、物力和人力也会更多，会增加纳税成本等。

3.1.4 增值税一般纳税人与小规模纳税人之间业务往来方式的筹划

增值税一般纳税人与小规模纳税人之间的业务往来受增值税专用发票和税率差异的限制，进而影响他们之间业务活动的正常展开，但是在一定条件下可以通过改变他们之间的业务往来方式避开相应的限制。

3.1.4.1 增值税一般纳税人委托小规模纳税人代购

纳税人发生代购货物行为，同时具备以下条件的不按照销售货物缴纳增值税，应按照现代服务业计算缴纳增值税；不同时具备以下条件的，无论会计制度规定如何核算，均要按照销售货物缴纳增值税。条件具体如下。

①受托方不垫付资金；

②销货方将发票开具给委托方，并由受托方将该发票转交给委托方；

③受托方按照销货方实际收取的销售额和增值税额与委托方结算货款，并另开发票收取手续费。

所以，一般纳税人可以将从小规模纳税人那里直接购进转为委托小规模纳税人代购。

【例3-3】某镇某烟草站是一家专门从事批发、零售卷烟的小型商业企业，因其年应税销售额达不到500万元而不能登记为一般纳税人，所以在当地销售卷烟的对象为部分个体户和周围一些零散消费者。但在烟草站附近的供销社是一般纳税人，其经营网点多且面广，除本场镇外，还延伸到全镇所属的各个管理区和村组，拥有较多的固定消费群体，全年卷烟销售额为500万元左右。但是供销社无法从烟草站那里进货，原因很简单，供销社是一般纳税人，烟草站是小规模纳税人，前者采购卷烟必须索取合格的增值税专用发票，然后才能申报抵扣进项税，以降低税负，增加盈利。后者虽然有前者所需的卷烟出售，但不能出具增值税专用发票，即使到当地国税部门代开专用发票，也只能是注明3%的进项税额，与13%相比，供销社少抵扣了10%的进项税。因此，供销社只能舍近求远，到百里之外的县烟草公司（一般纳税人）进货，采购运杂费居高不下，供销社付出了不小的代价。

【工作要求】请对上述烟草站和供销社就卷烟销售业务进行税收筹划。

【税法依据】我国现行税法规定：所谓代购，是指受托方按照委托协议或委托方的要求从事商品的购买，并按发票购进价格与委托方结算（原票转交委托方）。纳税人发生代购货物行为，同时具备以下条件的不按照销售货物缴纳增值税，应按照现代服务业计算缴纳增值税；不同时具备以下条件的，无论会计制度规定如何核算，均要按照销售货物缴纳增值税。条件具体如下。

①受托方不垫付资金；

②销货方将发票开具给委托方，并由受托方将该发票转交给委托方；

③受托方按照销货方实际收取的销售额和增值税额与委托方结算货款，并另开发票收取手续费。

【筹划思路】一般纳税人不愿意与小规模纳税人打交道，原因是后者不能按照要求向前者开具增值税专用发票，即使后者到主管国税机关代开，也只能按小规模纳税人的3%征收率抵扣。因此，我们可以重新构建他们之间的合作模式，即一般纳税人可以放弃直接去县烟草公司购进卷烟的行为，转为委托小规模纳税人代购卷烟，并支付一定的代购手续费。

【筹划过程】

（1）烟草站主动与供销社进行友好协商，然后烟草站与供销社之间签订一份烟草订购协议。协议上应约定：供销社委托烟草站代购（烟草站供货来源也是县烟草公司）某某品牌的卷烟的数量，供销社应支付烟草站代购业务的手续费金额，等等。

（2）供销社按县烟草公司的供应价（含税）计算，将购货款预付给烟草站，使烟草站不能垫付购货资金。

（3）县烟草公司凭烟草站与供销社之间签订的代购协议，将增值税专用发票开具给供销社（此票交与烟草站）。烟草站将增值税专用发票原票转交供销社。

（4）烟草站另开具普通发票向供销社收取约定的代购手续费。

【筹划结论】就供销社而言，供销社获得增值税专用发票用以抵扣，满足了抵扣的要求，同时减少了远距离的高额采购杂费，降低了供销社的经营成本；就烟草站而言，因为自身要去县烟草公司进货，顺便为供销社代购卷烟，获得一笔代购手续费，增加了自身的收入。这样，烟草站与供销社双方互赢。

【筹划点评】以上筹划过程中，我们必须区分每一笔购销业务，进行分别操作，不能搞多笔代购业务或汇总一月、一个季度或一年操作一次。变经销为代销后，烟草站找到了一个大客户，赚得了一笔可观的代购手续费收入。供销社虽然支付了一笔代购手续费，但与原来高额的运杂费用相比，还是减少了不小的支出，同时能获得可以抵扣的增值税专用发票，真正做到了“税额照抵，运费大降”。

3.1.4.2　增值税一般纳税人租赁场地给小规模纳税人

小规模纳税人销售自己生产的商品给一般纳税人，一般纳税人再销售出去，对于一般纳税人来讲，购入时无法抵扣进项税（即使小规模纳税人到当地国税部门代开专用发票，也只能是注明3%的进项税额），销售时却要按照9%或者13%的税率计算销项税，税负较重，这样妨碍了一般纳税人向小规模纳税人采购。但在某些情况下，小规模纳税人可以向一般纳税人租赁场地自己销售，向一般纳税人缴纳场租和管理费用。而一般纳税人就场地租金可以按照9%的税率缴纳增值税，收取的管理费用可以按照现代服务业6%的税率缴纳增值税，进而降低增值税税负。

【例3-4】某小规模纳税人制作竹雕工艺品，该工艺品是用农村竹子加工而成，是很受欢迎的旅游纪念品。但该竹雕工艺品厂在向旅游纪念品商店（一般纳税人）供货时遇到了困难。因为竹雕工艺品厂是小规模纳税人，不能提供增值税专用发票，而旅游纪念品商店为一般纳税人，觉得自己税负太重，不愿意从竹雕工艺品厂进货。

【工作要求】请对上述业务进行税收筹划。

【税法依据】我国现行税法规定：纳税人销售或者进口货物，除列举的外，税率为13%；提供加工、修理修配劳务的税率为13%；动产租赁服务税率为13%；纳税人销售或者进口粮食、食用植物油（含橄榄油）、鲜奶、自来水、暖气、冷气、热水、煤气、石油液化气、天然气、沼气、居民用煤炭制品、图书、报纸、杂志、饲料、化肥、农药、农机（整机，不含农机零件）、农膜、农产品、音像制品、电子出版物和二甲醚的税率为9%；纳税人提供交通运输服务、邮政服务、基础电信服务、建筑、不动产租赁服务，销售不动产，转让土地使用权，税率为9%；纳税人提供现代服务业服务（不动产租赁除外）、生活服务、增值电信服务、金融业服务以及销售无形资产（转让土地使用权除外），税率为6%。

【筹划思路】旅游品商店（一般纳税人）不愿意从竹雕工艺品厂（小规模纳税人）进货，原因是后者不能按照要求向前者开具增值税专用发票，即使后者到主管国税机关代开，也只能按小规模纳税人的3%的征收率抵扣。因此，我们可以重新构建他们之间的合作模式，由小规模纳税人与旅游品商店签订租赁合同，租赁其中一个柜台自己经营，然后向旅游品商店缴纳租金和管理费。

【筹划过程】

（1）竹雕工艺品厂与旅游品商店签订租赁合同，旅游品商店将其中一个柜台租赁给竹雕工艺品厂，销售经营均由竹雕工艺品厂自己进行；

（2）经营中如果需要开具发票，由竹雕工艺品厂提供普通发票；

（3）竹雕工艺品厂将旅游品商店原来从自己支出的进销差价分别作为租金和管理费支付给旅游品商店。

【筹划结论】就竹雕厂工艺品而言，销售竹雕工艺品仍然按照小规模纳税人标准（征收率3%）申报缴纳增值税，增加了销售额；就旅游品商店而言，只要将收取的租金和管理费分别核算，租金按照9%计算增值税（不动产租赁），管理费按照6%计算增值税（现代服务业），降低了增值税税负，解决了不愿意从竹雕工艺品厂进货的矛盾。

【筹划点评】上述筹划过程我们需要注意的是：竹雕工艺品厂与旅游品商店签订合同后，其经营必须由竹雕工艺品厂自己进行；旅游品商店收取的租金和管理费用必须分开核算。

3.1.4.3　增值税一般纳税人委托小规模纳税人代为加工农产品

增值税一般纳税人向农业生产者、小规模纳税人购买农产品，可以按9%的抵扣率抵扣进项税，但农产品必须是《农产品征税范围注释》规定范围内的农产品。如果小规模纳税人（农业生产者）将自己生产的农产品加工后再卖给一般纳税人，其加工后的产品有可能不再符合农产品的定义，即使是一般纳税人购入，也无法抵扣进项税额。在这种情况下，一般纳税人可以采取委托加工的方式。

【例3-5】某木板厂（一般纳税人）使用的原材料是从附近的木材加工店（小规模纳税人）购进的木片。木片由木材加工店加工而成，不属于农产品范围。木板厂由于无法抵扣进项税额而税负过重，这些问题一直困扰着木板厂。

【工作要求】请对上述业务进行税收筹划。

【税法依据】我国现行税法规定："委托加工业务"是指委托方提供原料和主要材料，受托方只收取加工费并代垫部分辅助材料加工业务。由受托方提供原材料或其他情形的，一律不能视同委托加工。

【筹划思路】木板厂从林木场购入原木，再将购进的原木委托给木材加工店加工成木片，木板厂向木材加工店支付加工费。

【筹划过程】

（1）木板厂直接从林木场购进原木；

（2）木板厂与木材加工店签订委托加工合同，将购进的原木交给木材加工店加工成木片并支付相应的加工费。

【筹划结论】木材加工店收取的加工费应按照所提供的加工劳务（依据征收率3%）计算缴纳增值税。木材加工店增值税税负有所下降，因为计税依据减少。木板厂的增值税进项税抵扣可以按照9%的抵扣率抵扣进项税，降低了增值税税负。

【筹划点评】木板厂从林木场购进原木可以按照9%的抵扣率抵扣进项税额，解决了税负过重的问题。但要注意的问题是，委托加工业务是委托方提供原材料及主要材料，受托方按照委托方的要求制造货物并收取加工费的业务。因此，木板厂如果从木材加工店购进原木后再委托其加工就不符合委托加工条件了。

3.1.5　利用办事处的不同身份进行税收筹划

根据我国税收法规及办事处灵活多变的特点，固定业户外设办事处的方式及其涉税处理包括以下情况。

（1）办事处作为固定业户外出经营活动的办事机构。

办事处作为固定业户外出经营活动的办事机构，向其机构所在地主管税务机关申请开具"外出经营活动税收管理证明"，持税务登记证副本及"外出经营活动税收管理证明"第二、三、四联，连同运抵货物或交易项目，一并向销售地税务机关申请报验。销售地税务机关对其运抵的货物对应"外出经营活动税收管理证明"载明的起运货物进行查验、核对。纳税人在批准有效期结束后，应向销售地税务机关报告。销售地税务机关查明销售情况后，填明销售经营情况的有关栏次，并将报验联留存。办事处向销售地税务机关申请领购发票，并按月向销售地税务机关办理申报手续，最后由办事处凭“外出经营活动税收管理证明”向机构所在地主管税务机关申报纳税。

（2）办事处作为常设分支机构。

办事处作为常设分支机构向经营地工商管理部门办理营业执照，向经营地税务机关办理税务登记（登记成为一般纳税人），按规定在经营地领购发票，在经营地申报纳税，销售收入全额计缴总机构。

（3）办事处作为独立核算机构。

办事处作为独立核算机构，在经营地工商管理部门办理营业执照，向经营地主管税务机关申请办理税务登记（登记成为一般纳税人），自主经营，实行独立核算，独立处理全部涉税及其有关经济事宜。

【例 3-6】某服装销售公司（增值税一般纳税人），打算于 20×8 年在外地设立办事处。预计 20×8 年 1 至 6 月接到总公司拨来的一批服装，不含税的拨入价为 320 万元，取得不含税的销售额为 400 万元；预计该办事处在经营地就地采购一批服装，不含税的进价为 900 万元，取得不含税的销售额为 1 000 万元；预计该办事处 20×8 年 1 至 6 月盈利 100 万元（注：销售公司 20×7 年度会计核算亏损 200 万元）。

【工作要求】请对服装销售公司进行税收筹划。

【税法依据】我国现行税法对固定业户外设办事处涉税处理的有关规定。

【筹划思路】利用办事处灵活多变及不同身份的办事处所承担的纳税义务是不同的特点，我们分别将办事处作为固定业户外出经营活动的办事机构、办事处作为常设分支机构、办事处作为独立核算机构的所纳税款进行比较，进而确定纳税身份。

【筹划过程】

（1）作为办事机构纳税。

总机构拨来货物有合法经营手续，应回总机构（服装销售公司）所在地纳税；办事处在经营地采购的货物超出了“外出经营活动税收管理证明”的范围，应在经营地纳税。有关计算如下。

回总公司所在地缴纳增值税额 =（400-320）×13% = 10.4（万元）

在经营地缴纳增值税额 = 1 000×3% = 30（万元）

共计缴纳增值税额 = 10.4+30 = 40.4（万元）

（2）作为分支机构纳税。

在经营地缴纳增值税额 = [(1 000-900)+(400-320)]×13% = 23.4（万元）

根据《中华人民共和国企业所得税税法》，办事处所得的 100 万元利润可以弥补总公司（服装销售公司）上一年度亏损的 100 万元（100-200 = -100 万元），因此不缴纳企业所得税。

（3）作为独立核算的子公司纳税。

应纳增值税额=[（1 000-900）+（400-320）]×13%=23.4（万元）

应纳企业所得税额=100×25%=25（万元）

共计纳税额=23.4+25=48.4（万元）

【筹划结论】由此可以看出，以上三种方案的纳税金额是不一样的，第二种方案是最好的。因此销售公司外设办事处的身份应选择分支机构。

【筹划点评】纳税人可以利用办事处灵活多变及不同身份的办事处所承担的纳税义务不同的特点，分别计算办事处作为固定业户外出经营活动的办事机构、办事处作为常设分支机构、办事处作为独立核算机构的所纳税款。就上例而言，如果总机构不存在上年度亏损，第二种方案和第三种方案缴纳的税收是相同的。

3.2　增值税销项税额的税收筹划

纳税人可以合理利用销售方式、结算方式、经济合同、市场定价自主权、计税方法对增值税销项税额进行筹划。

3.2.1　销售方式的税收筹划

销售方式是指纳税人用什么样的方式将货物销售出去。货物的销售方式多种多样，而且随着经济多元化的发展，货物的销售方式会越来越多。在货物的销售过程中，纳税人有权对销售方式进行自主选择，这就为纳税人利用不同销售方式进行税收筹划提供了可能性。然而，不同的销售方式往往适用不同的税收政策，这就产生了税收差别待遇问题。

（1）折扣销售。

折扣销售是指销售方在销售货物或提供应税劳务和服务时，因购买方需求量大等原因而给予价格方面的优惠。现行税法规定：纳税人采取折扣方式销售货物，如果销售额和折扣额在同一张发票上分别注明，可以按折扣后的销售额征收增值税。销售额和折扣额在同一张发票上分别注明是指销售额和折扣额在同一张发票上的“金额”栏分别注明，未在同一张发票“金额”栏注明折扣额，而仅在发票的“备注”栏注明折扣额的，折扣额不得从销售额中减除。如果将折扣额另开发票，不论其在财务上如何处理，均不得从销售额中减除折扣额。在这里我们应该注意以下几点：一是税法中所指的折扣销售有别于现金折扣。现金折扣通常是为了鼓励购货方及时偿还货款而给予的折扣优待。现金折扣发生在销货之后，而折扣销售则是与实现销售同时发生，所以现金折扣不得从销售额中减除。二是销售折扣与销售折让是不同的。销售折让通常是指货物的品种或质量等引起销售额的减少，即销货方给予购货方未予退货状况下的价格折让。销售折让可以通过开具红字专用发票从销售额中减除。未按规定开具红字增值税专用发票的，不得扣减销项税额或销售额。三是折扣销售仅限于货物的价格折扣，如果纳税人将自产、委托加工和购买的货物用于实物折扣的，则该实物款不能从货物销售额中扣除，且该实物应按《中华人民共和国增值税暂行条例》“视同销售货物”中的“赠送他人”征收增值税。

（2）采取以旧换新的方式销售货物。

以旧换新销售是指纳税人在销售过程中折价收回同类旧货物，并以折价款部分冲减货物价款的一种销售方式。税法规定，纳税人采取以旧换新的方式销售货物的（金银首饰除外），应按新货物的同期销售价格确定销售额并计算缴纳增值税。例如，某商场（小规模纳税人）2016 年 2 月采取以旧换新的方式销售无氟电冰箱，开出普通发票 25 张，收到货款 8 万元，并注明已扣除旧货折价 3 万元，则本月计税销售额＝（80 000+30 000）÷（1+3%）＝106 796. 11（元）。

（3）采取还本销售的方式销售货物。

还本销售是指销货方将货物出售之后，按约定的时间，一次或分次将购货款部分或全部退还给购货方，退还的货款即为还本支出。这种方式实际上是一种融资行为，是以货物换取资金的使用价值，到期还本不付息。税法规定，纳税人采取还本销售货物的，不得从销售额中减除还本支出。

（4）采取以物易物的方式销售。

以物易物是一种较为特殊的购销活动，是指购销双方不以货币结算，而是以同等价款的货物相互结算，实现货物购销的一种方式。在实际工作中，有的纳税人认为以物易物不是购销行为，销货方收到购货方抵顶货物的货物，认为自己不是购物；购货方发出抵顶货款的货物，认为自己不是销货。但是这两种认识都是错误的。正确的做法应当是：以物易物的双方都应做购销处理，以各自发出的货物核算销售额，并计算销项税额，以各自收到的货物核算购货额及进项税额。需要强调的是，在以物易物活动中，双方应各自开具合法的票据，必须计算销项税额。但如果收到货物却不能取得相应的增值税专用发票或者其他增值税扣税凭证，不得抵扣进项税额。

【例 3-7】导入案例解析

【税法依据】①《国家税务总局关于折扣额抵减增值税应税销售额问题的通知》（国税函〔2010〕56 号）规定，纳税人采取折扣方式销售货物，如果销售额和折扣额在同一张发票上分别注明，可以按折扣后的销售额征收增值税。销售额和折扣额在同一张发票上分别注明是指销售额和折扣额在同一张发票上的“金额”栏分别注明，未在同一张发票“金额”栏注明折扣额，而仅在发票的“备注”栏注明折扣额的，折扣额不得从销售额中减除；现金折扣通常是为了鼓励购货方及时偿还货款而给予的折扣优待。现金折扣发生在销货之后，而折扣销售则是与实现销售同时发生的，所以现金折扣不得从销售额中减除。②《中华人民共和国增值税暂行条例》规定，“买一赠一”中的赠送视同销售货物，应按规定计算缴纳增值税。

【筹划思路】①对于折扣销售，应尽量使得销售额和折扣额在同一张发票的金额栏处分别注明，按折扣后的销售额计征增值税。②对于“买一赠一”，赠送（实物折扣方式）视同销售货物，销售方应尽量不选择实物折扣。在必须采用实物折扣销售方式时，纳税人可以在发票上做适当调整，变“实物折扣”为“价格折扣”（折扣销售），以达到节税目的。③对于现金折扣，由于返还的现金不能在所得税前扣除，因此会加重纳税人企业所得税税收负担，若改“返还现金”为“价格折扣（折扣销售）”，则会达到节税效果。

【筹划过程】

为了方便起见，这里只分析增值税、企业所得税两个主要税种。

方案 1：商品 8 折销售，即原价为 1 000 元的商品，现在售价 800 元，这实际上是折扣销售，其折扣率为 20%。

应纳增值税额=(800−600)÷(1+13%)×13%=23（元）

应纳企业所得税额=[(800−600)÷(1+13%)−60]×25%=29. 25（元）

应纳税额合计=23+29. 25=52. 25（元）

税后利润=(800−600)÷(1+13%)−60−29. 25=87. 74（元）

方案 2：赠送折扣 20%的购物券。

应纳增值税额=(1 000+200−600−120)÷(1+13%)×13%=55. 22（元）

应纳企业所得税额=[(1 000−600−120)÷(1+13%)−60]×25%=46. 95（元）

应纳税合计=55. 22+46. 95=102. 17（元）

税后利润=(1 000−600−120)÷(1+13%)−60−46. 95=140. 84（元）

方案 3：返还 20%的现金。

应纳增值税额=(1 000−600)÷(1+13%)×13%=46. 02（元）

应纳企业所得税额=[(1 000−600)÷(1+13%)−60]×25%=73. 5（元）

应纳税合计=46. 02+73. 5=119. 52（元）

税后利润=(1 000−600)÷(1+13%)−60−200−73. 5=20. 48（元）

各方案的税收负担及其税后利润的比较如表 3-3 所示。

表 3-3　　各方案的税收负担及其税后利润的比较　　单位：元

方案	增值税	企业所得税	税后利润
方案 1	23	29. 25	87. 74
方案 2	55. 22	46. 95	140. 84
方案 3	46. 02	73. 5	20. 48

【筹划结论】在规范操作的前提下，通过对照相关政策进行具体的测算，我们不难发现各种方案的优劣。方案 2 中纳税人销售 1 000 元商品，实际售出 1 200 元的商品，纳税人可以获得 140. 84 元的税后利润，较方案 1 多获得 53. 1 元（140. 84−87. 74=53. 1 元）的净利润，较方案 3 多获得 120. 36 元（140. 84−20. 48=120. 36 元）的净利润，方案 2 最优。

【筹划点评】纳税人在选择折扣方式之前，不能盲目，应当全面权衡，综合筹划，选择最佳的折扣方式销售，以便降低税收成本，获得最大的经济利益。

3.2.2 利用经济合同的税收筹划

在现代商业模式中，经济合同决定经济业务流程，业务流程决定税收。因此，经济合同成为纳税人控制税收风险和降低税收成本最有效的工具之一。鉴于此，纳税人在签订各类经济合同时必须综合考虑合同中有关涉税条款对税负的影响，必须考虑合同中有关约定条款的法律有效性，规避不合法条款约定可能给纳税人带来多纳税或漏税的税收风险。

【例 3-8】ABC 保健品公司采用直销方式推销该公司的保健品，由业务员为其推销，其业务员不是公司雇佣员工，而是一些兼职人员，与公司所签的合同不是劳动合同，而是业务或者劳务合同。合同条款中有如下条款："业务员的提货价必须与卖给客户的零售价一致，然后根据销售额的 5%从公司提成。"本年度该保健品公司直销收入总额为 1 000 万元，进项税额为 50 万元。

【工作要求】请对保健品公司业务进行税收筹划。

【税法依据】《国家税务总局关于直销企业增值税销售额确定有关问题的公告》（国家税务总局公告 2013 年第 5 号）规定：①直销企业先将货物销售给直销员，直销员再将货物销售给消费者，直销企业的销售额为其向直销人员收取的全部价款和价外费。直销人员将货物销售给消费者时，应按照现行规定缴纳增值税。②直销企业通过直销员向消费者销售货物，直接向消费者收取货款，直销企业的销售额为其向消费者收取的全部价款和价外费。

【筹划思路】一般纳税人销售货物采用一般计税方法；小规模纳税人采用简易计税方法，仅与销售额有关。因此，我们应当尽量避免小规模纳税人从一般纳税人处购进货物的情况。在个人（小规模纳税人）为一般纳税人的直销业务中，我们应当避免一般纳税人先将产品卖给个人，个人再对外销售的合同条款。

【筹划过程】

方案 1：仍然使用原合同条款。那么销售将涉及两道环节，第一道环节是公司将商品按照提货价卖给业务员；第二道环节是业务员将商品按照零售价卖给消费者。

第一道环节是公司将商品按照提货价卖给业务员，则

应纳增值税额 = 1 000×13% - 50 = 80（万元）

第二道环节是业务员将商品按照零售价卖给消费者，则

应纳增值税额 = 1 000×3% = 30（万元）

当然这 30 万元增值税只能由公司代缴，业务员不可能去缴纳。

方案 2：修改合同条款为："业务员以公司的名义去销售，按照公司统一定价卖给客户，使用公司票据，然后根据销售额的 5%从公司获取提成。"这时只有一道销售环节，即公司把商品卖给消费者。

公司应纳增值税额 = 1 000×13% - 50 = 80（万元）

【筹划结论】方案 2 比方案 1 少缴纳增值税 30 万元（80+30-80 = 30 万元）。因此公司应当选择方案 2。

【筹划点评】纳税人在经济交往中涉及经济合同的签订，应聘请财税专业人士审查合同条款，避免不必要的税收风险。这已成为纳税人签订合同时越来越需要注意的问题。

3.2.3　利用市场定价自主权的税收筹划

产品的销售对纳税人来说非常重要。税法没有对纳税人市场定价的幅度做出具体的限制，因此纳税人享有充分的自主定价权。纳税人可以利用自主定价权制定“合理”的价格，进而获得更多的收益。

与纳税筹划有关的定价策略主要有两种形式：一是与关联企业合作定价，目的是通过协商定价减轻纳税人整体税负；二是主动制定一个稍低或稍高一点的价格，以获得更大的销量，从而获得更多的规模收益。

【例 3-9】A、B、C 为集团公司内部三个独立核算的企业，彼此存在购销关系。A 公司生产的产品可以作为 B 公司的原材料；B 公司制造的产品的 80%提供给 C 公司。三个公司的信息如表 3-4 所示。

表 3-4　　三个公司的信息

公司名称	增值税率(%)	生产数量(件)	正常价格(元)	转让价格(元)
A 公司	13	1 000	500	400
B 公司	13	1 000	600	500
C 公司	13	800	700	700

注：表中价格均为含税价。

假设 20×8 年 A 公司进项税额为 40 000 元，市场利率为 24%。三个公司均按照正常价格结算货款。

【工作要求】请对集团公司业务进行税收筹划。

【税法依据】①《中华人民共和国增值税暂行条例》（国务院 1993 年 12 月 13 日颁布，国务院令〔1993〕第 134 号，于 2008 年 11 月 5 日国务院第 34 次常务会修订通过）。②《中华人民共和国增值税暂行条例实施细则》（财政部、国家税务总局第 50 号令，根据 2011 年 10 月 28 日《关于修改〈中华人民共和国增值税暂行条例实施细则〉的决定》修订）。

【筹划思路】增值税法没有对纳税人市场定价的幅度做出具体的限制，因此纳税人享有充分的自主定价权。这使得关联企业之间能够通过转移价格及利润的方式进行税收筹划，从而达到延期纳税的目的。虽然关联企业之间转移价格的行为并不能减少企业整体税负，但是通过延期纳税，可以利用通货膨胀和时间价值因素，相对降低自己的税负。

【筹划过程】

方案 1：三家公司按照正常价格进行交易，应纳增值税额如下：

A 公司应纳增值税额＝1 000×500÷(1+13%)×13%−40 000＝17 522. 12（元）

B 公司应纳增值税额＝1 000×600÷(1+13%)×13%−57 522. 12＝11 504. 43（元）

C 公司应纳增值税额＝800×700÷(1+13%)×13%−69 026. 55×80%
＝9 203. 54（元）

集团合计应纳增值税额＝17 522. 12+11 504. 43+9 203. 54＝38 230. 09(元)

方案 2：三家公司采用转移定价进行交易，应纳增值税额如下：

A 公司应纳增值税额＝1 000×400÷(1+13%)×13%−40 000＝6 017. 7（元）

B 公司应纳增值税额＝(800×500+200×600)÷(1+13%)×13%−46 017. 7
＝13 805. 3（元）

C 公司应纳增值税额＝800×700÷(1+13%)×13%−800×500÷(1+13%)×13%
＝18 407. 08（元）

集团合计应纳增值税额＝6 017. 7+13 805. 3+18 407. 08＝38 230. 09（元）

【筹划结论】由于三个公司在生产上具有连续性，这就使得本应由 A 公司当期应纳的税款相对减少 11 504. 42 元（17 522. 12−6 017. 7＝11 504. 42 元），这笔税款通过 B 公司延至第二期缴纳。这就使得 B 公司第二期和 C 公司第三期纳税额分别增加了 2 300. 87 元（13 805. 3−11 504. 43＝2 300. 87 元）和 9 203. 54 元（18 407. 08−9 203. 54＝9 203. 54 元）。但是，如果假设生产周期为 3 个月，各期相对增减金额折合为现值，则税收负担相对下降了 1 163. 57 元，即［11 504. 42−2 300. 87−(1+2%)^3−9 203. 54÷（1+2%)^6］＝1 163. 57（元）。

【筹划点评】从公司集团的总体税负数额上看，筹划前后没有区别，但是通过筹划安排，推迟了纳税的时间，相当于从国家手中获得了一笔无息贷款，从而为公司集团创造了新的投资收益。

3. 2. 4 利用结算方式的税收筹划

纳税人销售货物货款的结算方式主要有直接收款、委托收款、托收承付、赊销或者分期收款、预收款销售、委托代销等。不同的销售方式，其纳税义务发生时间是不同的。

(1) 增值税纳税义务发生时间的法律界定。

关于增值税纳税义务发生时间，根据《中华人民共和国增值税暂行条例实施细则》和“营改增”的相关规定，采取直接收款的方式销售货物，不论货物是否发出，均为收到销售款或取得索取销售款凭据的当天。采取托收承付和委托银行收款的方式销售货物，为发出货物并办妥托收手续的当天。采取赊销和分期收款的方式销售货物，为书面合同约定收款日期的当天；无书面合同或者书面合同没有约定收款日期的，为货物发出的当天。采取预收货款方式销售货物的，为货物发出的当天。但生产销售、生产工期超过12个月的大型机械设备、船舶、飞机等货物，为收到预收款或者书面合同约定的收款日期的当天。委托其他纳税人代销货物，为收到代销单位销售的代销清单或者收到全部或者部分货款的当天。未收到代销清单及货款的，其纳税义务发生的时间为发出代销货物满180日的当天。销售应税劳务，为提供劳务同时收讫销售款或取得索取销售款的凭据的当天。纳税人发生视同销售货物行为，为货物移送的当天。销售服务、无形资产或不动产的纳税义务的发生时间为纳税人发生应税行为并收讫销售款项或者取得销售款项凭据的当天。先开发票的，为开具发票的当天，其中取得索取销售款项凭据的当天，是指书面合同确定的付款日期。未签订书面合同或者书面合同未确定付款日期的，为应税服务完成的当天。纳税人提供有形动产租赁服务采取预收款方式的，其纳税义务发生的时间为收到预收款的当天。纳税人从事金融商品转让的，为金融商品所有权转移的当天。纳税人发生视同销售服务、无形资产或不动产情形的，其纳税义务发生的时间为服务、无形资产转让完成的当天或者不动产权属变更的当天。增值税扣缴义务发生的时间为纳税人增值税纳税义务发生的当天。

增值税销售结算方式的筹划就是在税法允许的范围内，尽量采取有利于纳税人的结算方式，推迟纳税时间，获取资金的时间价值。如果在购货方资金紧张，不能及时收回货款的情况下，纳税人可采用赊销或者分期收款的结算方式，避免提前垫付税款。

（2）赊销和分期收款方式的税收筹划。

赊销和分期收款方式销售货物，其纳税义务的时间为书面合同约定收款日期的当天；无书面合同或者书面合同没有约定收款日期的，为货物发出的当天。因此，纳税人在产品销售过程中，在购买方资金紧张且信誉较好，一时无法收回应收货款的情况下，可以选择赊销或者分期收款的结算方式。

（3）委托代销方式销售货物的税收筹划。

委托代销是指委托方将商品交付受托方，受托方根据合同要求，将商品出售后开具销货清单交与委托方的行为。此时，委托方才能确认销售收入的实现。因此，根据这一规定，如果纳税人的产品销售对象是商业企业，并且产品以商业企业再销售后付款的结算方式销售，则可以采用委托代销方式，根据实际收到的货款分期计算增值税销项税额，从而延迟纳税的时间。

【例3-10】ABC公司为增值税一般纳税人，20×7年10月15日产生了三笔业务，应收货款共计2 000万元（不含税）。其中，第一笔业务600万元，钱货两清；第二笔业务900万元，年后一次付清；第三笔业务500万元，一年后付300万元，余款200万元两年后付清。

【工作要求】请对ABC公司业务进行税收筹划。

【税法依据】根据《中华人民共和国增值税暂行条例实施细则》有关规定，纳税人采取赊销和分期收款的方式销售货物，为书面合同约定收款日期的当天；无书面合同或者书面合同没有约定收款日期的，为货物发出的当天。

【筹划思路】纳税人在销售产品的过程中，购货方资金紧张且信誉较好，加上是纳税人的长期固定客户，在一时无法收回或不能全部收回的情况下，可以改变货款的结算方式，合理推迟纳税时间。就 ABC 公司而言，可以选择赊销或分期收款的结算方式。

【筹划思路】

方案 1：采取直销收款方式。具体来说，就是销售合同没有约定收款结算方式和日期，则 ABC 公司应当按照直接收款方式申报纳税。

ABC 公司本期增值税销项税额＝2 000×13%＝260（万元）

方案 2：对第二笔和第三笔业务采取赊销或者分期收款的结算方式。具体操作是，ABC 公司需要在销售合同中约定赊销或者分期收款结算的具体日期，即第二笔业务 900 万元于 20×9 年 10 月 15 日付款；第三笔业务 500 万元于 20×8 年 10 月 15 日付款 300 万元，于 20×9 年 10 月 15 日付款 200 万元。

ABC 公司本期增值税销项税额＝600×13%＝78（万元）

ABC 公司一年后支付的增值税销项税额＝300×13%＝39（万元）

ABC 公司两年后支付的增值税销项税额＝（900+200）×13%＝143（万元）

【筹划结论】较方案 1 而言，方案 2 中 ABC 公司本期少缴纳增值税额 182 万元（260−78＝182 万元），因此 ABC 公司应当选择方案 2。

【筹划点评】虽然这 182 万元增值税款在以后期间还要缴纳，但是 ABC 公司推迟了纳税时间，获得了资金时间价值，从国家手中获得了无息贷款。

3.2.5 选择一般计税方法或简易计税方法的税收筹划（建筑业）

《财政部、国家税务总局关于全面推开营业税改增值税试点的通知》（财税〔2016〕36 号）中规定：一般纳税人为甲供工程提供的建筑服务，可以选择简易计税方法计税。“甲供材”是指全部或部分设备、材料、动力由工程发包方（甲方）自行采购，提供给建筑施工企业（乙方）用于建筑、安装、装修和装饰的一种工程建筑。甲供工程，是指全部或部分设备、材料、动力由工程发包方自行采购的建筑工程。为甲供工程提供建筑服务，建筑施工企业在增值税计税方法上具有一定的选择权，既可以选择一般计税方法，也可以选择简易计税方法。那么一定存在选择的税负临界点。具体分析如下。

假设甲供材合同中约定的构成价税合计（不含甲方购买的材料和设备）为 A（含税），则“甲供材”中建筑业选择一般计税方法和简易计税方法的增值税计算如下。

在一般计税方法下的应纳增值税额计算为

应纳增值税额＝A÷（1+9%）×9%−建筑企业采购材料物质的进项税额

＝A×8.26%−建筑企业采购材料物质的进项税额

在简易计税方法下的应纳增值税额计算为

应纳增值税额 = A ÷（1+3%）×3% = A ×2.91%

两种计税方法下税负相同的临界点为：A ×8.26% - 建筑企业采购材料物质的进项税额 = A ×2.91%。

我们可以推导出：建筑企业采购材料物质的进项税 = A ×5.35%。

在一般情况下，建筑企业采购的物质的适用增值税税率为 13%，于是我们推导出临界点：建筑企业采购材料物质的进项税额 = 建筑企业采购材料物质价税合计÷(1+13%)×13% = A ×5.35%。

由此我们计算出临界点：建筑企业采购材料物质价税合计 = A ×46.5%。

因此，在“甲供材”模式下，建筑企业选择一般计税方法或者简易计税方法的临界点参考值是：建筑企业采购材料物质价税合计 = “甲供材”合同中约定的工程价税合计数×46.5%。

结论为：①如果建筑企业采购材料物质合计大于“甲供材”合同中约定的工程价税合计数×46.5%，则选择一般计税方法有利。②如果建筑企业采购材料物质合计小于“甲供材”合同中约定的工程价税合计数×46.5%，则选择简易计税方法有利。

因此，建筑企业采购材料物质占工程造价的比例，或者说“甲供材”占整个工程造价的比例，是选择计税方法的关键。

【例 3-11】A 建筑企业（一般纳税人）为甲供工程提供建筑服务，甲供工程合同中约定的工程造价合计（不含甲方购买的材料和设备）为 1 000 万元（含税）。根据工程预算，A 建筑企业需要自行采购材料物质 600 万元（含税）。

【工作要求】请为 A 建筑企业提供税收筹划。

【税法依据】《财政部、国家税务总局关于全面推开营业税改增值税试点的通知》（财税〔2016〕36 号）规定，一般纳税人为甲供工程提供建筑服务，建筑施工企业在增值税计税方法上既可以选择一般计税方法，也可以选择简易计税方法。

【筹划思路】在“甲供材”模式下，建筑企业选择一般计税方法或者简易计税方法的临界点参考值确定 A 建筑企业应选择的计税方法。建筑企业采购材料物质价税合计 = “甲供材”合同中约定的工程价税合计数×46.5%。

【筹划过程】

根据建筑企业选择一般计税方法或者简易计税方法的临界点参考值的计算公式，计算如下：

建筑企业采购材料物质价税合计 = “甲供材”合同中约定的工程价税合计数×46.5%

可知，建筑企业自行采购材料物质的临界值 = 1 000×46.5% = 465（万元）

【筹划结论】由于甲供材合同中约定的 A 建筑企业自行采购的材料物质为 600 万元，大于 465 万元，因此，A 建筑企业应选择一般计税方法。

【筹划点评】建筑企业采购材料物质占工程造价的比例，或者说“甲供材”占整个工程造价的比例，是建筑企业选择计税方法的关键。

3.3 增值税进项税额的税收筹划

3.3.1 增值税进项税额的筹划思路与方法

在税收筹划过程中纳税人一定要有正确的税收筹划思路，才能进行有效的税收筹划，避免陷入税收筹划的误区，以利于实现税收筹划目标。增值税进项税额筹划思路与方法如下。

①在价格相等的情况下，购买具有增值税专用发票的货物。

②纳税人在购进货物或接受劳务、服务、无形资产或者不动产时，不仅要向对方索要增值税专用发票，而且要看增值税专用发票上的税额是按什么比例计算的。

③购免税农产品时，要使用正规的收购发票。

④将用于非应税项目或免税项目的购进货物先作为原材料入库，待使用时再做进项税转出。

⑤采用兼营手段，缩小不得抵扣部分的比例。

3.3.2 进项税抵扣时间的筹划

根据国家税务总局《关于取消增值税扣税凭证确认期限等增值税征管问题的公告》(国家税务总局公告 2019 年第 45 号)，一般纳税人取得 2020 年 1 月 1 日以后开具的增值税专用发票、海关进口增值税专用缴款书、机动车销售统一发票、收费公路通行费增值税电子普通发票，取消认证确认、稽核比对、申报抵扣期限，也就是说，不受 360 日认证确认、稽核比对、申报抵扣期限的要求限制；一般纳税人取得 2017 年 1 月 1 日以后开具的上述发票，即使超过认证确认稽核比对、申报抵扣期限，也可以按规定认证抵扣进项税，也不受 360 日认证确认、稽核比对、申报抵扣的期限的要求限制；一般纳税人取得 2016 年 12 月 31 日及以前开具的上述发票，超过认证确认、稽核比对、申报抵扣期限，符合相关文件规定，可以继续抵扣进项税。

因此，根据进项税抵扣时间，对于从防伪税控系统取得的增值税专用发票，纳税人应当在取得发票后尽快认证抵扣。例如，购进多用途物资，纳税人应先进行认证抵扣，待转为非应税项目使用物资时再进行进项税转出处理，以防止非应税项目使用物资转为应税项目使用时而没有抵扣其进项税的现象发生。

3.3.3 购货方选择的税收筹划

增值税一般纳税人实行凭增值税专用发票抵扣的制度，只有一般纳税人才能使用增值税专用发票。一般纳税人从小规模纳税人处购进货物或接受劳务、服务、无形资产或者不动产，由于小规模纳税人不能开具增值税专用发票，根据税法规定，小规模纳税人可以到主管税务机关申请代开增值税专用发票，那么增值税一般纳税人可以根据增值税专用发票的税额计提进项税，抵扣率为 3%；如果购货方取得的是小规模纳税人开具的普通发票，是不能抵扣的（农产品除外）。因此，一般纳税人在选择购货对象时，必然要考虑以上税收规定的差异。

增值税一般纳税人从小规模纳税人处购进的货物或接受的劳务、服务、无形资产或者不动产不能抵扣进项税，或者只能抵扣 3%，为了弥补因不能取得专用发票而产生的损失，必然要求小规模纳税人在价格上给予一定的折让。那么究竟多大的折让才能弥补损失呢？这里就存在一个价格折让临界点。现在我们来分析这一价格折让临界点。

假设从一般纳税人处购进货物或接受的劳务、服务、无形资产或者不动产的价格为 P（含税价），从小规模纳税人处购进货物或接受的劳务、服务、无形资产或者不动产的价格为 S（含税价）。为使两者扣除货物和劳务税后的销售利润相等，则有下列等式。

$$\text{销售额(不含税)}-\frac{P}{(1+\text{增值税税率})}-\left[\text{销售额(不含税)}-\frac{P}{(1+\text{增值税税率})}\right]\times\text{增值税税率}\times(\text{城市维护建设税税率}+\text{教育费附加征收率})=\text{销售额(不含税)}-\frac{S}{(1+\text{增值税税率})}-\left[\text{销售额(不含税)}\times\text{增值税税率}-\frac{S}{(1+\text{增值税税率})}\times\text{征收率}\right]\times\text{增值税税率}\times(\text{城市维护建设税税率}+\text{教育费附加征收率})$$

则有

$$\frac{P}{1+\text{增值税税率}}-\frac{P}{1+\text{增值税税率}}\times\text{增值税税率}\times(\text{城市维护建设税税率}+\text{教育费附加征收率})=\frac{S}{1+\text{征收率}}-\frac{S}{1+\text{征收率}}\times\text{征收率}\times(\text{城市维护建设税税率}+\text{教育费附加征收率})$$

当城市维护建设税税率为 7%、教育费附加征收率为 3%时，则有

$$\frac{P}{1+\text{增值税税率}}-\frac{P}{1+\text{增值税税率}}\times\text{增值税税率}\times(7\%+3\%)=\frac{S}{1+\text{征收率}}-\frac{S}{1+\text{征收率}}\times\text{征收率}\times(7\%+3\%)$$

或者

$$\frac{P}{1+\text{增值税税率}}\times(1-\text{增值税税率}\times10\%)=\frac{S}{1+\text{征收率}}\times(1-\text{征收率}\times10\%)$$

$$S=\frac{(1+\text{征收率})\times(1-\text{增值税税率}\times10\%)}{(1+\text{增值税税率})\times(1-\text{征收率}\times10\%)}\times P$$

当增值税税率为 13%、征收率为 3%时，则有

$$S=\frac{(1+3\%)\times(1-13\%\times10\%)}{(1+13\%)\times(1-3\%\times10\%)}\times P=P\times90.24\%$$

即当一般纳税人从小规模纳税人的购进价格为从一般纳税人处购进价格的90.24%时，无论从一般纳税人处进货还是从小规模纳税人处进货，取得的收益都是相等的。当小规模纳税人的报价折扣率低于该比例时，向一般纳税人进货取得增值税专用发票可以抵扣的税额将大于小规模纳税人的价格折扣；只有当小规模纳税人报价的折扣率高于该比例时，向小规模纳税人进货才能获得比向一般纳税人进货更大的税收利益。

如果从小规模纳税人处不能取得增值税专用发票，则有

$$S = P \times \frac{1 - 增值税税率 \times 10\%}{1 + 增值税税率}$$

我们分别将增值税税率10%、6%代入上面公式可得出不同的价格优惠临界点，见表3-5。

表3-5　**价格优惠临界点**

一般纳税人抵扣率(%)	小规模纳税人抵扣率(%)	价格优惠临界点(含税)(%)
13	3	90.24
13	0	87.35
9	3	93.93
9	0	90
6	3	96.88
6	0	93.77

【例3-12】某服装厂（增值税一般纳税人）外购布匹作为加工服装产品的原材料，现有两个供应商甲和乙，甲为增值税一般纳税人，可以开具税率为13%的增值税专用发票，该批布匹报价50万元（含税价）；乙为小规模纳税人，可以出具由其所在地主管税务机关代开的征收率为3%的增值税专用发票，该批布匹报价为46.5万元（城市维护建设税税率为7%，教育费附加征收率为3%）。

【工作要求】请为服装厂采购布匹提出税收筹划建议。

【税法依据】增值税纳税人有一般纳税人和小规模纳税人两种类型。一般纳税人按13%、9%或者6%的税率计税，实行凭增值税专用发票抵扣进项税额的购进扣税法；而小规模纳税人采用简易计税办法，征收率为3%，不能抵扣进项税额。

【筹划思路】从甲供应商处购进布匹，取得增值税专用发票，可以抵扣13%的进项税；从乙供应商处购进布匹只能抵扣3%的进项税。但是乙供应商报价要低于甲供应商，这样我们可以通过价格优惠临界点法选择供应商。

【筹划过程】

根据价格优惠临界点原理，当增值税税率为13%、小规模纳税人的抵扣率为3%时，价格优惠临界点为90.24%，则价格优惠临界点的销售价格为

价格优惠临界点的销售价格＝500 000×90.24%＝451 200（元）

【筹划结论】从乙供应商的报价看，465 000元大于价格优惠临界点451 200元，我们应从甲供应商处进货。

【筹划结果】以上是在“购货企业以利润最大化为目标”的前提下进行讨论的。事实上，企业选择进货对象时除了考虑净利润大小（或者付出成本高低）以外，还应当考虑诸如现金净流量、信用关系、售后服务、购货运费等因素，以便做出更全面、合理的决策。

3.3.4　充分利用农产品免税政策的税收筹划

增值税一般纳税人向农业生产者、小规模纳税人购买农产品，可以按9%抵扣率抵扣进项税额，但农产品必须是《农产品征税范围注释》规定范围内的农产品。如果小规模纳税人（农业生产者）将自己生产的农产品加工后再卖给一般纳税人，其加工后的产品有可能不再符合农产品的定义，即使是一般纳税人购入，也无法抵扣进项税额。这时可以变“收购非初级农产品”为“收购初级农产品”，进而达到节税的目的。

【例3-13】甲公司为具生产企业（增值税一般纳税人），每年花费2 400万元从农民手中收购加工后的板材，假设农民加工这批2 400万元的板材耗用自产的树木的成本为1 600万元。甲公司每年销售家具取得不含税的销售收入为7 200万元，其他可以抵扣的进项税额为200万元。

【工作要求】请对甲公司该项目进行税收筹划。

【税法依据】根据我国增值税法的相关规定，初级农产品是指直接从事植物的种植、收割和动物的饲养、捕捞单位和个人销售的自产并且免征增值税的农业产品。一般纳税人购进初级农产品除取得增值税专用发票或者海关进口增值税专用缴款书外，按照农产品收购发票或者销售发票上注明的农产品买价和9%的扣除率计算进项税额。其计算公式为

进项税额＝买价×扣除率

【筹划思路】由于农业生产者销售自产的初级农产品免增值税，一般纳税人购进初级农产品除取得增值税专用发票或者海关进口增值税专用缴款书外，按照农产品收购发票或者销售发票上注明的农产品买价和9%的扣除率计算进项税额。所以该家具厂应直接与农民协商，从农民手中收购树木，然后企业雇佣农民到企业上班，生产板材。这样既可以保证农民的收入，同时降低了家具厂的增值税税负。

【筹划过程】

方案1：甲公司从农民手中收购加工的板材。

应纳增值税税额＝7 200×13%－200＝952（万元）

方案2：甲公司直接从农民手中收购树木，然后雇佣农民到公司上班，生产板材。

应纳增值税税额 = 7 200×13% - 1 600×9% - 200 = 392（万元）

【筹划结论】方案 2 比方案 1 少缴纳增值税 344 万元（736 - 392 = 344 万元），因此甲公司应当与农民协商选择方案 2。

【筹划点评】我们变“收购非初级农产品”为“收购初级农产品”，进而达到节税的目的。但是雇佣农民加工生产板材，产生的人工成本和其他与生产板材相关的成本应当不高于 1 144 万元（2 400 - 1 600 + 344 = 1 144 万元），否则将得不偿失。

3.3.5 兼营简易计税方法项目、免征增值税项目进项税额核算的税收筹划

3.3.5.1 是否准确划分简易计税方法计税项目、免征增值税项目的进项税额的筹划

增值税一般纳税人兼营简易计税方法项目、免征增值税项目，应当正确划分其不得抵扣的进项税额。应税项目与简易计税方法计税项目、免征增值税项目的进项税额可以划分清楚的，用于生产应税项目产品的进项税额可以按规定进行抵扣；用于生产简易计税方法计税项目、免征增值税项目产品的进项税不得抵扣。对不能准确划分进项税额的，我们按照下列公式计算不得抵扣的进项税额：

$$不得抵扣的进项税额 = 当期无法划分的全部进项税额 \times \frac{当期简易计税方法计税项目销售额 + 免征增值税项目销售额}{当期全部销售额}$$

纳税人可以按照上述公式计算不得抵扣的进项税额与实行简易计税方法计税项目、免征增值税项目不得抵扣的进项税额，并将其进行对比。如果前者大于后者，则应准确划分两类不同的进项税额，并按规定转出进项税额；如果前者小于后者，则无须准确划分，而是按照公式计算结果确定不得抵扣的进项税额。

3.3.5.2 兼营简易计税方法项目、免征增值税项目进项税额核算方式的税收筹划

根据《中华人民共和国增值税暂行条例》及其实施细则和“营改增”政策的相关规定，一般纳税人对于简易计税方法计税项目、免征增值税项目的进项税额可以在其用于该类用途时，从原购进时已做抵扣的进项税额中通过“应交税费——应交增值税（进项税额转出）”科目转出，即转入相关资产或产品成本。在实践中，有不少公司为了避免进项税额核算出现差错，便通过设立“工程物资”“其他材料”等科目单独计算简易计税方法计税项目、免征增值税项目的进项税额，将其直接计入材料成本。

在一般情况下，材料从购进到生产领用存在一定的时间差，简易计税方法计税项目、免征增值税项目进项税额的不同核算方法决定了公司能否充分利用这个时间差。如果单独设立相关科目直接计算该类进项税额，直接计入材料成本，说明在原材料购进时未做进项税抵扣，该期缴纳了增值税；相反，如果在材料购进时并不区

分，与当期应税项目的进项税额一并抵扣，直到领用原材料用于简易计税方法计税项目、免征增值税项目时再做进项税转出，这样会产生递延纳税的效果，获得资金的时间价值。

3.4 增值税税率的税收筹划

3.4.1 增值税税率的法律界定

我国增值税采用比例税率形式。为了发挥增值税的中性作用，原则上增值税的税率应该对不同行业、不同企业实行单一税率，被称为基本税率。但在实践中，我国为照顾一些特殊行业或产品而增设了低税率档次，对出口产品实行零税率。为了适应增值税纳税人分成两类的情况，我国对这两类不同的纳税人采用了不同的税率和征收率。

3.4.1.1 基本税率

纳税人销售或者进口货物，除列举外，税率均为13%；提供加工、修理修配劳务和应税服务，除适用低税率范围外，税率也为13%。这一税率就是通常所说的基本税率。

3.4.1.2 低税率

①增值税一般纳税人销售或进口这些货物，按照低税率9%计征增值税：农业产品（初级）、食用植物油、食用盐；自来水、暖气、冷气、热水、煤气、石油液化气、天然气、沼气、居民用煤炭制品；图书、报纸、杂志；饲料、化肥、农药、农机、农膜；音像制品、电子出版物、二甲醚。

②提供交通运输服务、邮政、基础电信、建筑、不动产租赁服务，销售不动产，转让土地使用权，税率为9%。

③提供现代服务业服务（不动产租赁除外）、增值电信服务、金融业服务、生活服务，销售无形资产（转让土地使用权除外），税率为6%。

3.4.1.3 零税率

纳税人出口货物和财政部、国家税务总局规定的应税服务，税率为零（如国际运输服务、航天运输服务等）。

3.4.1.4 征收率

我国现行增值税对小规模纳税人采用简易计税方法，采用征收率计税。征收率为3%。

3.4.2 兼营的税收筹划

兼营是指纳税人的经营范围，既包括销售货物和加工修理修配劳务又涉及销售服务、无形资产或者不动产的行为。但是，销售货物，提供加工修理修配劳务，销售服务、无形资产或者不动产不同时发生在同一销售行为中。

根据《中华人民共和国增值税暂行条例实施细则》和《营业税改征增值税试点实施办法》（财税〔2016〕36 号），纳税人销售货物，提供加工修理修配劳务，销售服务、无形资产或者不动产适用不同税率或征收率的，应分别核算适用不同税率或者征收率的销售额。未分别核算的，按照以下方法适用税率或者征收率：

①兼有不同税率的销售货物、提供加工修理修配劳务、服务、无形资产或者不动产，从高适用税率。

②兼有不同征收率的销售货物，提供加工修理修配劳务、服务、无形资产或者不动产，从高适用征收率。

③兼有不同税率和征收率的销售货物，提供加工修理修配劳务、服务、无形资产或者不动产，从高适用税率。

为了避免从高适用税率或者征收率而加重税收负担的情况，兼有不同税率或者征收率的货物、应税劳务或者应税服务的公司，一定要将各自的销售额分别核算。

【例 3-14】甲公司是一家电视机生产企业（增值税一般纳税人），该企业除了生产销售电视机之外，还将空置的仓库用于提供仓储服务。20×8 年，甲企业取得销售电视机收入 2 000 万元（不含税），仓储服务收入 600 万元（含税）。当年可抵扣的增值税进项税额为 120 万元。根据税法规定，销售电视机适用税率为 13%，仓储服务适用税率为 6%。

【工作要求】请对甲公司的业务进行税收筹划。

【税法依据】根据《中华人民共和国增值税暂行条例实施细则》和《营业税改征增值税试点实施办法》（财税〔2016〕36 号），纳税人销售货物，提供加工修理修配劳务，销售服务、无形资产或者不动产适用不同税率或征收率的，应分别核算适用不同税率或者征收率的销售额。未分别核算销售额的，从高适用税率。

【筹划思路】纳税人应当尽量将不同税率的销售货物，提供的加工修理修配劳务、服务及无形资产或者不动产分开核算，以适用不同税率，从而避免从高适用税率，进而减轻企业税收负担。

【筹划过程】

方案 1：甲公司未分开核算的情况下。

$$甲公司应纳增值税额=(2\ 000+\frac{600}{1+13\%})\times13\%-120=209.03（万元）$$

方案 2：甲公司分开核算的情况下。

$$甲公司应纳增值税额=2\ 000\times13\%+\frac{600}{1+6\%}\times6\%-120=173.96（万元）$$

【筹划结论】方案 2 比方案 1 少缴纳增值税额 35.07 万元（209.03-173.96=

35.07万元）。因此甲公司应选择方案2。

【筹划点评】尽管纳税人采取分开核算会加大核算成本，但与节税额相比，还是非常值得的。

在增值税税率筹划中，纳税人应准确理解和掌握低税率的适用范围。例如，适用低税率11%的“农机”，是指农机整机，农机零部件不属于“农机”范围，因而生产农机零件的企业可以通过与农机整机生产企业合并、组合的形式，使产品符合低税率的标准，实现节税目标。当然，纳税人也可以通过转变经营模式，将适用高税率的应税项目转变为适用低税率的应税项目，达到节税的目的。

【例3-15】位于某市区的甲公司（增值税一般纳税人），主要从事货物运输服务，此外还将本单位闲置的车辆对外出租。20×8年11月取得不含税的租赁收入为400万元，此业务可以抵扣的进项税额为10万元。

【工作要求】请对甲公司车辆出租业务进行税收筹划。

【税法依据】参看【例3-12】的税法依据。

【筹划思路】在甲公司对外出租车辆的同时，为出租车辆配备驾驶员，燃油费用由公司承担。这样将原来的有形动产租赁服务转为交通运输服务。适用税率由13%降低为9%。

【筹划过程】

方案1：单独出租车辆，甲公司应纳增值税额。

甲公司租赁业务应纳增值税额=400×13%-10=42（万元）

方案2：将原来的有形动产租赁服务转为交通运输服务，甲公司应纳增值税额。

甲公司交通运输服务应纳增值税额=400×9%-10=26（万元）

【筹划结论】方案2比方案1少缴纳增值税额16万元（42-26=16万元）。因此甲公司应选择方案2。

【筹划点评】纳税人将原来的有形动产租赁服务转为交通运输服务，改变了适用税率，降低了增值税税负，同时甲公司承担了人员成本和燃油成本，相应会增加运输收入。

甲公司要考虑增加的驾驶员和燃油的成本，应全面衡量，做出合理的决策。

3.4.3　混合销售的税收筹划

2016年，我国全面“营改增”后，保留了混合销售和兼营行为，同时赋予了其新的内涵，但混业经营不复存在。一项销售行为如果既涉及货物又涉及服务，为混合销售。混合销售的纳税主要原则是按“经营主业”划分，分别按照“销售货物”或者“销售服务”征收增值税，即从事货物的生产、批发或者零售的单位和个体工商户的混合销售行为，按照销售货物缴纳增值税；其他单位和个体工商户的混合销售行为，按照销售服务缴纳增值税。上述从事货物的生产、批发或者零售的单位和个体工商户，包括以从事货物的生产、批发或者零售为主（纳税人每年的货物销售额与服务销售额合计数中，货物的销售额超过 50%），并兼营销售服务的单位和个体工商户。

【例 3-16】甲公司（增值税一般纳税人）下设供电器材加工和工程安装施工两个非独立核算的业务部门。供电器材加工部门主要生产和销售货物，工程安装施工部门主要负责提供输电设备的安装服务。公司销售收入为 2 800 万元（不含税），销售货物时取得安装服务收入 1 600 万元（不含税），可以抵扣的进项税额为 255 万元。

【工作要求】请对甲公司经营业务进行税收筹划。

【税法依据】根据我国增值税法和“营改增”的有关规定，一项销售行为如果既涉及货物又涉及服务，为混合销售。混合销售的纳税主要原则是按“经营主业”划分，分别按照“销售货物”或者“销售服务”征收增值税。

【筹划思路】甲公司发生的是混合销售业务，由于销售货物收入占总收入的 50%以上，应按照主业销售货物缴纳 13%的增值税。在安装工程服务业务收入无法超过总收入 50%的情况下，甲公司应当将安装工程施工部门独立出来，组建一个独立核算的自主纳税的安装工程乙公司（取得相应的安装资质）。这样乙公司的安装工程收入可以按照建筑业缴纳 9%的增值税。

【筹划过程】

方案 1：甲公司未分开核算销售和安装业务，则

甲公司应纳增值税额=（2 800+1 600）×13%-255=317（万元）

方案 2：分开核算，即成立一家具有安装资质的安装工程乙公司，负责安装工程业务；或甲公司申请具备安装资质，且甲公司内部将销售和安装业务分开核算。则

甲公司应纳增值税额=2 800×13%-255=109（万元）

乙公司应纳增值税额=1 600×9%=144（万元）

合计应纳增值税额=109+144=253（万元）

【筹划结论】方案 2 较方案 1 少缴纳增值税额 64 万元（317-253=64 万元），因此甲公司应选择方案 2。

【筹划点评】纳税人可合理运用增值税政策法规，在不能改变增值税纳税人“主业”的情况下，可以考虑分开核算以降低增值税税负。

3.5　利用增值税税收优惠政策的税收筹划

3.5.1　税收优惠筹划的基本内涵

3.5.1.1　税收优惠筹划的含义及特点

税收优惠筹划是指纳税人充分合法利用税法中现有的各种税收政策信息达到不缴税或者少纳税目的的一种经济行为。在税法允许的范围之内，当存在许多纳税方案可供选择时，纳税人有权以税收负担最低的方式处理财务、经营、交易等事项。纳税人出于税务动机选择有利于自己的经营方式，并且这种选择与法律不相矛盾，这就是税收优惠筹划法。

可以用来筹划的税收政策信息主要为税法中的特殊条款、优惠措施等规定。这些特殊条款和优惠措施客观上为纳税人的税收筹划提供了空间和机会，纳税人可以避重就轻，设计和利用自己的最佳纳税方案。

由此可见，税收优惠筹划具有合法性、政策导向性和超前策划性的特点。

3.5.1.2　税收优惠筹划的意义

①有助于抑制纳税人的逃税行为，增强纳税人的法律意识。作为纳税人，从主观上讲都希望减轻自己的税负，然而减轻税负的方法和手段是多种多样的，任何违法的方法和手段都是要付出代价的。所以纳税人应在法律允许的框架内进行筹划。

②有助于优化产业结构和资源配置。纳税人利用国家的各项税收优惠、鼓励政策，进行筹资决策、投资决策、生产经营决策和利润分配决策。这尽管在主观上是为了减轻纳税人的税收负担，使自己的利益最大化，但在客观上是在国家税收杠杆的作用下，进行产业结构的调整，优化资源的配置。这体现了国家的产业政策，是符合国家的发展方向的。

③有助于提高纳税人的经营管理水平和会计管理水平。资金、成本、利润是纳税人经营管理和会计管理的基本要素，税收优惠筹划有助于实现纳税人资金、成本、利润的最佳结合。这不仅能使企业经营管理水平不断跃上新台阶，而且也有利于提高企业的会计管理水平。

④从长远看，税收优惠筹划有助于增加国家税收总量。在目前国家减税政策有限的情况下，纳税人利用税收优惠政策进行筹划，降低了企业的税收负担，这对企业的生存发展十分有利。虽然在短期内税收筹划减少了国家的财政收入，但是由于这符合国家的宏观调控政策，是有利于实现国民经济健康、有序地发展的，所以随着产业布局的逐步合理、资源的进一步优化配置，可以促进生产进一步发展。企业发展了，税源增加了，这样上缴给国家的税款也会获得同步增长。

3.5.2 减免税税收优惠政策的利用

由于增值税是多环节征税，所用纳税人在利用增值税减免税政策时，必须考虑自身在纳税链中所处的位置。

如果纳税人购入免税产品，除以专用收购凭证收购免税农产品可以按照9%抵扣进项税以外，其余均不能抵扣进项税。这样，这个环节的销项税额实际上成了应纳税款，纳税人的税收负担反而增加了。如果本环节生产免税产品，产品销售时免征增值税，不能开具增值税专用发票，可能影响纳税人的产品销售，因为购买方无法取得增值税专用发票，减少其进项税抵扣额，同时纳税人之间购进货物的进项税也不能抵扣。因此，如果纳税人处于中间环节，建议放弃申请免税。

如果纳税人应税产品与免税产品的进项税额无法划分，则其应按比例分摊法计算。纳税人兼营减免税项目时，其应税产品、减税产品、免税产品应分别设置账簿，分别核算；否则，不得减免税款。

3.5.3 创造税收优惠条件，达到减免税要求

在增值税有关减免税规定中，有的是特定产品的减免，有的是对符合条件产品的减免。因此，纳税人为了降低税负，应积极主动地创造条件，使其符合减免税要求。

（1）利用环保优惠政策进行税收筹划。

税法规定，建材产品生产，如果其原材料中掺有不少于30%的粉煤灰、煤矸石、烧煤锅炉的炉底渣（不包括高炉低渣），则可以免缴增值税。这是国家利用税收杠杆手段鼓励企业对“三废”进行综合利用，在减轻纳税人税负的同时，有利于环保。

【例3-17】某钢铁企业拥有固定资产7亿元，员工4 000多人，主要生产钢材。该企业处于该市区郊区，在生产钢材的过程中，每天产生近40吨的废煤渣（炉底渣），随之也出现了较大的污染问题。煤渣的排放使周围的水质受到很大的影响，导致附近居民严重不满。环保部门也多次对其警告和罚款，累进罚款30多万元。该厂要想维持正常生产，树立良好的社会形象，必须下决心治污。该厂根据有关专家的建议，拟定了两个方案。方案1：把煤渣的排放交给当地村民委员会处理，但每年要支付给村民委员会20万元的处理费用；方案2：投资100万元兴建墙体材料厂，利用排放的废煤渣生产防火材料。

【工作要求】请对钢铁企业的经营业务进行税收筹划。

【税法依据】《财政部、国家税务总局关于印发〈资源综合利用产品和劳务增值税优惠目录〉的通知》（财税〔2015〕78号）规定，自2015年7月1日起，纳税人销售自产的资源综合利用产品和提供资源综合利用劳务，可以享受增值税即征即退政策。

【筹划思路】建材企业应充分利用环保税收优惠政策，对资源进行综合利用，充分利用废渣生产，并参考《资源综合利用产品和劳务增值税优惠目录》，实现企业与社会的共赢。

【筹划过程】

方案1：企业把每年排放的煤渣交给当地村民委员会处理，尽管能够解决污染问题，但是每年都必须支付20万元给当地村民委员会，这是一笔不小的开支，且每年都要支付。这是传统的"就事论事"思维，没有考虑企业的税收问题，不会产生节税的效果，相应会增加企业每年的经营成本。

方案2：投资100万元兴建墙体材料厂，利用排放的废煤渣生产防火材料，但必须使用钢铁企业生产排放的废煤渣生产，防火材料中的废煤渣的比例不能低于70%。这样既解决了污染问题，又追求了企业价值最大化，降低了企业的增值税税负。

【筹划结论】方案2较方案1更加优越，因此钢铁企业应选择方案2。

【筹划点评】企业通过创造条件满足税收优惠政策的要求，从而享受相关的税收优惠政策，这是税收筹划的一个重要思路。但是纳税人必须到国家相关部门办理相关手续。

（2）利用农产品免税优惠政策进行税收筹划。

我国增值税法的有关规定是农业生产者销售的自产农产品免缴增值税，增值税一般纳税人向农业生产者购买免税农产品或者向小规模纳税人购买的农产品，准予按照买价9%的扣除率计算进项税额，从当期销项税额中扣除。

【例3-18】某乳品厂长期以来一直实行大而全的经营模式，内部设有牧场和乳品加工两个分厂，牧场生产的原奶经乳品加工分厂制成奶制品后出售。该乳品厂每年喂养奶牛所需草料一部分是支出50万元从当地农民手中收购，其余草料来自牧场自产，每年支付水电费、修理配件合计50万元（不含税），全年销售奶制品500万元（不含税）。公司经过几年运行后发现增值税税额较高。

【工作要求】请对乳品厂的经营业务进行税收筹划。

【税法依据】根据我国增值税法的有关规定，农业生产者销售的自产农产品免缴增值税，增值税一般纳税人向农业生产者购买免税农产品或者向小规模纳税人购买的农产品，准予按照买价9%的扣除率计算进项税额，从当期销项税额中扣除。

【筹划思路】乳品厂重新构建业务流程，即将整个生产流程分为牧场和乳品加工厂两个独立核算的纳税人。分开后，牧场专门饲养奶牛生产原奶，然后销售给乳品加工厂；乳品加工厂购进原奶，生产奶制品对外销售。

【筹划过程】

实施筹划前，乳品厂全年应纳增值税额为

应纳增值税额＝500×13%－50×9%－50×13%＝54（万元）

实施筹划后，牧场免征增值税，假设牧场每年销售给乳品厂的原奶价值350万

元，每年支付水电费30万元（不含税），其他资料不变，则

乳品厂应纳增值税额=500×13%-350×9%-30×13%=29.6（万元）

【筹划结论】实施税收筹划后节税（增值税）24.4万元（54-29.6=24.4万元）。因此乳品厂应当分散业务，成立牧场和乳品厂两个独立纳税人。

【筹划点评】由于原奶价格远远高于草料收购价格，这样加大了增值税进项税额的抵扣。需要注意的是，由于牧场与乳品加工厂存在关联关系，牧场卖给乳品加工厂的原奶的价格必须按照独立企业之间交易的正常价，否则税务机关将依法调整乳品加工厂的进项税额。

（3）利用农民专业合作社税收优惠政策进行税收筹划。

《财政部、国家税务总局关于农民专业合作社有关税收政策的通知》（财税〔2008〕81号）明确规定依照《中华人民共和国农民专业合作社法》规定设立和登记的农民专业合作社，自2008年7月1日起享受如下有关税收优惠政策：一是对农民专业合作社销售本社成员生产的农产品，视同农业生产者销售自产农业产品，免征增值税；二是增值税一般纳税人从农民专业合作社购进免税农产品，可按13%（现为10%）的扣除率计算抵扣增值税进项税额；三是对农民专业合作社向本社成员销售的农膜、种子、种苗、化肥、农药、农机，免征增值税；四是对农民专业合作社与本社成员签订的农业产品和农业生产资料购销合同，免征印花税。为此，纳税人可以利用该税收优惠政策进行税收筹划。

当纳税人从农民手中购买并销售农产品时，可以吸收当地农民成立农民专业合作社，采用“社员+社员”或“公司+农户”的经营模式，具备农民专业合作社的规模经营条件。这样，销售本社成员的自产农产品，免征增值税，从而增加了社员的分红比例，带动社员共同致富。

目前，农民专业合作社的组建形式主要包括四种：①农民中的能人在某一个产业带领农民创办合作社；②乡村干部利用手中的资源领办合作社；③乡镇基层机关创办合作社；④农产品深加工企业通过发展产业链领办合作社。

（4）利用残疾人税收优惠政策进行税收筹划。

为了发挥税收政策促进残疾人就业的作用，进一步保障残疾人权益，经国务院批准，决定对促进残疾人就业的增值税政策进行调整完善。财政部和国家税务总局联合颁发了《关于促进残疾人就业增值税优惠政策的通知》（财税〔2016〕52号），对有关资产进行了进一步完善，明确自2016年5月1日起执行如下政策：对安置残疾人的单位和个体工商（以下称纳税人），实行由税务机关按纳税人安置残疾人的人数，限额即征即退增值税的办法；安置的每位残疾人每月可退还增值税具体限额，由县级以上的税务机关根据纳税人所在区县（含县级市、旗，下同）适用的经省（含自治区、直辖市、计划单列市，下同）人民政府批准的月最低工资标准的4倍确定。

因此，纳税人在利用这项税收优惠政策时，可以结合自身的情况，吸收一些残

疾人员到本公司工作，这样既解决了残疾人的工作问题，获得了社会效应，又降低了增值税税负。

但是，安置残疾人就业的纳税人享受该项税收优惠政策时，必须满足安置残疾人及待遇的条件和纳税人涉税管理的条件。

安置残疾人及待遇的条件包括：①纳税人（除盲人按摩机构）月安置的残疾人占职工人数的比例不低于25%（含25%），并且安置的残疾人人数不少于10人（含10人）；盲人按摩机构月安置的残疾人占在职职工人数的比例不低于25%（含25%），并且安置的残疾人人数不少于5人（含5人）。②依法与安置的每位残疾人签订了一年以上（含一年）的劳动合同或服务协议。③为安置的每位残疾人按月足额缴纳了基本养老保险、基本医疗保险、失业保险、工伤保险和生育保险等社会保险。④通过银行等金融机构向安置的每位残疾人按月支付了不低于纳税人所在区县适用的、经省人民政府批准的月最低工资标准的工资。

纳税人涉税管理条件包括：①纳税人应当分别核算享受税收优惠政策和不得享受税收优惠政策的业务的销售额，不能分别核算的，不得享受税收优惠政策。②对待特殊教育学校创办的企业，只要符合安置残疾人及其待遇条件，即可享受限额即征即退的增值税优惠政策。③纳税人中的纳税信用等级为税务机关评定的C级或者D级的，不得享受限额即征即退增值税的优惠政策。④纳税人按照纳税期限向主管税务机关申请退还增值税。

本章小结：

增值税是对在我国境内销售货物、提供加工、修理修配劳务（称为“应税劳务”）、销售服务、无形资产或者不动产以及进口货物的企业单位和个人，就其货物销售或提供劳务、应税服务的增值额和货物进口金额为计税依据而课征的一种税。

根据增值税的特点，其税收筹划主要包括：利用增值税一般纳税人和小规模纳税人税负平衡点的定量分析方法有利于帮助纳税人选择合适的纳税主体，合理利用销售方式、结算方式、经济合同、市场定价自主权、计税方法对增值税销项税进行税收筹划，合理利用进项税抵扣时间、购货方选择、农产品免税政策、计税方法对增值税进项税进行税收筹划；合理利用兼营、混合销售对增值税税率的影响进行税收筹划；合理利用国家关于增值税税收优惠的政策进行税收筹划，也有利于降低纳税人的税负。

关键术语：

增值税	增值税一般纳税人	增值税小规模纳税人	以旧换新销售
折扣销售	还本销售	以物易物方式销售	直接收款

委托收款　托收承付　分期收款　预收款销售

委托代销　甲供材　甲供工程　兼营

混合销售

思考题

1. 简述选择增值税身份应考虑的因素。
2. 如何进行增值税一般纳税人和小规模纳税人税负平衡点的定量分析。
3. 简述增值税销项税额的筹划思路与方法。
4. 简述增值税进项税额的筹划思路与方法。
5. 简述兼营的税务处理。
6. 简述混合销售的税务处理。
7. 简述税收优惠筹划的含义及特点。
8. 简述利用税收优惠政策进行税收筹划的意义。

第 4 章
消费税的税收筹划

培养能力目标

（1）掌握消费税计税依据的税收筹划；

（2）掌握消费税税率的税收筹划；

（3）理解消费税纳税时机或方式的税收筹划。

案例导入

先包装后销售还是先销售后包装

某化妆品生产企业为增值税一般纳税人，生产销售高档化妆品和普通化妆品。为迎接“三八节”，企业给女员工（100 人）每人发放一个 A 礼品套盒，内有本企业生产的高档化妆品和普通护肤品，其中高档化妆品同类出厂不含税价 200 元，普通护肤品同类出厂不含税价 120 元。

工作要求　请对上述业务进行税收筹划，公司应选择何种促销方式。

案例解析　见本章的 4.1。

4.1　消费税计税依据的税收筹划

消费税是指对消费品和特定的消费行为按流转额征收的一种商品税。消费税主要以消费品为课税对象，属于间接税，税收随价格转嫁给消费者负担，消费者是税款的实际负担者。消费税的征收具有较强的选择性，是国家贯彻消费政策、引导消费结构从而引导产业结构的重要手段。

我国现行消费税在征收范围上根据产业政策与消费政策仅选择部分消费品征税，而不是对所有消费品都征收消费税，主要在生产销售、委托加工环节和进口环节上征收。消费税的平均税率水平比较高，并且不同征税项目的税负差异较大；诸如香烟等对需要限制或控制消费的消费品，通常税负较重。计税方法有从量定额的计税方法、从价定率的计税方法和复合计税方法。

4.1.1 消费税计税依据

按照现行消费税法规定，消费税应纳税额的计算分为从价计征、从量计征和从价从量复合计征三种方法。

在从价计征方法中，销售额为纳税人销售应税消费品向购买方收取的全部价款和价外费用。销售，是指有偿转让应税消费品的所有权。有偿，是指从购买方取得货币、货物或者其他经济利益。价外费用，是指价外向购买方收取的手续费、补贴、基金、集资费、返还利润、奖励费、违约金、滞纳金、延期付款利息、赔偿金、代收款项、代垫款项、包装费、包装物租金、储备费、优质费、运输装卸费及其他各种性质的价外收费。

在从量计征方法中，销售数量是指纳税人生产、加工和进口应税消费品的数量，具体规定为：

①销售应税消费品的，为应税消费品的销售数量；

②自产自用应税消费品的，为应税消费品的移送使用数量；

③委托加工应税消费品的，为纳税人收回的应税消费品数量；

④进口的应税消费品，为海关核定的应税消费品进口征税数量。

从价从量复合计征方法中，应纳税额等于应税销售数量乘以定额税率再加上应税销售额乘以比例税率。现行消费税的征税范围中，只有卷烟、白酒采用复合计征方法，应纳税额等于应税销售数量乘以定额税率再加上应税销售额乘以比例税率。

生产销售卷烟、白酒从量定额计税依据为实际销售数量。进口、委托加工、自产自用卷烟、白酒从量定额计税依据分别为海关核定的进口征税数量、委托方收回数量、移送使用数量。

4.1.2 应税消费品和非应税消费品套装销售的税收筹划

《关于调整和完善消费税政策的通知》（财税〔2006〕33 号）规定：纳税人将自产的应税消费品与外购或自产的非应税消费品组成套装销售的，以套装产品的销售额（不含增值税）为计税依据。金银首饰与其他产品组成消费品套装销售的，应按销售额全额征收消费税。

纳税人应税消费品和非应税消费品以套装销售的，可以通过先销售后包装的方式进行税收筹划，以降低税基，减轻税负。

【例 4-1】导入案例解析

【税法依据】根据现行消费税法的规定，高档化妆品征收范围包括高档美容、修饰类化妆品、高档护肤类化妆品和成套化妆品，不再包括普通美容、修饰类化妆品。高档美容、修饰类化妆品和高档护肤类化妆品是指生产（进口）环节销售（完税）价格（不含增值税）在 10 元/毫升（克）或 15 元/片（张）及以上的美容、修饰类化妆品和护肤类化妆品。高档化妆品消费税率为 15%。纳税人将自产的应税消费品与外购或自产的非应税消费品组成套装销售的，以套装产品的销售额（不含增值税）为计税依据。

【筹划思路】纳税人生产销售消费品套装的，可采用先销售后包装的办法，降低税基，节省消费税。

【筹划过程】

方案 1：企业将该化妆品成套发放给女员工，则

企业应纳消费税额（每套）= 320×15% = 48（元）

方案 2：企业将高档化妆品与普通化妆品分别发给女员工，会计上分别核算销售收入，则

企业应纳消费税（每套）= 200×15% = 30（元）

【筹划结论】方案 2 较方案 1 节约消费税为 18 元（48−30 = 18 元），100 套共节税 1 800 元。

【筹划点评】如果企业将不同消费品的价格进行内部调整，适当降低应税消费品价格，提高非应税消费品价格，消费品套装总价不变，先销售后包装，还可进一步减少消费税。

4.1.3　包装物的税收筹划

消费税关于包装物的规定是，实行从价定率的办法计算应纳税额的应税消费品连同包装物销售的，无论包装物是否单独计价，也不论在会计上如何核算，均应并入应税消费品的销售额中征收消费税。如果包装物不作价随同产品销售，而是收取押金，此项押金则不应并入应税消费品的销售额中征税。但对因逾期未收回的包装物不再退还的或者已收取的时间超过 12 个月的押金，应并入应税消费品的销售额，按照应税消费品的适用税率缴纳消费税。

对既作价随同应税消费品销售，又另外收取押金的包装物的押金，凡纳税人在规定的期限内没有退还的，均应并入应税消费品的销售额，按照应税消费品的适用税率缴纳消费税。

金银首饰连同包装物销售的，无论包装是否单独计价，也无论会计上如何核算，均应并入金银首饰的销售额，计征消费税。

【例 4-2】甲日化公司属增值税一般纳税人，本月销售一批高档化妆品，开具的增值税专用发票上显示价款为 120 000 元；随同高档化妆品出售一批包装物，单独作价，开具一张普通发票，发票显示金额为 10 000 元，款项均已收到，产品已发出。

【工作要求】为甲公司做消费税筹划。

【税法依据】根据现行税法的规定，应税消费品连同包装销售的，无论包装物是否单独计价，也不论在财务上如何核算，均应并入应税消费品的销售额中缴纳消费税。包装物不作价随同产品销售，而是收取押金，此项押金则不应并入应税消费

品的销售额中征税。但对因逾期未收回的包装物不再退还的或者已收取的时间超过12个月的押金，应并入应税消费品的销售额，按照应税消费品的适用税率缴纳消费税。

【筹划思路】企业应采取收取押金的形式，而且此项押金必须在规定的时间内收回，则可以不并入销售额计算消费税。与随同产品销售比较，该方法降低了税基，从而降低了消费税的税负。

【筹划过程】

方案1：包装物随高档化妆品一同销售且单独计价，则

甲公司应纳消费税=[120 000+10 000÷(1+13%)]×15%=19 327.43（元）

方案2：包装物不随同化妆品销售，而是收取押金10 000元，1年内退还押金，则

甲公司应纳消费税额=120 000×15%=18 000（元）

【筹划结论】方案2较方案1节约消费税1 327.43元（19 327.43−18 000=1 327.43元）。甲公司应选择方案2。

【筹划点评】对于包装物甲公司应尽量采用收取押金的方式，以降低税基，从而减轻税负，即使收取的押金超过1年以上，无论是否退还都应并入销售额计税。这使得包装物的消费税缴纳时限延缓了1年，增加了企业的营运资金，获取了资金的时间价值。

4.1.4 自产自用应税消费品的纳税筹划

自产自用，就是纳税人生产应税消费品后，不是用于直接对外销售，而是用于自己连续生产应税消费品或用于其他方面。这种自产自用应税消费品的形式，在实际经济活动中是很常见的。例如，有的企业把自己生产的应税消费品以福利或奖励等形式发给本企业职工。

用于连续生产应税消费品，指纳税人自产自用的应税消费品，用于连续生产应税消费品。这种情况不纳税。所谓"纳税人自产自用的应税消费品，用于连续生产应税消费品的"，是指自产自用的应税消费品作为生产最终应税消费品的直接材料并构成最终产品实体的应税消费品。

纳税人自产自用的应税消费品，凡用于其他方面，于移送使用时纳税。用于其他方面是指纳税人用于非应税消费品的生产、在建工程、管理部门、非生产机构、劳务提供以及用于馈赠、赞助、集资、广告、样品、职工福利、奖励等方面。所谓"用于生产非应税消费品"，是指把自产的应税消费品用于生产《中华人民共和国消费税暂行条例》消费税税目、税率（额）表（见表4.2）所列15类产品以外的产品。

纳税人自产自用的应税消费品，凡用于其他方面，按照纳税人生产的同类消费品的销售价格计算纳税。同类消费品的销售价格是指纳税人当月销售的同类消费品

的销售价格，如果当月同类消费品各期销售价格不同，应按销售数量加权平均计算。但销售的应税消费品有下列情况之一的，不得列入加权平均计算。

①销售价格明显偏低又无正当理由的。

②无销售价格的。

如果当月无销售或者当月未完结，我们应按照同类消费品上月或者最近月份的销售价格计算纳税。没有同类消费品销售价格的，我们按照组成计税价格计算纳税。组成计税价格的计算公式如下。

A. 实行从价定率办法计算纳税的组成计税价格计算公式。

组成计税价格=(成本+利润)÷(1-比例税率)

应纳税额=组成计税价格×比例税率

B. 实行复合计税办法计算纳税的组成计税价格计算公式。

组成计税价格=(成本+利润+自产自用数量×定额税率)÷(1-比例税率)

应纳税额=组成计税价格×比例税率+自产自用数量×定额税率

上式中的“成本”是指应税消费品的产品生产成本，利润是指根据应税消费品的全国平均成本利润率计算的利润。应税消费品全国平均成本利润率（见表 4-1）按照国家税务总局颁发的《消费税若干具体问题的规定》确定。

表 4-1　　应税消费品全国平均成本利润率

货物名称	利润率	货物名称	利润率
1. 甲类卷烟	10%	10. 贵重首饰及珠宝玉石	6%
2. 乙类卷烟	5%	11. 摩托车	6%
3. 雪茄烟	5%	12. 高尔夫球及球具	10%
4. 烟丝	5%	13. 高档手表	20%
5. 粮食白酒	10%	14. 游艇	10%
6. 薯类白酒	5%	15. 木制一次性筷子	5%
7. 其他酒	5%	16. 实木地板	5%
8. 化妆品	5%	17. 乘用车	8%
9. 鞭炮、焰火	5%	18. 中轻型商用客车	5%

由于应税消费品的产品生产成本具有可调节性，纳税人可以进行税收筹划。

【例 4-3】某生产企业生产甲型和乙型两种应税消费品，当月生产甲型消费品的成本为 36 万元，对外销售不含增值税价格为 80 万元。当月生产乙型消费品的成本为 14 万元，发给企业职工。两种消费品的消费税税率均为 3%，全国平均成本利润率为 5%。

【工作要求】为该企业甲型和乙型应税消费品进行消费税税收筹划。

【税法依据】《中华人民共和国消费税暂行条例》规定：销售额为纳税人销售应税消费品向购买方收取的全部价款和价外费用。纳税人自产自用的应税消费品，凡用于其他方面的，按照纳税人生产的同类消费品的销售价格计算纳税；没有同类消费品销售价格的，按照组成计税价格计算纳税。

组成计税价格计算公式为

$$组成计税价格=(成本+利润)\div(1-消费税税率)$$

【筹划思路】在成本分配时，我们应尽量减少乙型消费品的成本，增加甲型消费品的成本。比如，我们将乙型消费品的成本转移 4 万元到甲型消费品，则甲型消费品的成本为 40 万元，乙型消费品的成本为 10 万元。

【筹划过程】

方案 1：按原模式进行销售，则

对外销售应纳消费税=800 000×10%=80 000（元）

自产自用应纳消费税=140 000×(1+5%)÷(1-10%)×10%=16 333.33（元）

方案 2：我们应尽量减少乙型消费品的成本，增加甲型消费品的成本。例如，我们将乙型消费品的成本转移 4 万元到甲型消费品，那么甲型消费品的成本为 40 万元，乙型消费品的成本为 10 万元，则

对外销售应纳消费税=800 000×10%=80 000（元）

自产自用应纳消费税=100 000×(1+5%)÷(1-10%)×10%=11 666.67（元）

【筹划结论】方案 2 较方案 1 节省消费税 4 666.66 元（16 333.33-11 666.67=4 666.66 元）。

【筹划点评】由于成本是计算组成计税价格的重要因素，成本的高低直接影响组成计税价格的高低，进而影响税额的高低。而产品成本又是通过企业自身的会计核算计算出来的。按照会计准则的核算要求，很多间接费用如制造费用要通过一定的分配方式在成品、半成品及产成品的各步骤中间进行分配，最后计算出产成品、半成品的成本。可见，我们只要将自用产品应负担的间接费用少留一部分，而将更多的费用分配给其他产品，就会降低用来计算组成计税价格的成本，使计算出来的组成计税价格降低，从而降低税基，使自用产品应负担的消费税相应地减少。

4.2 消费税税率的税收筹划

4.2.1 消费税税目、税率（额）

消费税采用比例税率和定额税率两种形式，以适应不同应税消费品的实际情况。消费税根据不同的税目或子目确定相应的税率或单位税额。根据现行的税收法规，经整理汇总的消费税税率税目、税率如表 4.2 所示。

表4.2 消费税税目、税率（额）表

税目	税率（额）
一、烟	
1. 卷烟	
甲类（生产或进口）	56%加0.003元/支
乙类（生产或进口）	36%加0.003元/支
批发环节	11%加0.005元/支
2. 雪茄烟	36%
3. 烟丝	30%
二、酒	
1. 白酒	20%加0.5元/500克
2. 黄酒	240元/吨
3. 啤酒	
甲类	250元/吨
乙类	220元/吨
4. 其他酒	10%
三、高档化妆品	15%
四、贵重首饰及珠宝玉石	
1. 金银铂金钻石	5%
2. 其他	10%
五、鞭炮、焰火	15%
六、成品油	
1. 汽油	1.52元/升
2. 柴油	1.2元/升
3. 航空煤油	1.2元/升
4. 石脑油	1.52元/升
5. 溶剂油	1.52元/升
6. 润滑油	1.52元/升
7. 燃料油	1.2元/升
七、小汽车	
1. 乘用车	
（1）气缸容量≤1.0升	1%
（2）1.0升<气缸容量≤1.5升	3%
（3）1.5升<气缸容量≤2.0升	5%
（4）2.0升<气缸容量≤2.5升	9%
（5）2.5升<气缸容量≤3.0升	12%
（6）气缸容量≤4.0升	25%
（7）气缸容量>4.0升	40%
2. 中轻型商用客车	5%
3. 超豪华小汽车	10%

表4.2(续)

税目	税率（额）
八、摩托车 1. 气缸容量为250毫升 2. 气缸容量为250毫升以上	 3% 10%
九、高尔夫球及球具	10%
十、高档手表	20%
十一、游艇	10%
十二、木制一次性筷子	5%
十三、实木地板	5%
十四、电池	4%
十五、涂料	4%

4.2.2 兼营不同税率（额）的应税消费品

《中华人民共和国增值税暂行条例》规定：纳税人生产销售应税消费品，如果不是单一经营某一税率的产品，而是经营多种不同税率的产品，这就是兼营行为。由于《中华人民共和国消费税暂行条例》的税目税率表列举的各种应税消费品的税率高低不同，因此，纳税人在兼营不同税率应税消费品时，税法就要针对其不同的核算方式分别规定税务处理办法，以加强税收管理，避免因核算方式不同而出现税款流失的现象。

纳税人兼营不同税率的应税消费品，应当分别核算不同税率应税消费品的销售额、销售数量；未分别核算销售额、销售数量，或者将不同税率的应税消费品组成成套消费品销售的，从高适用税率。

纳税人兼营不同税率的应税消费品，是指纳税人生产、销售两种税率以上的应税消费品。所谓“从高适用税率”，就是对兼营高低不同税率的应税消费品，当不能分别核算销售额、销售数量，或者将不同税率的应税消费品组成成套消费品销售的，就以应税消费品中适用的高税率与混合在一起的销售额、销售数量相乘，得出应纳消费税额。

【例4-4】某企业生产粮食白酒与药酒，为拓展销路，该企业还将粮食白酒与药酒包装成精美礼盒出售（白酒、药酒各一瓶）。20×7年10月份，该企业的对外销售情况如下表4.3所示。

表4.3　企业的对外销售情况

销售种类	销售数量（瓶或盒）	销售单价（元）	适用消费税税率（%）
粮食白酒	15 000	30	20
药酒	10 000	60	10
礼盒	1 000	85	20

【工作要求】请对该企业发生的业务进行税收筹划。

【税法依据】粮食白酒适用复合税率。粮食白酒、药酒适用不同的比例税率，属于兼营不同税率的销售行为，分别核算的，按各自税率计税；未分别核算的，从高税率征税。

【筹划思路】纳税人兼营不同税率的应税消费品，应当分别核算不同税率应税消费品的销售额、销售数量。

【筹划过程】

方案 1：公司这三类酒不进行单独核算，由于从量计征消费税不变，本题不考虑从量计征消费税，则

从价计征的消费税税额=(30×15 000+60×10 000+85×1 000)×20%=227 000（元）

方案 2：公司将这三类酒单独核算，由于从量计征消费税不变，本题不考虑从量计征消费税，则从价计征的消费税税额分别为

销售粮食白酒应纳消费税=30×15 000×20%=90 000（元）

销售药酒应纳消费税=60×10 000×10%=60 000（元）

销售礼品套装酒应纳消费税=85×1 000×20%=17 000（元）

合计应纳消费税额=90 000+60 000+17 000=167 000（元）

【筹划结论】方案 2 较方案 1 节约消费税 60 000 元（227 000－167 000=60 000 元），故公司应选择方案 2。

【筹划点评】企业兼营不同税率（额）的应税消费品，应该分别核算各种消费品的销售额和销售数量，以减轻消费税的税收负担。

4.2.3　消费税累进税率的纳税禁区筹划

消费税 15 个税目分别适用比例税率、定额税率和复合税率。消费税比例税率差距较大。兼营不同税率的应税消费品，应分别核算。对卷烟实行的两档比例税率，事实上构成了两级全额累进税率；对啤酒实行的两档定额税率，事实上构成了两级全额累进税率；乘用车的七档比例税率，事实上构成了七级全额累进税率。对此，纳税人可运用纳税禁区模型进行税收筹划。

【例 4-5】某啤酒厂为一般纳税人，当月生产销售啤酒 2 000 吨，每吨出厂价格为 3 010 元（不含增值税），适用消费税定额税率 250 元/吨。当地附加税费率为 10%。

【工作要求】为该啤酒厂的业务进行税收筹划。

【税法依据】啤酒每吨出厂价（含包装物及包装物押金）为 3 000 元（含 3 000 元，不含增值税）以上的是甲类啤酒，税额为 250/吨；每吨出厂价（含包装物及包装物押金）为 3 000 元（不含 3 000 元，不含增值税）以下的是乙类啤酒，税额为 220/吨。

【筹划思路】该厂每吨啤酒的出厂价格仅超过临界点 10 元，适用较高的税率。如果将啤酒的出厂价格降为每吨 3 000 元（不含 3 000 元）以下，则适用较低的税

率。所以啤酒厂将每吨啤酒的出厂价格降为 2 999 元。

【筹划过程】

方案 1：啤酒厂当月生产销售啤酒 2 000 吨，每吨出厂价为 3 010 元（不含增值税），则

啤酒厂当月应纳消费税及附加 = 2 000×250×（1+10%）= 550 000（元）

方案 2：啤酒厂当月生产销售啤酒 2 000 吨，每吨出厂价降为 2 999 元（不含增值税），则

啤酒厂当月应纳消费税及附加 = 2 000×220×（1+10%）= 484 000（元）

【筹划结论】方案 2 较方案 1 节约消费税 66 000 元（550 000−484 000=66 000 元），故啤酒厂应选择方案 2。

【筹划点评】如果考虑增值税附加，经济利益将增加得更多。

4.3 消费税纳税时机或方式的税收筹划

4.3.1 纳税环节的税收筹划

4.3.1.1 消费税的纳税环节

消费税的征税范围包括生产、委托加工、进口、零售、移送使用应税消费品及卷烟批发，分别在相应的环节征税。

（1）对生产应税消费品在生产销售环节征税。

生产应税消费品销售是消费税征收的主要环节，因为一般情况下，消费税具有单一环节征税的特点，对于大多数消费税应税商品而言，在生产销售环节征税以后，流通环节不用再缴纳消费税。纳税人生产应税消费品，除了直接对外销售应征收消费税外，如将生产的应税消费品换取生产资料、消费资料、投资入股、偿还债务，以及用于继续生产应税消费品以外的其他方面都应缴纳消费税。

另外，我们将工业企业以外的单位和个人的行为视为应税消费品的生产行为，按规定征收消费税，有如下列行为：①将外购的消费税非应税产品作为消费税应税产品对外销售的；②将外购的低税率应税产品以高税率应税产品对外销售的。

（2）对委托加工应税消费品在委托加工环节征税。

委托加工应税消费品是指委托方提供原料和主要材料，受托方只收取加工费和代垫部分辅助材料加工的应税消费品。由受托方提供原材料或其他情形的一律不能视同加工应税消费品。委托加工的应税消费品收回后，再继续用于生产应税消费品销售且符合现行政策规定的，其加工环节缴纳的消费税款可以扣除。

（3）对进口应税消费品在进口环节征税。

单位和个人进口属于消费税征税范围的货物，在进口环节要缴纳消费税。为了减少征税成本，进口环节缴纳的消费税由海关代征。

（4）对零售应税消费品在零售环节征税。

经国务院批准，自 1995 年 1 月 1 日起，金银首饰消费税在生产销售环节征收改为在零售环节征收。改在零售环节征收消费税的金银首饰仅限于金基、银基合金首饰及金、银和金基、银基合金的镶嵌首饰，零售环节适用税率为 5%，在纳税人销售金银首饰、钻石及钻石饰品时征收。

（5）对移送使用应税消费品在移送使用环节征税。

如果企业在生产经营的过程中将应税消费品移送用于加工非应税消费品，我们应对移送部分的应税消费品征收消费税。

（6）对批发卷烟在卷烟的批发环节征税。

与其他消费税应税商品不同的是，卷烟除了在生产销售环节征收消费税外，还在批发环节征收一次。纳税人兼营卷烟批发和零售业务的，应当分别核算批发和零售环节的销售额、销售数量；未分别核算批发和零售环节销售额、销售数量的，按照全部销售额、销售数量计征批发环节消费税。纳税人销售给纳税人以外的单位和个人的卷烟于销售时纳税。纳税人之间销售的卷烟不缴纳消费税。卷烟批发企业的机构所在地、总机构与分支机构不在同一地区的，由总机构申报纳税。卷烟消费税在生产和批发两个环节征收后，批发企业在计算纳税时不得扣除已含的生产环节的消费税税款。

4. 3. 1. 2　分立内部销售组织，制定内部转移价格

生产应税消费品销售是消费税征收的主要环节，大部分情况下，消费税是单一环节征税，对大多数消费税应税商品而言，在生产销售环节征税以后，流通环节不用再缴纳消费税。

纳税人生产应税消费品，除了直接对外销售应征收消费税外，如将生产的应税消费品换取生产资料、消费资料，投资入股，偿还债务，以及用于继续生产应税消费品以外的其他方面都应缴纳消费税。

因此，应税消费品生产企业可以将销售部门设为独立的销售公司，以合理、较低的销售价格销售给销售公司，从而减少应纳消费税税额。而独立核算的销售部门，由于处在销售环节，只缴纳增值税，不缴纳消费税，筹划的结果是集团的整体消费税税负下降，增值税税负保持不变。

应当注意的是，由于独立核算的销售部门与生产企业之间存在关联关系，根据《中华人民共和国税收征收管理法》，中国企业或者外国企业在中国境内设立的从事生产、经营的机构、场所与其关联企业之间的业务往来，应当按照独立企业之间的业务往来收取或者支付价款、费用。不按照独立企业之间的业务往来收取或者支付价款、费用，而减少其应纳税的收入或者所得额的，税务机关有权进行合理调整。因此，企业销售给下属专设销售机构的价格应当参照社会的平均销售价格而定。

【例 4-6】某手表公司（增值税一般纳税人）当月生产并销售某型号手表 100 只，每只销售价格为 11 000 元（不含增值税）。当地附加税费率为 10%。

【工作要求】请对该公司的销售业务进行税收筹划。

【税法依据】《关于调整和完善消费税政策的通知》（财税〔2006〕33号）规定：高档手表是指销售价格（不含增值税）每只在10 000元（含10 000元）以上的各类手表。高档手表的消费税率为20%，纳税人为在中华人民共和国境内生产、委托加工、进口高档手表的单位和个人。

【筹划思路】手表厂将销售部门独立，设立全资销售子公司（增值税一般纳税人），手表厂将每只手表以9 990元的出厂价（不含增值税）卖给销售公司，销售公司再以每只11 000元的价格（不含增值税）对外销售。

根据统一调度模型，不考虑设立公司增加的成本，集团内部定价的高低不影响整个集团的税前利益，筹划前后整个集团税前利益不变。

由于增值税是全环节纳税，并且前面环节缴纳的增值税可以在后面环节抵扣，筹划前后整个集团的增值税及附加不变。

【筹划过程】

方案1：该公司以每只手表11 000元（不含增值税）的价格对外销售，则

该公司应纳消费税及其附加 = 11 000×100×20%×（1+10%）= 242 000（元）

方案2：手表厂将销售部门独立，设立全资销售子公司（增值税一般纳税人），手表厂将每只手表以9 990元的出厂价（不含增值税）卖给销售公司，销售公司再以每只11 000元的价格（不含增值税）对外销售。

由于手表厂每只手表的销售价格未达到10 000元，不属于高档手表，不在消费税征税范围内，无须缴纳消费税。

【筹划结论】方案2较方案1节约消费税242 000元。不考虑企业所得税，整个集团当月税后利益增加242 000元。

【筹划点评】单一环节税收如果存在起征点，当商品销售价格在起征点以下，不纳税；当商品销售价格达到起征点，应纳税。处于纳税环节的公司可运用征税范围筹划技术，将公司的销售部门独立，设立销售子公司，将内部价格控制在起征点以下，母公司无须纳税，而子公司不处于纳税环节，也无须纳税，从而实现整个集团纳税最小化。该案例中，手表消费税在单一环节征收，在生产出厂环节纳税，在批发零售环节不再纳税，而且手表消费税存在起征点，运用统一调度模型可达到显著的筹划效果。

4.3.1.3 通过企业合并，递延纳税环节

由于消费税是针对特定的纳税人，因此我们可以通过企业的合并递延纳税时间。

①合并会使原来企业间的购销环节转变为企业内部的原材料转让环节，从而递延部分消费税税款。如果两个合并企业之间存在原材料供应的关系，则在合并前，这笔原材料的转让关系为购销关系，应该按照正常的购销价格缴纳消费税税款。而在合并后，企业之间的原材料供应关系转变为企业内部的原材料转让关系，因此这

一环节不用缴纳消费税，而是递延至销售环节再征收。

②如果后一环节的消费税税率较前一环节的低，则可直接减轻企业的消费税税负。因为前一环节应该征收的税款延迟到后面环节再征收，如果后面环节税率较低，则合并前企业间的销售额，因在合并后适用了较低的税率而减轻了税负。

【案例4-7】某地区有两家大型酒厂A和B，它们都是独立核算的法人企业。企业A主要经营粮食类白酒，以当地生产的大米和玉米为原料进行酿造，按照消费税税法规定，应该适用20%的税率加征0.5元/500克的定额税。企业B以企业A生产的粮食酒为原料，生产系列药酒，按照税法规定，适用10%的税率。企业A每年要向企业B提供5 000万千克的粮食酒，价值2亿元。经营过程中，企业B由于缺乏资金和人才，无法经营下去，准备破产。此时企业B欠企业A共计5 000万元货款。经评估，企业B的资产恰好也为5 000万元。企业A的领导人经过研究，决定对企业B进行收购。

【工作要求】请为上述A、B公司进行税收筹划。

【税法依据】合并前，企业B的资产和负债均为5 000万元，净资产为0，因此，按照现行税法规定，该购并行为属于以承担被兼并企业全部债务的方式实现吸收合并，不视为被兼并企业按公允价值转让、处置全部资产，不计算资产转让所得，不用缴纳所得税。

【筹划思路】合并可以递延消费税部分税款。合并前，企业A向企业B提供的粮食酒每年应该缴纳的税款为：消费税=20 000×20%+5 000×2×0.5=9 000（万元），增值税=20 000×17%=3 400（万元）。而这笔税款的一部分合并后可以递延到药酒销售环节缴纳（消费税从价计征部分和增值税），获得递延纳税的好处；另一部分税款（从量计征的消费税税款）则免于缴纳了。由于粮食酒的消费税率为20%，而药酒的消费税税率为10%，因此，如果企业合并，税负将会大大减轻。

【筹划过程】

假定药酒的销售额为2.5亿元，销售数量为5 000万千克。

方案1：A、B公司未进行吸收式合并，则

A厂应纳消费税=20 000×20%+5 000×2×0.5=9 000（万元）

B厂应纳消费税=25 000×20%+5 000×2×0.5=10 000（万元）

合计应纳税款=9 000+10 000=19 000（万元）

方案2：A公司对B公司采用吸收式合并，则

合并后应纳消费税税款=25 000×20%+5 000×2×0.5=10 000（万元）

【筹划结论】方案2较方案1节约消费税9 000万元（19 000-10 000=9 000万元），故A公司应选择方案2。

【筹划点评】我们通过企业合并，递延纳税环节，应当从总体上考虑企业合并的税收和非税收的收益，而不是仅仅考虑税负的高低。

4.3.2 以应税消费品换取生产资料和消费资料、投资入股和抵偿债务的筹划

《消费税若干具体问题的规定》：纳税人用于换取生产资料和消费资料、投资入股和抵偿债务等方面的应税消费品，应当以纳税人同类应税消费品的最高销售价格作为计税依据计算消费税。因此，如果纳税人存在以应税消费品换取生产资料和消费资料、投资入股和抵偿债务等方面的业务，则其可以先销售，再做买入、入股或者抵债处理，以降低消费税税负。

【案例 4-8】某摩托车生产企业当月对外销售同型号的摩托车时共有 3 种价格，以 4 000 元的单价销售 50 辆，以 4 500 元的单价销售 10 辆，以 4 800 元的单价销售 5 辆。该厂当月以 20 辆同型号的摩托车与甲企业换取原材料，双方按当月的加权平均销售价格确定摩托车的价格。该摩托车气缸容量在 250 毫升以上。

【工作要求】为该企业以摩托车换取甲企业原材料的业务进行税收筹划。

【税法依据】税法规定，摩托车有两档比例税率，气缸容量为 250 毫升的，税率为 3%；气缸容量为 250 毫升以上的，税率为 10%。气缸容量为 250 毫升（不含）以下的小排量摩托车不征收消费税。纳税人用于换取生产资料和消费资料，应当以纳税人同类应税消费品的最高销售价格作为计税依据计算消费税。

【筹划思路】该企业可以先销售摩托车，再购入甲企业的原材料，避免以最高价格计算消费税，从而降低税负。

【筹划过程】

方案 1：摩托车生产企业用 20 辆摩托车与甲企业换取生产资料，则

摩托车生产企业用 20 辆摩托车换取生产资料应纳消费税 = 4 800×20×10%
= 9 600（元）

方案 2：摩托车生产企业先销售 20 辆摩托车给甲企业，再购入甲企业的原材料，则

当月摩托车加权平均销售价格 = (4 000×50+4 500×10+4 800×5) ÷ (50+10+5)
= 4 138.46（元）

摩托车生产企业应纳消费税额 = 4 138.46×20×10% = 8 276.92（元）

【筹划结论】方案 2 较方案 1 节省消费税 1 323.08 元（9 600 − 8 276.92 = 1 323.08 元），故摩托车生产企业应选择方案 2。

【筹划点评】同理，在以应税消费品投资入股、抵偿债务等业务中做类似的筹划方式。

4.3.3 委托加工与自制方式选择的税收筹划

4.3.3.1 委托加工应税消费品的税法规定

企业、单位或个人由于设备、技术、人力等方面的局限或其他方面的因素，常常要委托其他单位代为加工应税消费品，然后，将加工好的应税消费品收回，直接销售或自己使用。按照规定，委托加工应税消费品也需要纳入征收消费税的范围，

委托加工的应税消费品，由受托方在向委托方交货时代收代缴税款。

（1）委托加工应税消费品。

委托加工的应税消费品是指由委托方提供原料和主要材料，受托方只收取加工费和代垫部分辅助材料加工的应税消费品。对于由受托方提供原材料生产的应税消费品，或者受托方先将原材料卖给委托方，然后再接受加工的应税消费品，以及由受托方以委托方名义购进原材料生产的应税消费品，不论纳税人在财务上是否作销售处理，都不得作为委托加工应税消费品，而应当按照销售自制应税消费品缴纳消费税。

（2）代收代缴税款。

《中华人民共和国消费税暂行条例》规定，委托加工的应税消费品，由受托方在向委托方交货时，代收代缴消费税。这样，受托方就是法定的代收代缴义务人。但是，委托个人（含个体工商户）加工的应税消费品，由委托方收回后缴纳消费税。

委托加工的应税消费品，受托方在交货时已代收代缴消费税，委托方将收回的应税消费品以不高于受托方的计税价格出售的，为直接出售，不再缴纳消费税；委托方以高于受托方的计税价格出售的，不属于直接出售，需按照规定申报缴纳消费税，在计税时准予扣除受托方已代收代缴的消费税。

（3）组成计税价格及应纳税额。

委托加工的应税消费品，按照受托方的同类消费品的销售价格计算纳税，同类消费品的销售价格是指受托方（代收代缴义务人）当月销售的同类消费品的销售价格，如果当月同类消费品各期销售价格高低不同，应按销售数量加权平均计算。但销售的应税消费品有下列情况之一的，不得列入加权平均计算：①销售价格明显偏低又无正当理由的；②无销售价格的。

如果当月无销售或者当月未完结，纳税人应按照同类消费品上月或最近月份的销售价格纳税。

没有同类消费品销售价格的，纳税人按照组成计税价格纳税。组成计税价格的计算公式为如下。

实行从价定率办法计算纳税额的组成计税价格计算公式为

组成计税价格=（材料成本+加工费）÷（1−比例税率）

实行复合计税办法计算纳税额的组成计税价格计算公式为

组成计税价格=（材料成本+加工费+委托加工数量×定额税率）÷（1−比例税率）

其中，“材料成本”是指委托方所提供加工材料的实际成本。委托加工应税消费品的纳税人，必须在委托加工合同上如实注明（或以其他方式提供）材料成本，凡未提供材料成本的，受托方所在地主管税务机关有权核定其材料成本。“加工费”是指受托方加工应税消费品向委托方所收取的全部费用（包括代垫辅助材料的实际成本，不包括增值税税金），这是税法对受托方的要求。受托方必须如实提供向委托方收取的全部费用，这样才能既保证组成计税价格及代收代缴消费税被准确地计算出来，也使受托方按加工费得以正确计算其应纳的增值税。

4.3.3.2 委托加工与自制方式选择的税收筹划

委托加工应税消费品的计税依据是受托方同类产品的销售价格或组成计税价格，而自行加工应税消费品的计税依据是产品的对外销售价格。在通常情况下，委托方收回委托加工的应税消费品后，要以高于成本的价格出售，直接销售时不再征消费税，此时，委托加工应税消费品的税负低于自行加工应税消费品的税负。因此，纳税人可以选择合理的加工方式进行纳税筹划。

【例 4-9】甲公司委托乙公司将一批价值 200 万元的原料加工成 A 半成品，协议规定加工费 150 万元；加工的 A 半成品运回甲公司后，继续加工成 B 产成品，加工成本、分摊费用共计 200 万元，该批产成品售价为 1 500 万元。假设 A 半成品消费税税率为 30%，产成品消费税税率为 50%，公司适用的所得税税率为 25%。

可供选择的生产方案有如下三种。

方案 1：委托乙公司加工成 A 半成品，收回后甲公司继续加工成 B 产成品销售。

方案 2：委托乙公司加工成 B 产成品收回后，直接对外销售。

方案 3：从原料自行加工成产成品销售。

【工作要求】请为甲公司做出生产方案的筹划。

【税法依据】委托加工的应税消费品，受托方在交货时已代收代缴消费税，委托方将收回的应税消费品以不高于受托方的计税价格出售的，为直接出售，不再缴纳消费税；委托方以高于受托方的计税价格出售的，不属于直接出售，需按照规定申报缴纳消费税，在计税时准予扣除受托方已代收代缴的消费税。如果受托方当月无销售或者当月未完结，应按照同类消费品上月或最近月份的销售价格计算纳税。没有同类消费品销售价格的，按照组成计税价格计算纳税。

【筹划思路】我们先计算每种方案的税后利润，然后通过比较税后利润确定合适的方案。

【筹划过程】

方案 1：委托乙公司加工成 A 半成品，收回后甲公司继续加工成 B 产成品销售。

A 半成品消费税组成计税价格 = (200+150)÷(1−30%) = 500（万元）

A 半成品应缴消费税 = 500×30% = 150（万元）

甲公司销售产品后，应缴消费为

应纳消费税 = 1 500×50% −150 = 600（万元）

甲公司的税后利润 = (1 500−200−150−200−150−600)×(1−25%) = 150（万元）

方案 2：委托乙公司加工成 B 产成品收回，直接对外销售。

如果委托加工收回的应税消费品运回后，委托方不再继续加工，而是直接对外销售。例如，甲公司委托乙公司将原料加工成 B 产成品，原料成本不变，加工费用为 320 万元；加工完毕，B 产成品被运回甲公司，甲公司对外售价为 1 500 万元。

甲公司向乙公司支付加工费的同时，向其支付代收代缴的消费税为

消费税 = (200+320)÷(1−50%)×50% = 520（万元）

甲公司委托加工应税消费品在销售时高于委托加工的计税成本为

(200+320)÷(1-50%)=1 040（万元）

所以需要继续缴纳消费税为

1 500 ×50%-520=230（万元）

甲公司税后利润为

甲公司税后利润=(1 500-200-320-520-230)×(1-25%)=172.5（万元）

方案 3：从原料自行加工成产成品销售。

例如，甲公司将购入的价值 200 万元的原料自行加工成 B 产成品，加工成本、分摊费用共计 450 万元，售价为 1 500 万元。其计算如下：

应缴消费税=1 500×50%= 750（万元）

税后利润=(1 500-200-450-750)×(1-25%)=100×75%=75（万元）

【筹划结论】委托乙公司把原料加工成 B 产成品然后收回，直接对外销售的税后利润最高，所以方案 2 为最佳筹划方式。

【筹划点评】当纳税人存在自行加工或委托加工的情况，纳税人要计算每一种选择的税后利润，选择不合适的加工方式，实现税后利益最大化。

本章小结：

消费税是指对消费品和特定的消费行为按流转额征收的一种商品税。消费税主要以消费品为课税对象，属于间接税。我国现行消费税在征收范围上根据产业政策与消费政策仅选择部分消费品征税，而不是对所有消费品都征收消费税。主要在生产销售、委托加工环节和进口环节上征收。计税方法有从量定额的计税方法、从价定率的计税方法和复合计税方法。

根据消费税的特点，消费税的税收筹划主要侧重于合理利用应税消费品和非应税消费品套装销售、包装物、自产自用应税消费品、累进税率的纳税禁区、降低税率、企业合并、纳税时机或其他方式的税收筹划，以达到减轻税收负担的目的，取得税收筹划效益。

关键术语：

委托加工　　转让定价　　关联企业　　代收代缴税款

思考题

1. 简述消费税在从量计税方法下销售量的确定。
2. 简述包装物的税务处理。
3. 简述自产自用应税消费品销售额的确定。

第 5 章
企业所得税的税收筹划

培养能力目标

(1) 掌握企业所得税纳税人的税收筹划；

(2) 掌握企业所得税计税依据的税收筹划；

(3) 熟悉企业所得税税率的税收筹划；

(4) 理解利用企业所得税税收优惠政策的税收筹划。

案例导入

小型微利企业的税收筹划

甲企业在20×8 年 12 月份预计本年度实现应纳税所得额为 3 100 000 元，适用税率为 25%。根据现行规定和该企业在人数、资产、行业方面的条件，如果该企业的年度应纳税所得额不超过 300 万元，则满足小微企业的条件，可适用 20%的税率。

工作要求　该企业如何做所得税税收筹划。

案例解析　见本章的 5.3。

5.1　企业所得税纳税人的税收筹划

企业所得税是对我国境内的企业和其他取得收入的组织的生产经营所得和其他所得征收的一种税。企业所得税纳税人是指在中华人民共和国境内的企业和其他取得收入的组织。《中华人民共和国企业所得税法》规定，除个人独资企业、合伙企业不适用企业所得税法外，凡在我国境内，企业和其他取得收入的组织（以下统称企业）为企业所得税纳税人，依照规定缴纳企业所得税。

5.1.1　企业所得税纳税人

5.1.1.1　居民企业和非居民企业

居民企业是指依法在中国境内成立，或者依照外国（地区）法律成立但实际管理机构在中国境内的企业。这里的企业包括国有企业、集体企业、私营企业、联营企业、股份制企业、外商投资企业、外国企业及有生产、经营所得和其他所得的其他组织。其中，有生产、经营所得和其他所得的其他组织，是指经国家有关部门批准，依法注册、登记的事业单位、社会团体等组织。实际管理机构，是指对企业的生产经营、人员、账务、财产等实施实质性全面管理和控制的机构。

非居民企业是指依照外国（地区）法律成立且实际管理机构不在中国境内，但在中国境内设立机构、场所的，或者在中国境内未设立机构、场所，但有来源于中国境内所得的企业。

上述所称机构、场所是指在中国境内从事生产经营活动的机构、场所，包括：

①管理机构、营业机构、办事机构；

②工厂、农场、开采自然资源的场所；

③提供劳务的场所；

④从事建筑、安装、装配、修理、勘探等工程作业的场所；

⑤其他从事生产经营活动的机构、场所。

非居民企业委托营业代理人在中国境内从事生产经营活动的，包括委托单位或者个人经常代其签订合同，或者储存、交付货物等，该营业代理人被视为非居民企业在中国境内设立的机构、场所。

5.1.1.2　居民企业和非居民企业税收差异

居民企业应就居民企业来源于中国境内、境外的所得作为征税对象。所得包括销售货物所得、提供劳务所得、转让财产所得、股息红利等权益性投资所得、利息所得、租金所得、特许权使用费所得、接受捐赠所得和其他所得。

非居民企业在中国境内设立机构、场所的，应当就其所设机构、场所取得的来源于中国境内的所得，以及发生在中国境外但与其所设机构、场所有实际联系的所得，缴纳企业所得税。非居民企业在中国境内未设立机构、场所的，或者虽设立机构、场所但取得的所得与其所设机构、场所没有实际联系的，应当就其来源于中国境内的所得缴纳企业所得税。其中，实际联系是指非居民企业在中国境内设立的机构、场所拥有的据以取得所得的股权、债权，以及拥有、管理、控制以取得所得的财产。

5.1.2　个人独资企业、合伙企业与公司制企业选择的税收筹划

企业可以划分为三类：个人独资企业、合伙企业和公司制企业。税法规定，个人独资企业和合伙企业的个人投资者取得的生产经营所得比照个体工商户的生产、经营所得，适用五级超额累进税率仅征收个人所得税。而公司制企业、合伙企业的法人和其他组织合伙人，需要缴纳企业所得税。公司制企业如果向个人投资者分配股息、红利的，还要代扣其个人所得税。

【例5-1】某自然人自办企业，年应税所得额为300 000元。

【工作要求】请为该自然人做出有利于税收筹划的企业形式选择。

【税法依据】税法规定，个人独资企业和合伙企业的个人投资者取得的生产经

营所得比照个体工商户的生产、经营所得，适用五级超额累进税率仅征收个人所得税。而公司制企业、合伙企业的法人和其他组织合伙人，需要缴纳企业所得税。公司制企业如果向个人投资者分配股息、红利的，还要代扣其个人所得税。

【筹划思路】比较独资企业和公司制企业所得税税负的差异。

【筹划过程】该企业如按个人独资企业缴纳个人所得税，依据现行税制，税收负担实际为

300 000×30%−40 500＝49 500（元）

若该企业为公司制企业，应纳企业所得税，其适用的企业所得税税率为25%；企业实现的税后利润全部作为股利分配给投资者，应缴纳个人所得税，则总的税收负担为

300 000×25%+300 000×（1−25%）×20%＝120 000（元）

【筹划结论】选择公司制企业比选择独资企业多承担所得税金额为

120 000−49 500＝70 500（元）

【筹划点评】在进行公司组织形式的选择时，该自然人应在综合权衡企业的经营风险、经营规模、管理模式及筹资额等因素的基础上，选择税负较小的组织形式。

5.1.3 子公司与分公司选择的税收筹划

子公司是对应母公司而言的，是一个独立的企业，具有独立的法人资格。子公司因其具有独立法人资格而被设立的所在国视为居民企业，通常要履行与该国其他居民企业一样的全面纳税义务，同时也能享受所在国为新设公司提供的免税期或其他税收优惠政策。

分公司是指公司独立核算的、进行全部或部分经营业务的分支机构，如分厂、分店等。分公司是企业的组成部分，不具有独立的法人资格，无须独立缴纳企业所得税。

【例5-2】甲集团20×5年新成立A公司，从事生物制药及高级投资等盈利能力强的项目，20×7年盈利1 000万元，甲集团将其注册为独立法人公司。甲集团另有一法人公司B公司，常年亏损，但集团从整体利益出发不打算将其关闭，B公司20×7年亏损300万元。

【工作要求】从税收筹划的角度出发，探讨甲集团应该如何改变其子公司的形式，从而减轻税负。

【税法依据】《中华人民共和国企业所得税法》规定：居民企业在中国境内设立不具有法人资格的营业机构的，应当汇总计算并缴纳企业所得税。汇总纳税是指一个企业总机构和其分支机构的经营所得，通过汇总纳税申报的办法实现所得税的汇总计算和缴纳。因此，总公司可以考虑设立分支机构，使其不具有法人资格，就可由总公司汇总缴纳所得税。这样可以实现总、分公司之间的盈亏互抵，合理减轻税收负担。

【筹划思路】若甲集团进行筹划，将B公司变更登记为A公司的分支机构，则B公司不再是独立法人公司，就不再作为独立纳税人。A公司汇总纳税。

【筹划过程】

方案1：按照筹划前的组织结构模式，即A公司、B公司都是法人单位，则

20×7年A公司应缴纳企业所得税＝1 000×25%＝250（万元）

B公司亏损，应缴纳企业所得税为0，A公司、B公司合计缴纳企业所得税250万元。

方案2：将B公司变更登记为A公司的分支机构，则

20×7年A、B公司合计缴纳企业所得税＝(1 000－300)×25%＝175（万元）

【筹划结论】经过税收筹划，方案2较方案1节省企业所得税75万元（250－175＝75万元）。故企业集团应选择方案2。

【筹划点评】企业集团可参考这种筹划模式，对成员内部公司进行身份变更，以实现公司之间的盈亏互抵，降低集团整体税负。

5.2　企业所得税计税依据的税收筹划

5.2.1　企业所得税计税依据的法律界定

应纳税所得额是企业所得税的计税依据，按照企业所得税法的规定，应纳税所得额为企业每一个纳税年度的收入总额，减除不征税收入、免税收入、各项扣除及允许弥补的以前年度亏损后的余额，基本公式为

应纳税所得额＝收入总额－不征税收入－免税收入－各项扣除－允许弥补的以前年度亏损

企业应纳税所得额的计算以权责发生制为原则，属于当期的收入和费用，不论款项是否收付，均作为当期的收入和费用；不属于当期的收入和费用，即使款项已经在当期收付，均不作为当期的收入和费用。

5.2.1.1　收入项目

企业的收入总额包括以货币形式和非货币形式从各种来源取得的收入，具体有：销售货物收入，提供劳务收入，转让财产收入，股息、红利等权益性投资收益，利息收入，租金收入，特许权使用费收入，接受捐赠收入，其他收入。

收入总额中的不征税的收入包括：财政拨款，依法收取并纳入财政管理的行政事业性收费、政府性基金，国务院规定的其他不征税的收入。

收入总额中的免税的收入包括：国债利息收入，符合条件的居民企业之间的股息、红利等权益性投资收益，在中国境内设立机构、场所的非居民企业从居民企业取得的与该机构、场所有实际联系的股息、红利等权益性投资收益，直接投资于其他居民企业取得的投资收益，符合条件的非营利公益组织的收入。

5.2.1.2　扣除项目

（1）税前扣除的项目。

①企业实际发生的与取得收入有关的合理的支出，包括成本、费用、税金、损失和其他支出，准予在计算应纳税所得额时扣除；

②企业发生的职工福利费支出，不超过工资薪金总额14%的部分准予扣除；

③企业拨缴的工会经费，不超过工资薪金总额2%的部分准予扣除；

④企业发生的职工教育经费，不超过工资薪金总额2.5%的部分准予扣除，超过部分准予结转以后纳税年度扣除；

⑤企业发生的与生产经营活动有关的业务招待费支出，按照发生额的60%扣除，但最高不得超过销售（营业）收入的0.5%；

⑥企业发生的符合条件的广告费和业务宣传费，不超过当年销售（营业）收入15%的部分，准予扣除；超过部分，准予结转以后纳税年度扣除；

⑦企业发生的公益性捐赠支出，不超过年度利润总额12%的部分，准予扣除。

（2）不得扣除的项目。

①向投资者支付的股息、红利等权益性投资收益款项；

②企业所得税税款；

③税收滞纳金；

④罚金、罚款和被没收财物的损失；

⑤超过规定标准的捐赠支出；

⑥赞助支出；

⑦未经核定的准备金支出；

⑧企业之间支付的管理费、企业内营业机构之间支付的租金和特许权使用费，以及非银行企业内营业机构之间支付的利息；

⑨与取得收入无关的其他支出。

5.2.2　收入的税收筹划

5.2.2.1　应税收入确认金额的税收筹划

收入总额是指企业以货币形式和非货币形式从各种来源取得的收入，包括纳税人来源于中国境内、境外的生产经营收入和其他收入。

收入确认金额即收入计量，是在收入确认的基础上解决金额多少的问题。商品销售收入的金额一般应根据企业与购货方签订的合同或协议金额确定，无合同或协议的，应按购销双方都同意或都能接受的价格确定；提供劳务的总收入，一般按照企业与接受劳务方签订的合同或协议的金额确定，如根据实际情况需要增加或减少交易总金额，企业应及时调整合同总收入；让渡资产使用权中的金融企业利息收入应根据合同或协议规定的存、贷款利息确定；使用费收入按企业与其资产使用者签订的合同或协议确定。

但是，在收入计量中，还经常存在着各种收入抵免因素，这就给企业在保证收入总体不受大影响的前提下提供了税收筹划的空间。例如，各种商业折扣、销售折让、销售退回及出口商品销售中的外国运费、装卸费、保险费、佣金等，应在实际发生时冲减销售收入；销售中的现金折扣应在实际发生时计入当期财务费用，也就等于抵减了销售收入。这都减少了应纳税所得额，也就相应地减少了所得税，前者还减少了流转税。详见【例3-7】促销方式选择的纳税筹划。

5.2.2.2　应税收入确认时间的税收筹划

推迟应税所得的实现可以延迟纳税，相当于使用国家的一笔无息贷款。纳税人通过选择销售结算方式，控制收入确认的时间，可以合理归属所得年度，以达到减税或延缓纳税的目的，从而降低税负。

【例5-3】某企业属于增值税一般纳税人，当月有销售业务5笔，共计应收货款2 000万元，其中，有三笔共计1 200万元，10日内货款两清；一笔为300万元，购销双方协商两年后一次付清；另一笔为500万元，购销双方协商一年后一次付250万元，一年半后付150万元，余款100万元两年后结清。该企业增值税进项税额为150万元，毛利率为15%，所得税税率为25%。

【工作要求】请对企业上述业务进行税收筹划。

【税法依据】根据企业所得税税法的有关规定，纳税人采取直接收款的方式销售货物；纳税人采用分期收款方式销售货物的，按照合同约定收款日期确认收入的实现。

【筹划思路】分析直销方式与分期收款销售方式下的纳税情况，并进行决策。

【筹划过程】

方案1：企业采用直接收款的方式销售货物。

计提销项税额=2 000÷(1+13%)×13%=230.09（万元）

实际缴纳增值税=230.09-150=80.09（万元）

依据毛利率，企业所得税=2 000÷(1+13%)×15%×25%=66.37（万元）。

方案2：企业对未收到的应收账款分别在货款结算中采取赊销和分期收款方式。

当期销项税额=1 200÷(1+13%)×13%=138.05（万元）

实际缴纳增值税=138.05-150=-11.95（万元）

依据毛利率计算，企业所得税=1 200÷(1+13%)×15%×25%=39.82（万元）。

【筹划结论】方案2比方案1少垫付增值税金额为68.14万元（80.09-11.95=68.14万元），少垫付企业所得税金额为26.55万元（66.37-39.82=26.55万元），故该企业应选择方案2。

【筹划点评】企业在不能及时收到货款的情况下，应采取赊销或者分期收款销售方式销售货物，这样可以规避垫付税款，可以获取更多的资金和时间，有利于实现企业财务管理目标。

5.2.3 扣除项目的税收筹划

5.2.3.1 期间费用的税收筹划

企业生产经营中的期间费用包括销售费用、管理费用、财务费用，这些费用的高低直接影响企业的应纳税所得额高低。为了防止纳税人任意加大费用、减小应纳税所得额，《中华人民共和国企业所得税法实施条例》对允许扣除的项目做了规定，结合会计核算的费用项目划分需要，将费用项目分为三类：税法有扣除标准的费用项目、税法没有扣除标准的费用项目、税法给予优惠的费用项目。

税法有扣除标准的费用项目包括职工福利费、职工教育经费、工会经费、业务招待费、广告费和业务宣传费、公益性捐赠支出等。这类费用一般采用以下筹划方法：

①原则上遵照税法的规定进行抵扣，避免因纳税调整而增加企业税负；

②区分不同费用项目的核算范围，使税法允许扣除的费用标准得以充分抵扣；

③合理转化费用，将有扣除标准的费用通过会计处理，转化为没有扣除标准的费用，加大扣除项目总额，降低应纳税所得额。

税法没有扣除标准的费用项目包括劳动保护费、办公费、差旅费、董事会费、咨询费、诉讼费、租赁及物业费、车辆使用费、长期待摊费用摊销、房产税、车船税、土地使用税、印花税等。这类费用一般采用以下筹划方法：

第一，正确设置费用项目，合理加大费用开支。

第二，选择合理的费用分摊方法。例如，我们对低值易耗品、无形资产、长期待摊费用等摊销时，要视纳税人不同时期的盈亏情况而定：在盈利年度，应选择使费用尽快得到分摊的方法，使其抵税作用尽早发挥，推迟所得税的纳税时间；在亏损年度，应选择使费用尽可能摊入亏损并能全部得到税前弥补，不要浪费费用分摊的抵税效应；在享受税收优惠的年度，应选择能使减免税年度摊销额最小、正常年度摊销额增大的摊销方法。

税法给予优惠的费用项目包括研发费用等，企业应充分享受税收优惠政策。企业在一个纳税年度生产经营中发生的新产品、新技术、新工艺的技术开发费用，允许按当年费用实际发生额的150%扣除。

5.2.3.2 成本项目的税收筹划

①合理处理成本的归属对象和归属期间。纳税人必须将经营活动中发生的成本合理划分为直接成本和间接成本。直接成本是可直接计入有关成本计算对象或劳务成本中的直接材料、直接人工等。间接成本是指多个部门为同一个成本对象提供服务的共同成本，或者同一种投入可以制造、提供两种或两种以上的产品或劳务的联合成本。间接成本必须根据与成本计算对象之间的因果关系、成本计算对象的产量等，以合理的方法分配计入有关成本的计算对象中。尤其是在既生产应税产品又生产免税产品的企业，合理确定直接成本和间接成本的归属对象和归属期间显得尤为

重要。

②成本结转处理方法的税收筹划。成本结转处理方法主要有在产品不计算成本法、约当产量法、在产品按完工产品计算法、在产品按定额成本计价法等。税法并没有限制使用哪一种方法，采用不同的成本结转处理方法对完工产品成本的结转影响很大，企业应根据实际情况选择适当的方法。例如，企业选择在产品不计算成本法，则每期发生的生产费用都可以作为完工产品成本，相应地扩大了当期的营业成本，减少了当期应纳税所得额。当然，成本结转的处理方法一经确定就不能更改，如果需要更改，需要向当地主管税务部门申请下一年的成本结转处理方法，否则，税务机关有权进行纳税调整。

③成本核算方法的税收筹划。成本核算方法主要有品种法、分批法、分步法三种基本方法。每一种方法对产成品成本的归集与计算要求各不相同，对最终计算的产成品成本结果产生很大的影响。所以，企业合理选择成本核算方法，能够提高企业的产成品价值。

④成本费用在存货、资本化对象或期间费用之间的选择。如果企业的某项成本费用能够在存货与资本化对象之间进行选择，对于纳税人而言，应该尽可能选择计入存货成本，因为这样做不仅可以获得增值税的抵扣，而且可以加快其税前扣除速度。

如果企业发生的某项成本费用可以在存货与期间费用之间选择，从所得税的角度而言，应该计入期间费用，因为期间费用可以在当期扣除。但从增值税的角度来看，关系到进项税额能否被扣除，如果不涉及进项税额的扣除，则纳税人应该尽可能选择计入期间费用。但如果影响进项税额的扣除，即当发生某项费用时不能获得增值税发票，则纳税人应该尽可能选择计入存货，因为选择计入期间费用只是获得所得税加速扣除的好处，如果以放弃进项税额的抵扣为前提，肯定得不偿失。

5.2.3.3 固定资产的税收筹划

①能够费用化或计入存货的成本费用不要资本化计入固定资产。因为成本费用只要资本化计入固定资产，不仅不能够获得增值税进项税额的抵扣，而且成本费用也不得在当期计入应纳税所得额。

②折旧是影响企业所得税的重要因素，提取固定资产折旧金额的大小主要取决于四大因素，包括应计提折旧额、折旧年限、折旧方法及净残值。纳税人计提折旧时应充分考虑这四种因素的影响。

但需要注意的是，采取缩短折旧年限方法或者采取加速折旧方法的固定资产只有两类：一是由于技术进步，产品更新换代较快的固定资产；二是常年处于强震动、高腐蚀状态的固定资产。采取缩短折旧年限方法的，最低折旧年限不得低于规定折旧年限的60%。

③对于不能计提折旧又无须使用的固定资产应加快处理，尽量实现财产损失的税前扣除。

④固定资产维修费用的税收筹划。固定资产的维修与改良在税收处理上有较大的差异。相比较而言，维修费用能够尽快实现税前扣除，而改良支出需要计入固定资产，通过折旧实现税前扣除。另外，维修工程中发生的料件，还可以获得增值税进项税额的抵扣，而改良支出属于固定资产，其购置的料件不能够获得进项税额的抵扣。

固定资产的大修理支出必须作为长期待摊费用，要按规定摊销，不得直接在当期税前扣除。《中华人民共和国企业所得税法实施条例》第六十九条规定：固定资产的大修理支出，是指同时符合下列条件的支出：第一，修理支出达到取得固定资产时的计税基础的50%以上；第二，修理后固定资产的使用年限延长2年以上。

⑤租入固定资产租金的税收选择。企业取得固定资产的方式主要有购置、经营性租入和融资租入等。由于取得的方式不同，税法所涉及的有关规定也就不同，这就给税收筹划留下了一定的空间。

纳税人以经营租赁方式从出租方取得固定资产，其符合独立纳税人交易原则的租金可根据受益时间均匀扣除。纳税人以融资租赁方式从出租方取得固定资产，其租金支出不得扣除，但可按规定提取折旧费用。

5.2.3.4 无形资产摊销的税收筹划

无形资产摊销额的决定性因素有三个，即无形资产的价值、摊销年限及摊销方法。税法对无形资产的摊销期限赋予纳税人一定的选择空间。对于正常经营的企业，应选择较短的摊销期限，这样不仅可以加速无形资产成本的收回，避免企业未来的不确定性风险，而且可以使企业后期成本、费用提前扣除，前期利润后移，从而获得延期纳税的好处。

5.2.3.5 公益性捐赠的税收筹划

公益性捐赠是纳税人承担社会责任的表现，税法对此予以鼓励。《中华人民共和国企业所得税法》规定：企业发生的公益性捐赠支出，在年利润总额12%以内的部分准予在计算应纳税所得额时扣除。企业在符合税法规定的情况下，可以充分利用捐赠政策，分析不同捐赠方式的税收负担，在不同捐赠方式中做出选择，达到既实现捐赠又降低税负的目的。

【例5-4】某企业20×7年预计利润总额为2 000万元（假设等于应纳税所得额），适用的企业所得税税率为25%。为了提高企业知名度，树立良好的社会形象，决定20×7年向灾区捐赠200万元。该企业有两种捐赠方案可以选择：

方案1：直接向灾区捐赠；

方案2：通过公益性社会团体向灾区捐赠。

【工作要求】为该企业选择有关捐赠的纳税筹划方案。

【税法依据】企业发生的公益性捐赠支出，不超过年度利润总额12%的部分，准予扣除。年度利润总额，是指企业依照国家统一会计制度的规定计算的年度会计利润。公益性捐赠，是指企业通过公益性社会团体或者县级（含县级）以上人民政府及其部门，用于《中华人民共和国公益事业捐赠法》规定的公益事业的捐赠。

【筹划思路】分析两种捐赠方案下企业缴纳的企业所得税，通过比较缴纳企业所得税的多少选择捐赠方案。

【筹划过程】

方案 1：直接捐赠支出不得扣除，应纳企业所得税 = 2 000×25% = 500（万元）。

方案 2：捐赠支出扣除限额 = 2 000×12% = 240（万元），实际捐赠额低于捐赠扣除限额，准予税前扣除。应纳企业所得税 =（2 000 -200）×25% = 450（万元）

【筹划结论】方案 2 比方案 1 节省企业所得税 50 万元（500-450 = 50 万元），故该企业应选择方案 2。

【筹划点评】特别要注意的是：对于通过公益性群众团体发生的公益性捐赠支出，主管税务机关应对照财政、税务部门联合发布的名单，若接受捐赠的群众团体位于名单内，则企业或个人在名单所属年度发生的公益性捐赠支出可按规定进行税前扣除；若接受捐赠的群众团体不在名单内，或虽在名单内但企业或个人发生的公益性捐赠支出不属于名单所属年度的，不得扣除。

5.2.4　亏损弥补的筹划

亏损弥补政策是我国企业所得税中的一项重要的优惠措施，是国家为了扶持纳税人发展，从政策上帮助纳税人渡过难关的一项优惠措施。企业要充分利用亏损弥补政策，以取得最大的节税效益。

①重视亏损年度后的运营。企业出现亏损后，就必须重点抓生产经营及投资业务，如企业可以减小以后 5 年内投资的风险性，以相对较安全的投资为主，确保亏损能在规定的 5 年期限内得到全额弥补。

②利用企业合并、分立、汇总纳税等优惠条款消化亏损。按照税法的规定，汇总、合并纳税的成员企业发生的亏损，可直接冲抵其他成员企业的所得额或并入总公司的亏损额，不需要用本企业以后年度的所得弥补。被兼并的企业若不再具有独立纳税人资格，其兼并前尚未弥补的经营亏损，可由兼并企业用以后年度的所得弥补。所以，对于一些长期处于高盈利状态的企业，可以兼并一些亏损企业，以减少其应纳税所得额，达到节税的目的。尤其是一些大型集团公司，尽量采取汇总纳税、合并纳税的方式，用盈利企业的所得额冲抵亏损企业的亏损额，从而减少应纳税额。

③选择亏损弥补期的筹划。当纳税企业既有所得税应税项目，又有免税项目时（如免税的投资收益），如果认真地考虑免税所得分回的时间，就可以最大限度地弥补亏损并获得税收利益。

【例 5-5】ABC 企业 20×2—20×6 年的应纳税所得额分别为：-300 万元、80 万元、40 万元、30 万元、50 万元。假设 20×7 年 12 月 20 日，该企业已经实现应纳税所得额为 60 万元。同时，企业还有一项销售意向，本打算于 20×8 年 1 月 3 日实现销售，预计实现销售利润为 40 万元，此外，20×8 年还可获取利润 30 万元。

【工作要求】请对上述企业业务进行税收筹划。

【税法依据】企业每一个纳税年度的收入总额，减去不征税收入、免税收入、各项扣除及允许弥补的以前年度亏损后的余额，为应纳税所得额。企业纳税年度发生的亏损，准予向以后年度结转，用以后年度的所得弥补，但结转年限最长不得超过5年。

【筹划思路】弥补以前年度亏损的年限是5年，若存在5年内亏损未弥补完的情况，则会加重企业所得税税负。因此，企业应尽量将弥补时限以外的所得实现在弥补期限内。具体可以通过与购货方议定合适的结算方式，或通过促销的方式增加亏损弥补期应确认的收入，最大限度地在弥补期限内弥补完亏损，避免不必要的损失。

【筹划过程】

各年度应纳税所得额汇总表如表5-1所示。

表5-1　各年度应纳税所得额汇总表　单位：万元

年份	20×2	20×3	20×4	20×5	20×6	20×7	20×8
应纳税所得额	-300	80	40	30	50	60(或100)	70(或30)

方案1：将该笔销售利润为40万元的业务放在20×8年实现并确认收入。

未弥补亏损=-300+80+40+30+50+60=-40（万元）

也就是说，20×7年实现的应纳税所得额全部用于弥补亏损后，还有40万元的未弥补亏损，超过5年期亏损弥补时限，20×8年不能弥补，则

20×8年应纳企业所得税额=（40+30）×25%=17.5（万元）

方案2：将该笔销售利润为40万元的业务放在20×7年实现并确认收入。

未弥补亏损=-300+80+40+30+50+（60+40）=0（万元）

也就是说，5年内300万元的亏损全部被盈利弥补完，由于该笔销售利润为40万元的业务被确认在20×7年。因此，20×8年不必针对该笔业务缴纳企业所得税，则

20×8年应纳企业所得税额=30×25%=7.5（万元）

【筹划结论】方案2比方案1，企业在20×8年少缴纳企业所得税为10万元(17.5-7.5=10万元)。因此企业应选择方案2。

【筹划点评】企业可以通过合理的方法与手段，提前实现利润，保证在亏损弥补期内最大限度地弥补亏损，从而避免或降低因亏损不予弥补完而产生的损失。

5.3　企业所得税税率的税收筹划

5.3.1　企业所得税税率的基本规定

《中华人民共和国企业所得税法》规定，企业所得税实行比例税率。

①基本税率为25%。适用于居民企业和在中国境内设有机构、场所且所得与机构、场所有关联的非居民企业。

②低税率为20%。适用于在中国境内未设立机构、场所的，或者虽设立机构、场所但取得的所得与其所设机构、场所没有实际联系的非居民企业。实际征税时适用10%的税率。

5.3.2　企业所得税的优惠税率

5.3.2.1　小型微利企业减按20%的税率征收企业所得税

我们国家一直对小型微利企业（以下简称“小微企业”）的发展很重视，不仅在税法中规定了小微企业适用的优惠政策，还多次出台相关文件降低小微企业的实际税负。在税率上，《中华人民共和国企业所得税法》第二十八条规定：符合条件的小微企业减按20%的税率征收企业所得税。《财政部、税务总局关于实施小微企业普惠性税收减免政策的通知》（财税〔2019〕13号）的规定：对小型微利企业年应纳税所得额不超过100万元的部分，减按25%计入应纳税所得额，按20%的税率缴纳企业所得税；对年应纳税所得额超过100万元但不超过300万元的部分，减按50%计入应纳税所得额，按20%的税率缴纳企业所得税。此外，对小微企业认定标准也大幅度调整，小型微利企业是指从事国家非限制和禁止行业，且同时符合年度应纳税所得额不超过300万元、从业人数不超过300人、资产总额不超过5 000万元三个条件的企业。

5.3.2.2　国家需要重点扶持的高新技术企业按15%的税率征收企业所得税

国家需要重点扶持的高新技术企业，是指拥有核心自主知识产权，并同时符合下列六方面条件的企业。

①拥有核心自主知识产权，是指在中国境内（不含港、澳、台地区）注册的企业，近3年内通过自主研发、受让、受赠、并购等方式，或通过5年以上的独占许可方式，对其主要产品（服务）的核心技术拥有自主知识产权。

②产品（服务）属于《国家重点支持的高新技术领域》规定的范围。

③研究开发费用占销售收入的比例不低于规定比例，是指企业为获得科学技术（不包括人文、社会科学）新知识，创造性运用科学技术新知识，或实质性改进技术、产品（服务）而持续进行的研究开发活动，且近3个会计年度的研究开发费用总额占销售收入总额的比例符合如下要求：

A. 最近一年销售收入小于 5 000 万元的企业，比例不低于 6%。

B. 最近一年销售收入为 5 000 万元至 20 000 万元的企业，比例不低于 4%。

C. 最近一年销售收入为 20 000 万元以上的企业，比例不低于 3%。

其中，企业在中国境内发生的研究开发费用总额占全部研究开发费用总额的比例不低于 60%。企业注册成立时间不足 3 年的，按实际经营年限计算。

④高新技术产品（服务）收入占企业总收入的比例不低于规定比例，是指高新技术产品（服务）收入占企业当年总收入的 60%以上。

⑤科技人员占企业职工总数的比例不低于规定比例，是指具有大学专科以上学历的科技人员占企业当年职工总数的 30%以上，其中研发人员占企业当年职工总数的 10%以上。

⑥高新技术企业认定管理办法规定的其他条件。《国家重点支持的高新技术领域》和《高新技术企业认定管理办法》由国务院科技、财政、税务主管部门商国务院有关部门制订，报国务院批准后公布施行。

5.3.3 企业所得税税率的筹划方法

5.3.3.1 一般企业转化为小型微利企业的税收筹划

【例 5-6】导入案例解析。

【税法依据】小型微利企业减按 20%的税率征收企业所得税，不符合则按照 25%税率征税。

【筹划思路】企业事先在办公用品里多支出 5 元，符合小微企业标准，降低适用的税率。

【筹划过程】

如果企业按照预计的应纳税所得额计算，应纳税额＝300 005×25%＝75 001.25（元）。

如果企业符合小微企业标准，应纳税额＝300 000×20%＝60 000（元）。

【筹划结论】通过筹划，企业可以节税 15 001.25 元（75 001.25－60 000＝15 001.25 元）。

【筹划点评】这个案例是一个假设，说明了税收筹划一定要有前瞻性。

5.3.3.2 创造条件成为国家重点扶持的高新技术企业的税收筹划

【例 5-7】A 企业成立于 20×3 年，20×8 年该企业未满足国家需要重点扶持高新技术企业认定的 6 个条件中的第 3 个条件，即具有大学专科以上学历的科研人员有 40 人，占企业当年职工总数（100 人）的 30%以上。其中研发人员 9 人，占企业当年职工总人数的比例不足 10%。该企业 20×8 年预计应纳税所得额为 800 万元。

【工作要求】请对上述业务进行税收筹划。

【税法依据】根据《中华人民共和国企业所得税法》第二十八条的规定：国家重点扶持高新技术企业，减按 15%的税率征收企业所得税。

【筹划思路】国家需要重点扶持的高新技术企业需要同时满足 6 个条件。当企业满足其中某几个条件时，可以通过努力使自身满足其他条件，以便成为国家需要重点扶持的高新技术企业，进而获得税收上的优惠。

【筹划过程】

方案1：保持企业原状，不成为国家重点扶持的高新技术企业。则

应纳企业所得税额=800×25%=200（万元）

方案2：企业通过招聘再增加2名研发人员，从而符合研发人员占企业当年职工总人数的10%以上条件，由此，企业可申请成为国家重点扶持的高新技术企业。则

应纳企业所得税额=800×15%=120（万元）

【筹划结论】方案2比方案1少缴纳企业所得税为200-120=80（万元），由此应当选择方案2。

【筹划点评】创造条件满足税收优惠政策的要求，是企业税收筹划的一种重要方法，不仅没有纳税风险，而且会给企业带来节税收益。

5.4 利用企业所得税税收优惠政策的税收筹划

5.4.1 企业所得税税收优惠政策

5.4.1.1 农、林、牧、渔业减免税优惠政策

（1）企业从事下列项目的所得，免征企业所得税。

①蔬菜、谷物、薯类、油料、豆类、棉花、麻类、糖料、水果、坚果的种植；

②农作物新品种的选育；

③中药材的种植；

④林木的培育和种植；

⑤牲畜、家禽的饲养；

⑥林产品的采集；

⑦灌溉、农产品初加工、兽医、农技推广、农机作业和维修等农、林、牧、渔服务业项目；

⑧远洋捕捞。

（2）企业从事下列项目的所得，减半征收企业所得税。

①花卉、茶以及其他饮料作物和香料作物的种植；

②海水养殖、内陆养殖。

5.4.1.2 其他减免税优惠政策

（1）企业从事国家重点扶持的公共基础设施项目的投资经营的所得。

企业从事国家重点扶持的公共基础设施项目的投资经营的所得，自项目取得第一笔生产经营收入所属纳税年度起，第1年至第3年免征企业所得税，第4年至第6

年减半征收企业所得税。

（2）企业从事符合条件的环境保护、节能节水项目的所得。

企业从事符合条件的环境保护、节能节水项目的所得，自项目取得第一笔生产经营收入所属纳税年度起，第1年至第3年免征企业所得税，第4年至第6年减半征收企业所得税。

（3）符合条件的技术转让所得。

符合条件的技术转让所得免征、减征企业所得税。一个纳税年度内，居民企业转让技术所有权所得不超过500万元的部分，免征企业所得税；超过500万元的部分，减半征收企业所得税。

5.4.1.3 加计扣除优惠

（1）研究开发费。

研究开发费未形成无形资产计入当期损益的，在按照规定据实扣除的基础上，按照研究开发费用的50%加计扣除；形成无形资产的，按照无形资产成本的150%摊销。

（2）企业安置残疾人员所支付的工资。

企业安置残疾人员所支付工资费用的加计扣除，是指企业安置残疾人员的，在按照支付给残疾职工工资据实扣除的基础上，按照支付给残疾职工工资的100 %加计扣除。残疾人员的范围适用《中华人民共和国残疾人保障法》的有关规定。

5.4.1.4 创投企业优惠

创业投资企业从事国家需要重点扶持和鼓励的创业投资，可以按投资额的一定比例抵扣应纳税所得额。创投企业优惠是指创业投资企业采取股权投资方式投资未上市的中小高新技术企业2年以上的，可以按照其投资额的70%在股权持有满2年的当年抵扣该创业投资企业的应纳税所得额；当年不足抵扣的，可以在以后纳税年度结转抵扣。

5.4.1.5 加速折旧优惠

企业的固定资产由于技术进步等确需加速折旧的，可以缩短折旧年限或者采取加速折旧的方法。可采用以上折旧方法的固定资产是指：①由于技术进步产品更新换代较快的固定资产。②常年处于强震动、高腐蚀状态的固定资产。其中采取缩短折旧年限方法的，其最低折旧年限不得低于规定折旧年限的60%；采取加速折旧方法的，可以采取双倍余额递减法或者年数总和法。

5.4.1.6 减计收入优惠

企业综合利用资源生产符合国家产业政策规定的产品所取得的收入，可以在计算应纳税所得额时减计收入。

综合利用资源是指企业以《资源综合利用企业所得税优惠目录》规定的资源作为主要原材料，生产国家非限制和禁止并符合国家和行业相关标准的产品取得的收入，减按90%计入收入总额。

5.4.1.7　税额抵免优惠

企业购置并实际使用《环境保护专用设备企业所得税优惠目录》《节能节水专用设备企业所得税优惠目录》和《安全生产专用设备企业所得税优惠目录》规定的环境保护、节能节水、安全生产等专用设备，该专用设备的投资额的10%可以从企业当年的应纳税额中抵免；当年不足抵免的，可以在以后5个纳税年度结转抵免。

5.4.1.8　民族自治地方的优惠

民族自治地方的自治机关对本民族自治地方的企业应缴纳的企业所得税中属于地方分享的部分，可以决定减征或者免征。自治州、自治县决定减征或者免征的，须报省、自治区、直辖市人民政府批准。民族自治地方，是指依照《中华人民共和国民族区域自治法》的规定，实行民族区域自治的自治区、自治州、自治县。对民族自治地方内国家限制和禁止的行业的企业，不得减征或者免征企业所得税。

5.4.1.9　非居民企业优惠

非居民企业减按10%的税率征收企业所得税。这里的非居民企业，是指在中国境内未设立机构、场所的，或者虽设立机构、场所，但取得的所得与其所设机构、场所没有实际联系的企业。若该类非居民企业取得下列所得，免征企业所得税。

①外国政府向中国政府提供贷款取得的利息所得；

②国际金融组织向中国政府和居民企业提供优惠贷款取得的利息所得；

③经国务院批准的其他所得。

5.4.1.10　特殊行业优惠

（1）软件产业和集成电路产业的优惠政策。

财税〔2012〕27号文件规定了相应的企业所得税优惠政策，罗列如下：

①集成电路线宽小于0.8微米（含）的集成电路生产企业，经认定后，在2017年12月31日前自获利年度起计算优惠期，第一年至第二年免征企业所得税，第三年至第五年按照25%的法定税率减半征收企业所得税，并享受至期满为止。

②集成电路线宽小于0.25微米或投资额超过80亿元的集成电路生产企业，经认定后，减按15%的税率征收企业所得税，其中经营期在15年以上的，在2017年12月31日前自获利年度起计算优惠期，第一年至第五年免征企业所得税，第六年至第十年按照25%的法定税率减半征收企业所得税，并享受至期满为止。

③我国境内新办的集成电路设计企业和符合条件的软件企业，经认定后，在2017年12月31日前自获利年度起计算优惠期，第一年至第二年免征企业所得税，第三年至第五年按照25%的法定税率减半征收企业所得税，并享受至期满为止。

软件企业所得税优惠政策适用于经认定并实行查账征收方式的软件企业。经认定，是指经国家规定的软件企业认定机构按照软件企业认定管理的有关规定进行认定并取得软件企业认定证书。

软件企业的获利年度，是指软件企业开始生产经营后，第一个应纳税所得额大于零的纳税年度，包括对企业所得税实行核定征收方式的纳税年度。软件企业享受定期减免税优惠的期限应当连续计算，不得因中间发生亏损或其他原因而间断。

④国家规划布局内的重点软件企业和集成电路设计企业，如当年未享受免税优惠的可减按10%的税率征收企业所得税。

（2）证券投资基金的优惠政策。

①对证券投资基金从证券市场中取得的收入，包括买卖股票、债券的差价收入，股权的股息、红利收入，债券的利息收入及其他收入，暂不征收企业所得税。

②对投资者从证券投资基金分配中取得的收入，暂不征收企业所得税。

③对证券投资基金管理人运用基金买卖股票、债券的差价收入，暂不征收企业所得税。

（3）节能服务公司的优惠政策。

自2011年1月1日起，对符合条件的节能服务公司实施合同能源管理项目，符合企业所得税税法有关规定的，自项目取得第一笔生产经营收入所属纳税年度起，第1年至第3年免征企业所得税，第4年至第6年按照25%的法定税率减半征收企业所得税。

（4）电网企业电网新建项目享受所得税的优惠政策。

根据《中华人民共和国企业所得税法》及其实施条例的有关规定，居民企业从事符合《公共基础设施项目企业所得税优惠目录（2008年版）》规定条件和标准的电网（输变电设施）的新建项目，可依法享受“三免三减半”的企业所得税优惠政策。基于企业电网新建项目的核算特点，暂以资产比例法，即以企业新增输变电固定资产原值占企业总输变电固定资产原值的比例，合理计算电网新建项目的应纳税所得额，并据此享受“三免三减半”的企业所得税优惠政策。

5.4.1.11 西部大开发的税收优惠

西部大开发的税收优惠政策适用范围包括重庆市、四川省、贵州省、云南省、西藏自治区、陕西省、甘肃省、宁夏回族自治区、青海省、新疆维吾尔自治区、新疆生产建设兵团、内蒙古自治区和广西壮族自治区（上述地区统称西部地区）。湖南省湘西土家族苗族自治州、湖北省恩施土家族苗族自治州、吉林省延边朝鲜族自治州、江西省赣州市，可以比照西部地区的税收优惠政策执行。

5.4.2 企业所得税税收优惠政策的税收筹划方法

5.4.2.1 选择投资地区（地点）的税收筹划

国家为了适应各地区不同的情况，针对一些不同地区制定了不同的税收政策，为企业进行注册地点选择的税收筹划提供了空间。企业在设立之初或扩大经营进行投资时，可以选择低税负的地区进行投资，享受税收优惠的好处。

现行税法中所规定的享受减免税优惠政策的地区主要包括：国务院批准的“老、少、边、穷”地区、西部地区、东北老工业基地、经济特区、经济技术开发区、沿海开放城市、保税区、旅游度假区等。

【例5-8】甲企业2017年年初打算在四川某县投资创办一个新公司，兼营公路旅客运输和其他业务，预计全年公路旅客运输业务收入为500万元，非公路旅客运输业务收入为300万元，利润率均为20%。其他业务不在《西部地区鼓励产业目录》之内。

【工作要求】请对企业上述业务进行税收筹划。

【税法依据】根据〔2011〕58号文规定，对设在西部地区国家鼓励类产业的企业，在2011年1月1日至2020年12月31日，减按15%的税率征收企业所得税。国家鼓励类产业的企业是指以《西部地区鼓励类产业目录》中规定的产业项目为主营业务，其主营业务收入占企业总收入70%以上的企业。

【筹划思路】使新办的企业具备享受税收优惠的条件，进而降低税负。

【筹划过程】

方案1：投资创办一个从事公路旅客运输和其他业务的企业。

因为公路旅客运输收入占全部业务收入的比例为500÷800×100%＝62.5%，小于70%，不能享受15%的税率。则

2017年应纳企业所得税额＝（500+300）×20%×25%＝40（万元）

方案2：分别投资创办两个新企业，一个从事公路旅客运输业务，一个从事其他业务。

从事公路旅客运输业务的企业的收入全部为公路旅客运输收入，超过了70%的比例，可以享受15%的税率。则

2017年应纳企业所得税额＝300×20%×25%+500×20%×15%＝30（万元）

【筹划结论】方案2比方案1少缴纳企业所得税10万元（40−30＝10万元），因此应选择方案2。

【筹划点评】在西部注册属于国家鼓励类产业的企业，虽然可以享受西部大开发的税收优惠政策，但是有时未必会取得较好的经营业绩；若决策不当，往往得不偿失。

但是对于已经成立的企业来说，如果其具备了其他享受优惠政策的条件，只是由于注册地点不在特定税收优惠地区而不能享受相应的税收优惠政策，那么它就应该考虑企业是否需要搬迁的问题。这就需要企业充分考虑生产经营的寿命周期、享受税收优惠政策的其他条件的保持能力和企业的盈利能力，以及搬迁费用、因迁移注册地而产生的新的成本费用支出及新注册地与老注册地在信息、技术来源、客户等方面的因素，并进行全面分析，对有关的经济技术数据进行测算，然后做出相应的决策。

迁移企业注册地也需注意方式。在迁移决策已定的情况下，如何迁移成为一个新的决策问题。如果情况允许，我们可以将整个企业从一个地区搬到有税收优惠的地区。如果不易整体搬迁，我们可以将企业的主要办事机构迁移到有税收优惠的地区，采取变更企业注册地的办法，而把老企业作为分支机构留在原地继续生产。如

果上述办法不行，则可以通过产权重组达到变更注册地的目的。例如，企业采取分立或者分别注册的办法，让符合税收优惠条件的部分在税收优惠的地区注册，让不符合税收优惠条件的部分仍然留在老地区继续生产；或者在享受税收优惠的地区注册一家新公司并取得享受税收优惠的资格，然后再将原有企业与新公司继续合并，将原有企业变为享受税收优惠企业的一个分支机构，享受合并纳税的好处。

综上所述，在新企业成立时涉及注册地点的选择，而对于老企业来说，也存在注册地点的选择问题。因此，每个企业都应该根据自身的特点、具体情况和对税收优惠政策的深入研究，找到具体的利用税收优惠政策的措施，以合理筹划企业的纳税，实现企业经济效益的最大化。

5.4.2.2 选择投资方向的税收筹划

《中华人民共和国企业所得税法》是以“产业优惠为主、区域优惠为辅”作为税收优惠的导向。无论是初次投资还是增加投资企业都可以根据税收优惠政策加以选择，充分享受税收产业优惠政策。

（1）选择减免税项目投资。

①投资于农、林、牧、渔业项目的所得，可以免征、减半征收企业所得税。投资于基础农业，如蔬菜、谷物、薯类、油料、豆类、棉花、麻类、糖料、水果、坚果的种植，农作物新品种的选育；中药材的种植，林木的培育和种植；牲畜、家禽的饲养，林产品的采集；灌溉、农产品初加工、兽医、农技推广、农机作业和维修等农、林、牧、渔服务；远洋捕捞所得免征企业所得税。投资于高收益的农、林、牧、渔业项目，如花卉、茶、其他饮料作物和香料作物的种植，海水养殖，内陆养殖项目所得可以减半征收企业所得税。

②投资于公共基础设施项目、环境保护项目、节能节水项目，从项目中取得第一笔生产经营收入，从所属纳税年度起实行“三免三减半”的税收优惠政策。

（2）创业投资企业对外投资的税收筹划。

创业投资企业从事国家需要重点扶持和鼓励的创业投资，可以按投资额的一定比例抵扣应纳税所得额。创投企业优惠，是指创业投资企业采取股权投资方式投资于未上市的中小高新技术企业 2 年以上的，可以按照其投资额的 70%在股权持有满 2 年的当年抵扣该创业投资企业的应纳税所得额；当年不足抵扣的，可以在以后纳税年度结转抵扣。

5.4.2.3 利用加计扣除税收优惠政策的税收筹划

税法规定，单位支付给残疾人员以及国家需要鼓励安置的其他就业人员的实际工资，在计算应纳税所得额时加计扣除。加计扣除，是指企业安置残疾人员所实际支付的工资，在进行企业所得税预缴申报时，允许据实计算扣除；在年度终了进行企业所得税申报和汇算清缴时，再按照支付给残疾职工工资的 100%加计扣除。

纳税人可以依据自身情况，吸收残疾人员在本企业就业，以充分享受税收优惠，减轻税负。这里的“残疾人”是指持有“中华人民共和国残疾人证”上注明属于视力残疾、听力残疾、言语残疾、肢体残疾、智力残疾和精神残疾的人员和持有“中华人民共和国残疾军人证”（1 至 8 级）的人员。

【例 5-9】某外商投资企业，现有职工 40 人，预计当年实现应纳税所得额为 160 万元。现因扩大生产规模，企业需要招聘 20 名新员工，新增加的 20 名员工需要增加支付的工资总额为 6.3 万元。

【工作要求】请对企业如何招聘员工进行税务筹划。

【税法依据】税法规定，单位支付给残疾人员以及国家需要鼓励安置的其他就业人员的实际工资，在进行企业所得税预缴申报时，允许据实计算扣除；在年度终了进行企业所得税申报和汇算清缴时，再按照支付给残疾职工工资的 100% 加计扣除。

【筹划思路】在不影响企业生产经营的前提下，可以招聘残疾人员到本企业就业或者招聘非残疾人员到本企业就业，进而比较两种方式下企业的纳税情况并进行决策。

【筹划过程】

方案 1：招聘 20 名非残疾人员到本企业来工作。

当年该外商投资企业应纳所得税 = （160−6.3）×25% = 38.425（万元）

方案 2：招聘 20 名残疾人员到本企业来工作。

当年该外商投资企业应纳所得税 = （160−6.3×2）×25% = 36.85（万元）

【筹划结论】方案 2 较方案 1 少缴纳企业所得税为 1.575 万元（38.425−36.85 = 1.575 万元），因此该外商投资企业应选择方案 2。

【筹划点评】需要注意的是，企业要享受以上税务优惠，必须符合国家有关规定。

本章小结：

企业所得税是对我国境内的企业和其他取得收入的组织的生产经营所得和其他所得征收的一种税。企业所得税的纳税义务人，是指在中华人民共和国境内的企业和其他取得收入的组织。《中华人民共和国企业所得税法》规定，除个人独资企业、合伙企业不适用企业所得税法外，凡在我国境内，企业和其他取得收入的组织（以下统称企业）为企业所得税的纳税人，依照规定缴纳企业所得税。

根据企业所得税的特点，企业所得税的税收筹划主要侧重于合理利用纳税人的组织形式对纳税人身份进行税收筹划；合理利用销售收入的金额确定、收入时间的确定、成本费用项目的扣除、亏损的弥补等手段对企业所得税计税依据进行税收筹划；合理利用企业所得税税率差异和税收优惠政策进行税收筹划以降低企业税负，增加企业实际收益。

关键术语：

居民企业　非居民企业　子公司　分公司

思考题

1. 简述不征税收入与免税收入的构成。
2. 简述如何对收入进行税收筹划。
3. 简述企业所得税扣除项目的税收筹划方法。
4. 简述如何利用亏损进行税收筹划。
5. 简述企业所得税税收优惠政策的税收筹划方法。

第 6 章
个人所得税的税收筹划

培养能力目标

(1) 掌握利用个人所得税纳税人身份进行纳税筹划的方法；

(2) 掌握利用征税范围、计税依据、税率等不同角度进行纳税筹划的方法；

(3) 掌握利用税收优惠政策进行纳税筹划的方法。

案例导入

居民个人与非居民个人身份的税收筹划

戴维先生（外籍人员）受聘于一家美国总公司 A，他受总公司 A 的指派 2019—2020 年到中国某外商投资企业担任 7 个月的技术指导。每月从境内取得的工资为 20 000 元人民币；同时获得其美国总公司发给的工资性补贴，折合人民币 10 000 元。

工作要求　请对戴维先生上述行为进行纳税筹划。

案例解析　见本章的 6.1。

6.1　个人所得税的基本法律规定

6.1.1　个人所得税纳税人的法律界定

个人所得税是对个人（自然人）取得的各项应税所得征收的一种税。根据《中华人民共和国个人所得税法》的规定，个人所得税的纳税义务人包括中国公民、个体工商业户、个人独资企业、合伙企业投资者以及在中国有所得的外籍人员（包括无国籍人员）和港澳台同胞。上述纳税义务人依据住所和居住时间两个标准，区分为居民个人纳税义务人和非居民个人纳税义务人，分别承担不同的纳税义务。

6.1.1.1　居民个人纳税义务人

根据《中华人民共和国个人所得税法》，居民个人纳税义务人是指在中国境内有住所，或者无住所而一个纳税年度内在中国境内居住满一百八十三天的个人。居民个人纳税义务人负有无限纳税义务，其所取得的应税所得，无论是来源于中国境内还是中国境外的任何地方，都要在中国缴纳个人所得税。

所谓在中国境内有住所的个人，指因户籍、家庭、经济利益等关系，在中国境内习惯性居住的个人。所谓在中国境内居住满一百八十三天，是指一个纳税年度（自该年度1月1日起至12月31日止）内，在中国境内居住满一百八十三天。

现行税法中关于“中国境内”的概念，是指在中国大陆地区，目前不包括香港、澳门和台湾地区。

6.1.1.2　非居民个人纳税义务人

非居民个人纳税人是指不符合居民个人纳税义务人判断标准（条件）的纳税义务人。非居民个人纳税义务人承担有限纳税义务，即仅就其来源于中国境内的所得向中国缴纳个人所得税。根据《中华人民共和国个人所得税法》规定，非居民个人纳税义务人是指在中国境内无住所又不居住，或无住所而一个纳税年度内在中国境内居住累计不满一百八十三天的个人。也就是说，非居民个人纳税义务人，是指习惯性住所不在中国境内，而且不在中国居住，或者在一个纳税年度内在中国境内累计居住不满一百八十三天的个人。因此，非居民个人纳税义务人，实际上只能是在一个纳税年度中，没有在中国境内居住，或者在中国境内居住天数累计不满一百八十三天的外籍人员、华侨或香港、澳门、台湾同胞。

6.1.2　个人所得税征税范围的法律界定

6.1.2.1　征税范围的基本规定

①工资、薪金所得，是指个人因任职或者受雇取得的工资、薪金、奖金、年终加薪、劳动分红、津贴、补贴以及与任职或者受雇有关的其他所得。

②劳务报酬所得，是指个人独立从事各种非雇佣的各种劳务取得的所得，包括从事设计、装潢、安装、制图、化验、测试、医疗、法律、会计、咨询、讲学、翻译、审稿、书画、雕刻、影视、录音、录像、演出、表演、广告、展览、技术服务、介绍服务、经纪服务、代办服务以及其他劳务取得的所得。在实际操作过程中，可能会出现难以判定一项所得是属于工资、薪金所得，还是属于劳务报酬所得的情况。这两者的区别在于：工资、薪金所得属于非独立个人劳动活动取得的所得，即在机关、团体、学校、部队、企业、事业单位及其他组织中任职、受雇佣而取得的报酬，而劳务报酬所得则是个人独立从事各种技艺、提供各项劳务取得的报酬。

③稿酬所得，是指个人因其作品以图书、报刊等形式出版、发表而取得的所得。而不以图书、报刊形式出版、发表的翻译、审稿、书画所得归为劳务报酬所得。

④特许权使用费所得，是指个人提供专利权、商标权、著作权、非专利技术以及其他特许权的使用权取得的所得；提供著作权的使用权取得的所得，不包括稿酬所得。

⑤经营所得，是指：个体工商户从事生产、经营活动取得的所得，个人独资企业投资人、合伙企业的个人合伙人来源于境内注册的个人独资企业、合伙企业生产、经营的所得；个人依法从事办学、医疗、咨询及其他有偿服务活动取得的所得；个人对企业、事业单位承包经营、承租经营以及转包、转租取得的所得；个人从事其

他生产、经营活动取得的所得。

⑥利息、股息、红利所得，是指个人拥有债权、股权等而取得的利息、股息、红利所得。

⑦财产租赁所得，是指个人出租不动产、机器设备、车船以及其他财产取得的所得。

⑧财产转让所得，是指个人转让有价证券、股权、合伙企业中的财产份额、不动产、机器设备、车船以及其他财产取得的所得。

⑨偶然所得，是指个人得奖、中奖、中彩以及其他偶然性质的所得。

6.1.2.2　居民个人纳税义务人与非居民个人纳税义务人的征收区别

居民个人纳税义务人取得工资薪金所得、劳务报酬所得、稿酬所得和特许权使用费所得，合并计入综合所得按纳税年度一并计算个人所得税；非居民个人纳税义务人取得工资薪金所得、劳务报酬所得、稿酬所得和特许权使用费所得，按月或者按次分项计算个人所得税。个人所得税纳税义务人（不区分居民个人纳税义务人和非居民个人纳税义务人）取得经营所得、利息股息红利所得、财产租赁所得、财产转让所得和偶然所得，分项计算个人所得税。

6.1.3　个人所得税计税依据的法律规定

2019 年 1 月 1 日起，最新修订的《中华人民共和国个人所得税法》正式实施。目前，我国个人所得税采用的是分类征收与综合征收相结合的征收模式，对于居民个人纳税义务人取得的工资薪金所得、劳务报酬所得、稿酬所得和特许权使用费所得实行综合征收，其余的的经营所得、利息股息红利所得、财产租赁所得、财产转让所得、偶然所得实行分类征收模式计税。由于个人所得税的应税项目不同，取得该项所得所需的费用也不相同，因此，计算个人所得税应纳税所得额时需按不同的应税项目分项计算，以某个应税项目的收入额减去税法规定的该项费用减除标准后的余额。两个以上的个人共同取得同一项收入的，应当对每个人取得的收入分别按照个人所得税法的规定计算纳税。此外，新的《中华人民共和国个人所得税法》引入了专项附加扣除制度。

6.1.3.1　费用扣除标准

①居民个人纳税义务人取得综合所得的，按纳税年度合并计算个人所得税；非居民个人所得税纳税义务人取得工资薪金所得、劳务报酬所得、稿酬所得和特许权使用费所得，按月或者按次计算个人所得税。

居民个人纳税义务人取得综合所得，以每一纳税年度收入额减除费用 6 万元以及专项扣除、专项附加扣除和依法规定的其他扣除后的余额，为应纳税所得额。

非居民个人所得税纳税义务人取得的工资薪金所得，以每月收入减除费用 5 000 元后的余额为应纳税所得额；劳务报酬所得、稿酬所得和特许权使用费所得，以每次收入额为应纳税所得额。

②专项扣除，包括居民按照国家规定的范围和标准缴纳的基本养老保险、基本养老保险、失业保险等社会保险和住房公积金等。

③专项附加扣除，包括子女教育、继续教育、大病医疗、住房贷款利息或者住房租金、赡养老人等支出。个人所得税专项附加扣除在纳税人本年度综合所得额中扣除，本年度扣除不完的，不得结转以后年度扣除。

A. 子女教育专项附加扣除。

纳税人年满 3 岁的子女接受学前教育和学历教育的相关支出，按照 1 000 元/月（每年 12 000 元）的标准定额扣除。学期教育包括年满 3 岁至小学入学前教育，不论是否在幼儿园学习。学历教育包括义务教育（小学和初中教育）、高中阶段教育（普通高中、中等职业教育、技工教育）、高等教育（大学专科、大学本科、硕士研究生、博士研究生教育）。

B. 继续教育专项附加扣除。

纳税人在境内接受学历（学位）继续教育的支出，在学历（学位）教育期间按照 400 元/月，扣除期限不能超过 48 个月；纳税人接受技能人员资格职业资格继续教育、专业技术人员职业资格继续教育，在取得相关证书的当年按照 3 600 元扣除。

C. 大病医疗专项附加扣除。

在一个纳税年度内，纳税人发生的与基本医疗相关的医药费支出扣除报销后个人承担累计超过 15 000 元的部分，由纳税人在办理年度汇算清缴时，在 80 000 元限额内据实扣除。

D. 住房贷款利息专项附加扣除。

纳税人发生的首套住房贷款利息，在实际发生贷款利息的年度按照 1 000 元/月扣除，扣除期限不能超过 240 个月。这里所称的首套房贷款是指购买住房享受首套住房贷款利率的住房贷款。纳税人只能享受一套首套住房贷款利息扣除。

E. 住房租金专项附加扣除。

纳税人在主要城市没有自有住房而发生的住房租金支出，可以按照以下的标准定额扣除：纳税人承租住房位于直辖市、省会城市、计划单列市的，扣除标准为 1 500 元/月；纳税人承租住房位于除直辖市、省会城市、计划单列市以外的其他城市，且市辖区户籍人口超过 100 万的，按 1 100 元/月扣除；纳税人承租住房位于除直辖市、省会城市、计划单列市以外的其他城市，且市辖区户籍人口不超过 100 万的，按 800 元/月扣除。

F. 赡养老人专项附加扣除。

纳税人赡养一位及以上被赡养人，统一按以下标准等额扣除：纳税人为独生子女的，按 2 000 元/月扣除；纳税人非独生子女的，由其与兄弟姐妹分摊每月 2 000 元的扣除限额，每人分摊额不能超过 1 000 元/月。被赡养人是指年满 60 岁的父母，以及子女均以去世的年满 60 岁的祖父母、外祖父母。

纳税人享受专项附加扣除的途径：由单位按月扣税款时办理和自行申报办理。

④依法确定的其他扣除，包括个人缴付符合国家规定的企业年金、职业年金，个人购买的符合国家规定的商业健康保险、税收递延型商业养老保险的支出，以及国务院规定可以扣除的其他项目。

⑤劳务报酬所得、稿酬所得、特许权使用费所得是以收入减除20%的费用后的余额为收入额。稿酬所得的收入额减按70%计算。注意：个人担任董事职务所取得的董事费收入，属于劳务报酬所得性质，按照劳务报酬所得项目征收个人所得税。

⑥经营所得，以纳税人（个体工商户、个人独资企业、合伙企业以及个人）一个纳税年度收入总额减除成本、费用以及损失后的余额为应纳税所得额。

成本、费用，是指纳税人（个体工商户、个人独资企业、合伙企业以及个人）生产、经营所发生的各项直接支出和分配进入成本的间接费用以及销售费用、管理费用、财务费用；损失，是指纳税人（个体工商户、个人独资企业、合伙企业以及个人）从事生产经营活动发生的固定资产和存货的盘亏、毁损、报废损失、转让财产损失、坏账损失等。

取得经营所得的个人，没有综合所得的，计算其每一个纳税年度的应纳税所得额时，应当减除费用6万元、专项扣除、专项附加扣除以及依法确定的其他扣除。专项附加扣除在办理汇算清缴时减除。

⑦财产租赁所得，每次收入不超过4 000元的，减除800元的费用；每次收入在4 000元以上的，减除20%的费用，其余额为应纳税所得额。

⑧财产转让所得，以转让财产的收入减除财产原值和合理费用后余额为应纳税所得额。

⑨利息、股息、红利所得，偶然所得，以每次收入额为应纳税所得额。

6.1.3.2　*每次收入的确定*

《中华人民共和国个人所得税法》对纳税义务人的征税方法有三种：一是按年计征，如经营所得、居民个人取得的综合所得；二是按月计征，如非居民个人纳税义务人取得的工资、薪金所得；三是按次计征，如财产租赁所得，利息、股息、红利所得，偶然所得，非居民个人纳税义务人取得的劳务报酬所得，稿酬所得，特许权使用费所得6项所得。在按次征收情况下，由于扣除费用依据每次应纳税所得额的大小，分别规定了定额扣除和定率扣除两种标准。因此，如何准确划分“次”是十分重要的。前面所述6个项目的“次”，《中华人民共和国个人所得税实施条例》中做了明确规定。

①关于劳务报酬所得“次”的确定：只有一次性收入的，以取得该项收入为一次；属于同一事项连续取得收入的，以一个月内取得的收入为一次。

②关于稿酬所得“次”确定：同一作品在报刊上连载取得收入的，以连载完成后取得的所有收入合并为一次，计征个人所得税；同一作品先在报刊上连载，然后再出版，或者先出版，再在报刊上连载的，应视为两次稿酬所得征税，即连载作为一次，出版作为另一次；同一作品再版取得的所得，应视为另一次稿酬所得计征个

人所得税；同一作品在出版和发表时，以预付稿酬或分次支付稿酬等形式取得的收入，应合并计算为一次；同一作品出版、发表后，因添加印数而追加稿酬的，应与以前出版、发表时取得的稿酬合并计算为一次。

③关于特许权使用费所得“次”的规定：以某项使用权的一次转让所取得的收入为一次；如果该次转让取得的收入是分笔支付的，将各笔收入相加为一次的收入。

④财产租赁所得，以1个月取得的收入为一次。

⑤利息、股息、红利所得，以支付利息、股息、红利所得时取得的收入为一次。

⑥偶然所得，以每次收入为一次。

6.1.3.3 计税依据的其他规定

①个人将其所得对教育、扶贫、济困等公益慈善事业进行捐赠，捐赠额为超过纳税义务人申报的应纳税所得额30%的部分，可以从其应纳税所得额扣除。但国务院规定对公益慈善事业捐赠实现全额扣除的，按照国务院规定办理。

②居民个人纳税义务人从中国境外取得的所得，可以从其应纳税额中抵免已在境外缴纳的个人所得税税额，但抵免额不得超过该纳税人境外所得按照《中华人民共和国个人所得税法》规定计算的应纳税额。居民个人纳税义务人从中国境内和境外取得的综合所得、经营所得，应当分别合并计算应纳税额；从中国境内和境外取得的其他所得，应当分别单独计算应纳税额。

③个人所得的形式，包括现金、实物、有价证券和其他形式的经济利益。所得为实务的，应当按照取得的凭证上所注明的价格计算应纳税所得额，无凭证的实物或者凭证上注明的价格明显偏低的，参照市场价格核定应纳税所得额；所得为有价证券的，根据票面价格和市场价格核定应纳税所得额；所得为其他形式的经济利益的，参照市场价格核定应纳税所得额。

④两个或两个以上的个人共同取得同一项目收入的，如编著一本书，参加同一场演出等，应当对每个人取得的收入分别按照税法规定减除费用后计算纳税，即实行“先分、后扣、再税”的办法。

6.1.4 税率的法律规定

(1) 不同情况下的综合所得的适用税率。

① 居民个人取得工资、薪金所得时，按月预扣预缴，适用税率见表6-1。

表6-1 个人所得税预扣率表一（居民个人工资、薪金所得预扣预缴适用）

级数	累计预扣预缴应纳税所得额	预扣率（%）	速算扣除数（元）
1	不超过36 000元的	3	0
2	超过36 000元至144 000元的部分	10	2 520
3	超过144 000元至300 000元的部分	20	16 920
4	超过300 000元至420 000元的部分	25	31 920

表6-1(续)

级数	累计预扣预缴应纳税所得额	预扣率（%）	速算扣除数（元）
5	超过420 000元至660 000元的部分	30	52 920
6	超过660 000元至960 000元的部分	35	85 920
7	超过960 000元的部分	45	181 920

② 居民个人按月（次）取得劳务报酬所得，预扣预缴税款适用税率见表6-2。

表6-2　个人所得税预扣率表二（居民个人劳务报酬所得预扣预缴适用）

级数	预扣预缴应纳税所得额	预扣率（%）	速算扣除数（元）
1	不超过20 000元的	20	0
2	超过20 000元至50 000元的部分	30	2 000
3	超过50 000的部分	40	7 000

③ 居民个人按次取得稿酬所得、特许权使用费所得时，预扣税率为20%。

④ 居民个人就本纳税年度综合所得汇算清缴和取得符合条件的股票期权、股票增值权、限制性股票、股权奖励等股权激励时，适用税率表见6-3。

表6-3　个人所得税税率表一（年度综合所得适用）

级数	全年应纳税所得额	税率（%）	速算扣除数（元）
1	不超过36 000元的	3	0
2	超过36 000元至144 000元的部分	10	2 520
3	超过144 000元至300 000元的部分	20	16 920
4	超过300 000元至420 000元的部分	25	31 920
5	超过420 000元至660 000元的部分	30	52 920
6	超过660 000元至960 000元的部分	35	85 920
7	超过960 000元的部分	45	181 920

注：①本表所称全年应纳税所得额是依照《中华人民共和国个人所得税法》第六条规定，居民个人取得综合所得以每一纳税年度收入额减除6万元以及专项扣除、专项附加扣除和依法确定的其他扣除后的余额；②非居民个人取得的工资薪金所得、劳务报酬所得、稿酬所得和特许权使用费所得，依照本表按月换算后计算应纳税额。

⑤ 居民个人取得全年一次性奖金，中央企业负责人年度绩效薪金延期兑现收入和任期奖励（2022年度以前），以及按月领取企业年金、职业年金等所得，适用按月征收综合所得税税率表（见表6-4）。

表 6-4　个人所得税税率表二（月度综合所得适用）

级数	累计预扣预缴应纳税所得额	预扣率（%）	速算扣除数（元）
1	不超过 3 000 元的	3	0
2	超过 3 000 元至 12 000 元的部分	10	210
3	超过 12 000 元至 25 000 元的部分	20	1 410
4	超过 25 000 元至 35 000 元的部分	25	2 660
5	超过 35 000 元至 55 000 元的部分	30	4 410
6	超过 55 000 元至 80 000 元的部分	35	7 160
7	超过 80 000 元的部分	45	15 160

（2）非居民个人取得工资薪金、劳务报酬、稿酬、特许权使用费所得时，适用税率见表 6-5。

表 6-5　个人所得税税率表三

（非居民个人取得工资薪金、劳务报酬、稿酬、特许权使用费所得适用）

级数	应纳税所得额	税率（%）	速算扣除数（元）
1	不超过 3 000 元的	3	0
2	超过 3 000 元至 12 000 元的部分	10	210
3	超过 12 000 元至 25 000 元的部分	20	1 410
4	超过 25 000 元至 35 000 元的部分	25	2 660
5	超过 35 000 元至 55 000 元的部分	30	4 410
6	超过 55 000 元至 80 000 元的部分	35	7 160
7	超过 80 000 元的部分	45	15 160

（3）经营所得，适用 5%~35%的五级超额累进税率，见表 6-6。

表 6-6　个人所得税税率表四（经营所得适用）

级数	全年应纳税所得额	税率（%）	速算扣除数（元）
1	不超过 30 000 元的	5	0
2	超过 30 000 元至 90 000 元的部分	10	1 500
3	超过 90 000 元至 300 000 元的部分	20	10 500
4	超过 300 000 元至 500 000 元的部分	30	40 500
5	超过 500 000 元的部分部分	35	65 500

注：本表所称全年应纳税所得额是依照《中华人民共和国个人所得税法》第六条规定，以每一纳税年度的收入总额减除成本、费用及损失后的余额。

（4）财产租赁所得，财产转让所得，利息、股息、红利所得，偶然所得适用比例税率，税率为 20%。

6.2　个人所得税纳税人的税收筹划

6.2.1　居民个人纳税人与非居民个人纳税人之间的转换

在我国，个人所得税纳税人根据纳税人的住所和其居住时间分为居民个人纳税义务人和非居民个人纳税义务人。国家对这两种纳税人的税收政策是不一样的，因此，纳税人可以通过对住所和居住时间进行合理安排，改变其纳税人的身份，达到节税目的。

【例6-1】导入案例解析

【税法依据】根据最新修订的《中华人民共和国个人所得税法实施条例》规定：①在中国境内无住所，且在一个纳税年度内在中国境内居住累计不超过90天的个人，其来源于中国境内的所得，由其境外雇主支付并且不由该雇主在中国境内的机构、场所负担的部分，免予缴纳个人所得税；②在中国境内无住所的居民个人，在境内居住累计满183天的年度不满6年的，或者满6年但其间有单次离境超过30天情形的，其来源于中国境外的所得，经向主管税务机关备案，可以只就由中国境内企事业单位和其他经济组织或者居民个人支付的部分缴纳个人所得税；③一个纳税年度内在境内居住累计满183天的年度连续满6年的纳税人，且在6年内为发生单次离境超过30天情形的，从第7年起，继续在中国境内居住累计满183天，应当就其来源于中国境内外的全部所得缴纳个人所得税。

【筹划思路】外籍人员到我国工作，其应充分利用我国所规定的居民个人纳税义务人的条件，避免成为我国的居民个人纳税义务人，从而减轻个人所得税税负。

【筹划过程】

方案一：戴维先生可以采取跨年度停留方式。

假设戴维先生于2019年10月1日入境，2020年4月30日离境，则戴维先生2019年在中国境内居住92天，为非居民个人纳税义务人；2020年在中国境内居住121天，为非居民个人纳税义务人。2019—2020年，戴维先生只就来源于中国境内所得缴纳个人所得税。

方案二：戴维先生于2019年1月1日入境，2020年7月31日离境且未向税务机关备案。

由于戴维先生在一个纳税年度内在我国累计居住时间超过183天，且未向税务机关申请备案，所以戴维先生在2019年应当就其境内外所得缴纳个人所得税。

方案三：戴维先生于2019年1月1日入境，2020年7月31日离境且向税务机关备案。

尽管戴维先生在一个纳税年度内累计居住时间超过183天，但由于他向税务机关申请了备案，因此戴维先生在2019年应当只就来源于中国境内所得缴纳个人所得税。

【筹划结论】方案一与方案三效果一样。方案一和方案三与方案二相比，在方案一与方案三中，戴维先生只就来源于中国境内所得缴纳个人所得税，而在方案二中，戴维先生在应当就其境内外所得缴纳个人所得税，因此应选择方案一或方案三。

【筹划点评】戴维先生合法地利用了“非居民个人”的身份节约了在中国境内应缴纳的个人所得税。

假设在中国境内无住所的外籍人员，其在境内居住时间为 A，其单项离境时间为 B，连续在中国境内居住满 183 天的年度为 C，我们就可以根据中国税法的规定得出以外籍人员的境内居住时间为标准的境内纳税义务表，见表 6-7。

表 6-7　以外籍人员的境内居住时间为标准的境内纳税义务表

<table>
<tr><th>1 年内累计居住时间 A</th><th>1 年内单次离境时间 B</th><th>连续在中国境内居住累计满 183 天</th><th>在中国境内的纳税义务</th></tr>
<tr><td>$A \leq 90$ 天</td><td>—</td><td>—</td><td>由境外雇主支付的境内所得，免税；由境内机构支付的所得，纳税</td></tr>
<tr><td>90 天 $< A <$ 183 天</td><td>—</td><td>—</td><td>境内、境外支付的境内所得，纳税</td></tr>
<tr><td>$A \geq 183$ 天</td><td>$B \leq 30$ 天</td><td>$C \leq 6$ 年</td><td rowspan="2">境内所得，纳税；境内支付的境外所得，纳税；境外支付的境外所得，免税（需备案）</td></tr>
<tr><td>$A \geq 183$ 天</td><td>$B > 30$ 天</td><td>$C > 6$ 年</td></tr>
<tr><td>$A \geq 183$ 天</td><td>$B \leq 30$ 天</td><td>$C > 6$ 年</td><td>境内、境外全部所得，纳税</td></tr>
</table>

税收筹划人在具体的税收筹划过程中一定要把握好这些时间临界点。

6.2.2　改变人员住所的税收筹划

改变人员住所（居住地）的税收筹划，是指筹划人把被筹划人（纳税人）的住所迁移出某一国家，但又不在任何地方取得住所（习惯性住所），从而规避所在国对其纳税人身份的确认，进而免除个人所得税纳税义务。在国际上，很多国家往往把拥有住所并且在该国居住一定时间以上的个人确定为纳税义务人。这样，从事跨国活动的人员就可以自由地游离于各国之间，而不至于成为任何一个国家的居民个人纳税义务人，从而达到不纳税或少纳税的目的。比如，根据《中华人民共和国个人所得税法》的相关规定，在我国境内无住所而且在一个纳税年度内居住累计不满 183 天的个人，不用就其境外所得向我国缴纳个人所得税。这样，一个外籍人员在我国居住的时间只要在一个纳税年度内累计不满 183 天（在其他国家居住，其时间只要不超过该国有关所得税法所规定的时间），不用就其全部收入缴纳个人所得税，事实上免除了部分纳税义务，从而达到了降低税收负担的目标。

6.2.3　合理选择组织形式的纳税筹划

随着我国经济的不断发展，个人的收入也在不断提高，个人投资在经济活动中占有越来越重要的地位。作为个人投资的组织形式选择也越来越引起人们的重视。

目前，个人可以选择的组织形式主要有：作为个体工商户从事生产经营，个人从事对企事业单位承租、承包经营业务，成立个人独资企业，组建合伙企业，设立有限责任公司（企业所得税纳税义务人）。从 2019 年 1 月 1 日起，我国对个体工商户、个人独资企业、合伙企业的生产经营所得按照经营所得项目征收个人所得税。

在上述几种组织形式中，一般来讲，在收入相同的情况下，个体工商户、个人独资企业、合伙企业、有限责任公司企业的税负是不一样的。同时，有限责任公司只承担有限责任，风险相对较小；个人独资企业和合伙企业承担无限制任，风险较大。

【例 6-2】张先生准备成立一个小微企业，对于企业组织形式有两种选择：一是设立为个人独资企业；二是设立一个有限责任公司，张先生 100%控股，税后利润全部以股息方式分配给个人股东张先生。假设有限责任公司能够享受当期税法对小微企业的企业所得税减征优惠，且预计该小微企业 2020 年实现利润 30 万元（不考虑专项扣除、专项附加扣除和其他扣除因素）。

【工作任务】请对张先生设立该企业的组织形式进行纳税筹划。

【税法依据】根据《中华人民共和国个人所得税法》的规定，个人独资企业每年实现的利润应按照经营所得缴纳个人所得税；根据国家税务总局公告 2019 年第 2 号《关于实施小型微利企业普惠性所得税减免政策有关问题的公告》的第一条：自 2019 年 1 月 1 日至 2021 年 12 月 31 日，对小型微利企业年应纳税所得额不超过 100 万元的部分，减按 25%计入应纳税所得额，按 20%的税率缴纳企业所得税；对年应纳税所得额超过 100 万元但不超过 300 万元的部分，减按 50%计入应纳税所得额，按 20%的税率缴纳企业所得税。

【筹划方案】

方案一：张先生设立个人独资企业。

全年应纳个人所得税 =（300 000-60 000）×20%-10 500 = 37 500（元）

方案二：张先生设立有限责任公司。

应纳企业所得税 = 300 000×25%×20% = 15 000（元）

应纳个人所得税 =（300 000-15 000）×20% = 57 000（元）

两税合计 = 15 000+57 000 = 72 000（元）

【筹划结论】方案一较方案二少纳税 34 500 元（72 000-37 500 = 34 500 元），张先生应选择方案一。

【筹划点评】投资者最终决定创办何种形式的企业，还要综合考虑税收以外的其他各种因素。个人独资企业有其许多优点，除了税负轻以外，创办手续简便，没有注册资本方面的要求，等等。但它也有令投资者顾虑的问题：首先，投资人要对企业的债务承担无限责任，风险较大；其次，个人独资企业在生存方面还面临诸多困难，如融资困难、取得商业信用困难。

6.2.4 个体工商户与个人独资企业的转换的税收筹划

个人独资企业的投资者所承担的税负按年经营所得和对应的税率不同而存在一些差异。一般情况下，年经营所得越少，对应的税率就越低，税负就轻；反之税负就重。因此，我们可以利用个体工商户与个人独资企业的转换，通过对税基大的经营所得进行分解降低税负，获得税收利益。

【例 6-3】2020 年，李某作为个体工商户经营水暖器材销售，由其妻子王某负责经营管理。李某同时承接一些安装维修工程业务。预计每年销售水暖器材的应纳所得额为 42 万元，承接安装维修工程的应纳税所得额为 32 万元（不考虑专项扣除、专项附加扣除和其他扣除等因素）。

【工作任务】请对上述业务进行纳税筹划。

【税法依据】根据《中华人民共和国个人所得税税法》规定，从 2019 年 1 月 1 日起，我国对个体工商户、个人独资企业、合伙企业的生产经营所得按照经营所得项目征收个人所得税，适用 5%~35%的超额累进税率。

【筹划思路】李某和王某可以分别设立个人独资企业，妻子王某的公司负责经营水暖器材的销售，李某的企业负责安装维修工程业务。

【筹划过程】

方案一：李某作为个体工商户经营水暖器材销售和安装维修工程业务。

个体工商户李某的所得应按照个人所得税经营所得计税。

全年应纳税所得额=42+32-6=68（万元）

全年应纳个人所得税=68×35%-6.55=17.25（万元）

方案二：分别设立两个独资企业，李某负责安装维修工程业务，王某负责水暖器材经营。

李某全年应纳个人所得税=（32-6）×20%-1.05=4.15（万元）

王某全年应纳个人所得税=（42-6）×30%-4.05=6.75（万元）

李某和王某全年共缴纳个人所得税=4.15+6.75=10.9（万元）

【筹划结论】方案二较方案一少缴纳个人所得税 6.35 万元（17.25-10.9=6.35 万元）。所以，李某应选择方案二。

【筹划点评】税法是纳税人不能控制的。但是纳税人可以改变自己的经营活动去顺应税法，从而达到节税的目的。本案例中，把一个个体工商户转变为两个个人独资企业，从而改变税基，降低适用税率，达到减轻税负的目的。当然，这种转换需要支付一定的工商登记费和一定的手续费。

6.3　个人所得税计税依据与税率的税收筹划

6.3.1　综合所得的税收筹划

我国新颁布实施的《中华人民共和国个人所得税法》，明确规定了我国实行“综合与分类相结合的个人所得税制”，引入了综合所得这一新概念，将工资薪金、劳务报酬、稿酬和特许权使用费四项收入纳入征税范围，居民个人纳税义务人将此四项按年合并计算个人所得税，非居民个人纳税义务人按月或按次分项计算个人所得税。统一实行最低税率3%、最高税率45%的七级超额累进税率。由于居民个人纳税义务人的综合所得是根据年度实际收入计算课税，这就为纳税筹划提供一定的条件。

6.3.1.1　工资薪金收入福利化

由于工资薪金的个人所得税适用超额累进税率，当随着工资薪金额度的增加，适用税率就会越来越高，新增加的工资薪金带给纳税人的可支配现金反而将会相对下降。而企事业单位、机关团体等组织将支付给纳税人的现金性工资为纳税人提供福利，这样会相对增加纳税人的现金收入，降低纳税人个人所得税。

①提供员工住房。很多企业将员工的住房费用直接支付给员工，表面上增加了员工的收入，实际上会使员工承担更多的税收，降低员工的实际收入。如果企业为员工租用房屋并采取企业支付租金（或者收取较低租金），这会造成员工实际收入增加、实际税负下降。因此，企业在聘用员工时，应与员工友好协商，由企业支付员工工作期间的住房租金，而对员工的工资薪金在原有基础上适当调整。这样，企业负担不变，员工则可以因此降低个人所得税中工资薪金的税收负担，增加员工的实际收入。

②企业为员工提供相关的福利设施。企业为员工提供福利设施，若不作为现金发放，则不视为工资薪金收入，无须计算缴纳个人所得税。例如，企业提供不可转让、不可兑换成现金的免费膳食，企业提供办公用品和设施（如提供计算机、杂志）；企业为子女成立教育基金，提供奖学金给职工子女；为员工提供免费交通工具、劳保用品；等等。

③提供与企业有关的员工培训。需要说明的是，并不是所有的培训都以这种免费的方式免纳个人所得税。比如，企业为员工支付了书画班培训费，很显然支付书画班培训费用与企业的主营业务没有多大关联，这种情况下，企业为员工支付的书画班培训费应并入员工工资薪金收入，计算缴纳个人所得税。相反，企业为一线员工支付提高工作技能的培训费、为财务人员支付的提高财务工作能力的相关培训费用，一方面可以在企业职工教育经费中扣除，另一方面可以免除员工的个人所得税。

总之，缴纳个人所得税的个人，其节税的主要方法是在保证个人消费水平提高的前提下降低应纳税所得额，达到减轻个人税负的目的。

【例 6-4】某公司财务人员张某，将在 2021 年参加注册会计师培训，时间 1 年，每月支付培训费 3 000 元，张某每月工资薪金收入为 8 500 元。

【工作任务】针对上述业务，为张某进行税收筹（不考虑其他扣除）。

【税法依据】根据个人所得税法的相关规定，综合所得包括工资薪金所得、劳务报酬所得、稿酬所得、特许权使用费所得。居民个人综合所得以每一纳税年度的收入额减除费用 6 万元以及专项扣除、专项附加扣除和依法确定的其他扣除后的余额，为应纳税所得额。

【筹划思路】张某与公司友好协商，由公司承担每月 3 000 元的培训费，同时将张某 2021 年每月工资下调 3 000 元，即每月工资为 5 500 元。然后我们比较由张某自己承担培训费和公司承担培训后净所得，做出决策。

【筹划过程】

方案一：张某 2021 年仍从公司领取公司 8 500 元，自己承担培训费用。

张某 2021 年应缴纳个人所得税 =（8 500×12-60 000）×10%-2 520 = 1 680（元）

张某 2021 年支付培训费后净所得 = 8 500×12-1 680-3 000×12 = 64 320（元）

方案二：张某与公司友好协商，由公司承担每月 3 000 元的培训费，同时将张某 2021 年每月工资下调 3 000 元，即每月工资为 5 500 元。

张某 2021 年应纳个人所得税 =（5 500×12-60 000）×3% = 180（元）

张某 2021 年净所得 = 5 500×12-180 = 65 820（元）

【筹划结论】方案二与方案一相比，张某税后净所得多了 1 500 元（65 820-64 320 = 1 500 元）。故张某应选择方案二。

【筹划点评】个人的综合所得适用的是超额累进税率，当应税所得处在级距附近，随着应税所得的增加，税负会出现更大幅度的增加，致使纳税人名义收入高，而实际收入降低。这是利用了纳税禁区模型的基本原理。

6.3.1.2 纳税项目之间转换的税收筹划

根据《中华人民共和国个人所得税法》，就居民个人纳税义务人而言，工资薪金所得、劳务报酬所得、稿酬所得、特许权使用费所得均计入纳税人的年度综合所得，综合所得按年度计算税款。综合所得统一按每年 6 万元扣除基本费用，但工资薪金所得在计入综合所得时是全额计入，不做任何费用扣除，而劳务报酬所得、特许权使用费所得则是以实际收入减除 20%的费用的余额为收入额，而稿酬所得是以实际收入额减除 20%的费用后还可以减按 70%计算。那么，在某些特殊情况下如果将工资、薪金所得转换劳务报酬所得或稿酬所得等，通过增加费用扣除，这样就会使应纳税所得额降低，达到降税的目的。

【例 6-5】20×1 年，居民个人纳税人张某，受聘在甲公司工作，每月工资收入 8 000 元。同时，张某能够每月从乙公司获得收入 6 000 元（假设不考虑专项扣除、专项附加扣除和其他扣除）。

【工作任务】根据上述业务，为张某进行税收筹划。

【税法依据】根据《中华人民共和国个人所得税法》，就居民个人纳税义务人而言，工资薪金所得、劳务报酬所得均计入纳税人的年度综合所得，综合所得按年度计算税款。综合所得统一按每年6万元扣除基本费用，但工资薪金所得在计入综合所得时是全额计入，不做任何费用扣除，而劳务报酬所得以实际收入减除20%的费用的余额为收入额。

【筹划思路】张某可以把甲公司的收入作为工资收入，把从乙公司的收入作为劳务报酬；张某也可以把乙公司取得的收入作为工资收入（张某与甲公司解除聘用合同，与乙公司签用工合同），把从甲公司取得的收入作为劳务报酬收入（与甲公司解除聘用合同）。然后比较两种方案的纳税额，做出决策。

【筹划过程】

方案一：张某成为甲公司员工，把从乙公司取得的收入作为劳务报酬。

20×1年，张某应税所得＝8 000×12+6 000×12×80%−60 000＝93 600（元）

20×1年，张某应纳个人所得税额＝93 600×10%−2 520＝6 840（元）

方案二：张某成为乙公司员工，把从甲公司取得的收入作为劳务报酬。

20×1年，张某应税所得＝6 000×12+8 000×12×80%−60 000＝88 800（元）

20×1年，张某应纳个人所得税额＝88 800×10%−2 520＝6 360（元）

【筹划结论】方案二与方案一比较，张某少纳税480元（6 840−6 360＝480元）。故张某应选择方案二。

【筹划点评】工资薪金所得在计入综合所得时是全额计入，不做任何费用扣除，而劳务报酬所得以实际收入减除20%的费用的余额为收入额。方案二加大了扣除额度，降低应纳税所得，从而降低了税负。实际工作中，张某要注意与两公司保持良好的关系，否则得不偿失。

6.3.1.3　非居民个人工资薪金所得、劳务报酬所得、稿酬所得、特许权使用费所得的税收筹划

我国新颁布实施的《中华人民共和国个人所得税法》，明确规定了我国实行“综合与分类相结合的个人所得税制”，非居民个人纳税义务人取得工资薪金、劳务报酬、稿酬和特许权使用费四项收入按月或按次分项计算个人所得税。统一实行最低税率3%、最高税率45%的七级超额累进税率。

（1）非居民个人增加劳务报酬所得次数的税收筹划。

根据《中华人民共和国个人所得税法》，非居民个人提供劳务报酬是按次纳税，只有一次的，以该次收入为一次；属于同一事项连续收入的，以1个月收入为一次，非居民个人提供劳务报酬以每次收入额为应纳税所得额，每次收入额是以每次取得劳务报酬收入减除20%的费用后的余额为收入额。因此，非居民个人如果取得较高的劳务报酬，可以适当增加取得劳务报酬的次数来降低个人所得税税负。

【例 6-6】非居民个人戴维先生为著名的企业内控专家，20×1 年 5 月应邀为我国某集团公司提供为期两周的公司内控培训，每周培训费用为 30 000 元。现有两个方案可供选择。方案一：两周培训安排在 5 月进行，连续培训两周，支付劳务报酬 60 000 元；方案二：5 月培训一周，6 月培训一周，共支付培训费 60 000 元（不考虑增值税因素）。

【工作任务】请对上述业务活动进行税收筹。

【税法依据】根据《中华人民共和国个人所得税法》，非居民个人提供劳务报酬是按次纳税，只有一次的，以该次收入为一次；属于同一事项连续收入的，以 1 个月收入为一次，非居民个人提供劳务报酬以每次收入额为应纳税所得额，每次收入额是以每次取得劳务报酬收入减除 20%的费用后的余额为收入额。

【筹划思路】根据《中华人民共和国个人所得税法》，分别计算并比较两个方案中戴维先生缴纳的个人所得税金额，选择纳税较低的方案。

【筹划过程】

方案一：戴维先生应纳个人所得税计算如下。

5 月份，戴维先生两周的劳务报酬合并为一次，即取得税前劳务报酬收入=60 000（元）

5 月份，戴维先生应纳个人所得税=60 000×(1-20%)×30%-4 410=9 990（元）

方案二：戴维先生应纳个人所得税计算如下。

根据税法规定，戴维先生于 5 月、6 月取得培训劳务报酬收入为两次。

5 月份，戴维先生应纳个人所得税=30 000×(1-20%)×20%-1 410=3 390（元）

6 月份，戴维先生应纳个人所得税=30 000×(1-20%)×20%-1 410=3 390（元）

戴维先生共计应纳个人所得税合计=3 390+3 390=6 780（元）

【筹划结论】方案二较方案一，戴维先生少缴纳个人所得税 3 210 元（9 990-6 780=3 210 元）。故戴维先生应选择方案二。

【筹划点评】非居民个人取得的劳务报酬所得是按次计算缴纳个人所得税。因此，在总收入一定的情况下，我们适当增加取得劳务报酬的次数，可以降低个人所得税税率，从而降低个人所得税金额。但是，我们要考虑劳务报酬发放单位和接受劳务报酬方的具体情况，否则得不偿失。

（2）非居民个人劳务报酬相关费用的税收筹划。

非居民个人在提供劳务时，一般情况下，非居民个人只获得定额的劳务报酬，其非居民个人提供劳务报酬过程中发生的相关费用（交通费、住宿费等）均由非居民个人自己承担。这样非居民个人可以与接收劳务报酬的单位协商，非居民个人在提供劳务报酬过程发生的相关费用由接收劳务服务的单位承担，同时适当降低劳务报酬收入。尽管非居民个人名义上收入降低了，但实际收入会增加。

【例 6-7】某非居民个人 A 先生是国外某研究机构的知名专家，经常接受邀请到中国各地讲学。20×1 年 8 月，A 先生接受国内某协会的邀请，为该协会下属的企业经理人培训一天，劳务报酬为 10 万元人民币。A 先生的开销如下：往返机票

3 000 元，住宿费 5 000 元，伙食费 2 000 元，其他开支 3 000 元。

【工作要求】请对 A 先生上述收入进行纳税筹划。

【税法依据】根据《中华人民共和国个人所得税法》，非居民个人提供劳务报酬是按次纳税，只有一次的，以该次收入为一次；属于同一事项连续收入的，以 1 个月收入为一次，非居民个人提供劳务报酬以每次收入额为应纳税所得额，每次收入额是以每次取得劳务报酬收入减除 20% 的费用后的余额为收入额。

【筹划思路】A 先生可以与该协会协商，将费用开支（如交通费、食宿费）的责任归于接受劳务的企业，然后通过适当降低劳务报酬的方法对接受劳务的企业进行补偿，这样接受劳务的单位没有损失，但由于 A 先生的劳务报酬（名义收入）降低了，最终应缴纳的个人所得税也降低了。

【筹划过程】

方案一：A 先生与协会签订协议，收取讲座收入 100 000 元，但讲座期间的交通食宿等费用由 A 先生自己承担。

A 先生劳务报酬的应纳税所得额＝100 000×（1−20%）＝80 000（元）

A 先生应纳个人所得税额＝80 000×35%−7 160＝20 840（元）

协会支付课时费＝100 000−20 840＝79 160（元）

A 先生税后净收入＝79 160−（3 000+5 000+2 000+3 000）＝66 160（元）

方案二：A 先生与协会签订协议，协议约定 A 先生的交通、食宿等费用由协会支付，扣除这些费用后，A 先生的最终劳务费用为 87 000 元。

A 先生劳务报酬的应纳税所得额＝87 000×（1−20%）＝69 600（元）

A 先生应纳个人所得税额＝69 600× 35%−7 160＝17 200（元）

A 先生税收收益＝87 000−17 200＝69 800（元）

【筹划结论】方案二相比方案一，A 先生的实得收入增加了 3 640 元（69 800−66 160＝3 640 元），同时接受劳务的单位并未增加费用。因此，A 先生应选择方案二。

【筹划点评】非居民个人提供劳务服务时，最好约定由接受劳务服务的单位提供餐饮服务、报销交通费用、提供住宿等。相应地降低了非居民个人的劳务报酬总额，从而使得该项劳务报酬所得适用较低的税率。如果非居民个人自己负担以上费用，就不能在应纳税所得额中扣除。这样做虽然减少非居民个人名义上的报酬额，但实际收益会有所增加。

（3）非居民个人工资薪金所得与劳务报酬相互转换的税收筹划。

非居民个人的工资、薪金所得，是以每月收入额减除 5 000 元费用后的余额为应纳税所得额；劳务报酬、稿酬所得、特许权使用费所得，以每次收入额为应纳税所得额，劳务报酬所得、稿酬所得、特许权使用费所得是以收入减除 20% 的费用后的余额为收入额。稿酬所得的收入额减按 70% 计算。因此，相同的收入额，是按工资薪金所得纳税，还是按劳务报酬所得纳税，其应纳税所得额是不同的，应纳个人所得税也是不一样的。我们首先分析计算应纳个税，确定是选择工资薪金所得纳税还是选择劳务报酬所得纳税。

【例6-8】非居民个人A先生（德国）是一名动漫设计师，20×1年1月至5月在中国境内，其余时间均居住在德国。A先生20×1年1月至5月在中国境内甲公司工作，现在有两个方案可供A先生选择。方案一：与甲公司签订劳务用合同，20×1年1月至5月每月可以取得劳务报酬20 000元。方案二：与甲公司签订劳动合同，20×1年1月至5月每月可以取得20 000元的工资收入（假设无论哪种用工关系均不影响双方合作，不考虑增值税等其他因素）。

【工作任务】请对A先生上述行为进行纳税筹划。

【税法依据】根据《中华人民共和国个人所得税税法》，非居民个人的工资、薪金所得，是以每月收入额减除5 000元费用后的余额为应纳税所得额；劳务报酬、稿酬所得、特许权使用费所得，以每次收入额为应纳税所得额，劳务报酬所得、稿酬所得、特许权使用费所得是以收入减除20%的费用后的余额为收入额，适用3%~45%的超额累进税率。

【筹划思路】由于非居民个人的工资、薪金所得与劳务报酬所得时的扣除费用是不一样的，非居民个人工资、薪金所得是以每月收入固定扣除5 000元的费用后的余额为应纳税所得额；非居民个人劳务报酬所得是以每次收入减除20%的费用后的余额为收入额（应纳税所得额）。因此，我们通过事先计算出不同税目的应纳个人所得税税额，就可以选择最佳的方案。

【筹划过程】

方案一：A先生与中国的甲公司签订劳务用合同，20×1年1月至5月应纳个税计算如下。

A先生每月劳务报酬应纳税所得额=10 000×（1-20%）=8 000（元）

A先生每月应纳个人所得税税额=8 000×10%-210=590（元）

A先生20×1年1月至5月应纳个税合计=590×5=2 950（元）

方案二：A先生与中国的甲公司签订劳动合同，20×1年1月至5月应纳个税计算如下。

A先生每月工资应纳税所得额=10 000-5 000=5 000（元）

A先生每月应纳个人所得税税额=5 000×10%-210=290（元）

A先生20×1年1月至5月应纳个税合计=290×5=1 450（元）

【筹划结论】方案二较方案一少缴纳个人所得税1 500元（2 950-1 450=1 500元），因此A先生应选择方案二。

【筹划点评】针对非居民个人，工资、薪金所得与劳务报酬所得的纳税计算方法是不一样的，进而其应纳个人所得税金额也不一样。纳税人可以通过事先分析，选择最优方案，达到降税的目的。

推而广之，针对非居民个人，假设其工资、薪金所得和劳务报酬所得的应纳个人所得税相等时的税前收入额为 X。则有 $X\times(1-20\%)=X-5\,000$，得出 $X=25\,000$（元）。这说明：

当税前收入额为 25 000 元时，非居民个人选择工资、薪金所得纳税与选择劳务报酬所得纳税是一样的。

当税前收入额高于 25 000 元时，非居民个人选择劳务报酬所得纳税低于选择工资、薪金所得纳税。

当税前收入额低于 25 000 元时，非居民个人选择工资、薪金所得纳税低于选择劳务报酬所得纳税。

值得注意的是，对于属于增值税征税范围的劳务行为，若达到起征点，我们要考虑增值税问题，并且涉及城建税、教育费附加。因此我们要综合考虑，最终做出决策。

6.3.1.4　利用专项附加扣除的税收筹划

专项附加扣除，是指《中华人民共和国个人所得税法》规定的子女教育、继续教育、大病医疗、住房贷款利息、住房租金和赡养老人 6 项。专项附加扣除在纳税人本年度综合所得应纳税额中扣除，本年度扣除不完，不得结转以后年度扣除。由于部分专项附加扣除存在选择的空间，因此为纳税人的综合所得进行税收筹提供了一定空间或可能性。但是，如果纳税人年度综合所得额小于 6 万元费用减除额，那么对纳税人的专项附加扣除进行税收筹划也就没有什么必要了。

（1）租房与购买首套住房的税收筹划。

税法规定，纳税人及其配偶不得同时分别享受住房贷款利息专项附加扣除和住房租金专项附加扣除。也就是说，纳税人只能在住房租金专项附加扣除和住房贷款专项附加扣除这两项专项附加扣除中二选一，不能同时从纳税年度综合所得中扣除房屋租金和首套住房贷款利息。但是二者扣除的标准是有差异的，为纳税人节税提供了一定的空间。

【例 6-9】王先生和李女士是一对夫妻，在某城市（属于直辖市、省会城市、计划单列市以外的其他城市，且市辖区户籍人口不超过 100 万）工作，王先生每年扣除社保和住房公积金后的综合所得为 12 万元，李女士每年扣除社保和住房公积金后的综合所得为 5 万元。夫妻二人均不享受其他专项附加扣除项目。现在夫妻二人在继续租房和卖房之间纠结。

【工作任务】根据上述情况，针对王某和李某的情况进行税收筹划。

【税法依据】根据《中华人民共和国个人所得税法》，纳税人在主要城市没有自有租房而发生的住房租金支出，可以按照以下的标准定额扣除：纳税人承租住房位于直辖市、省会城市、计划单列市的，扣除标准为 1 500 元/月；纳税人承租住房位于除直辖市、省会城市、计划单列市以外的其他城市，且市辖区户籍人口超过 100 万的，按 1 100 元/月扣除；纳税人承租住房位于除直辖市、省会城市、计划单列市以外的其他城市，且市辖区户籍人口不超过 100 万的，按 800 元/月扣除；纳税人发生的首套住房贷款利息，在实际发生贷款利息的年度按照 1 000 元/月扣除，扣除期限不能超过 240 个月。这里所称的首套房贷款是指购买住房享受首套住房贷款利率的住房贷款。纳税人只能享受一套首套住房贷款利息扣除。如果夫妻双方共有首套住房，可以选择由其中一方扣除，具体扣除方式在一个纳税年度不得变更。

【筹划思路】我们分析继续租房和购买首套房后所缴纳的个人所得税，然后决策。本题只分析税收问题，不考虑其他因素（如是否有能力购房等）。

【筹划过程】

方案一：王先生和李女士继续租房。

由于李女士年度综合所得低于 6 万元，不涉及个人所得税问题，所以其租房租金选择由王先生扣除，则

王先生当年应纳税所得额 = 120 000-60 000-800×12 = 50 400（元）

王先生当年应纳个人所得税 = 50 400×10%-2 520 = 2 520（元）

方案二：王先生和李女士购买首套住房。

由于李女士年度综合所得低于 6 万元，不涉及个人所得税问题，所以其购房贷款利息选择由王先生扣除，则

王先生当年应纳税所得额 = 120 000-60 000-1 000×12 = 48 000（元）

王先生当年应纳个人所得税 = 48 000×10%-2 520 = 2 280（元）

【筹划结论】方案二较方案一，每年少缴纳个人所得税 240 元（2 520-2 280 = 240 元），所以王先生和李女士二人应选择方案二，即购买首套住房。

【筹划点评】由于购房每年税前扣除贷款利息额度（12 000 元）大于租房每年税前扣除租金额度（9 600 元），达到减税目的，但是若夫妻二人所处城市为直辖市、省会城市、计划单列市的，扣除标准为 1 500 元/月；或者夫妻二人所处位于除直辖市、省会城市、计划单列市以外的其他城市，且市辖区户籍人口超过 100 万的，按 1 100 元/月扣除的，选择继续租房对纳税人更有利。

（2）利用子女教育费用专项附加扣除的税收筹划

纳税人的子女接受学前教育和学历教育的相关支出，按照每个子女每年 1.2 万元的标准定额扣除。学期教育包括年满 3 岁至小学入学前教育，不论是否在幼儿园学习。学历教育包括义务教育（小学和初中教育）、高中阶段教育（普通高中、中等职业教育、技工教育）、高等教育（大学专科、大学本科、硕士研究生、博士研究生教育）。这表明拥有多个 3 岁以下的小孩就比没有或只有一个小孩多享受每个小孩每年 1.2 万元的扣除额，进而降低纳税人年综合所得，减少其个人所得税。

（3）利用继续教育费用项附加的税收筹划。

纳税人在境内接受学历（学位）继续教育的支出，在学历（学位）教育期间按照 400 元/月，扣除期限不能超过 48 个月；纳税人接受技能人员资格职业资格继续教育、专业技术人员职业资格继续教育，在取得相关证书的当年按照 3 600 元扣除。但需要注意的是，纳税人接受非学历继续教育需要根据人社部门职业目录确定，未纳入职业目录的个人兴趣爱好培训，不能享受继续教育专项附加扣除。

筹划思路：纳税人不仅可以通过接受在职研究生等学历教育，还可以通过接受各类非学历继续教育降低纳税人当年的综合所得应纳税所得额。如果纳税人能够取得技能人员职业资格证书或专业技术人员职业资格证书，就可以在不附加任何条件的前提下，在当年享受应纳税所得额的减除，从而在一定程度上降低综合所得应纳税所得额。

此外，如果纳税人在接受本科及以下学历（学位）继续教育，免征国家规定的扣除条件，可以选择由父母按照子女教育支出扣除，或由本人按照继续教育支出扣除，但不得同时扣除。由于可能存在父母收入较高而孩子刚工作收入不高的情况，这就为合理选择继续教育专项附加扣除的扣除方提供了一定的筹划空间。

6.3.1.5 利用其他扣除的税收筹划

在计算纳税人的年度综合所得应纳税所得额时，我们需要从综合所得年收入额中减去6万元的定额费用、专项扣除、专项附加扣除和依法确定的其他扣除。其中，其他扣除是指个人缴付符合国家规定的企业年金、职业年金，个人购买的符合国家规定的商业健康保险、税收递延型商业养老保险的支出，纳税人可以利用这些扣除项目，合理降低税收负担。

（1）利用企业年金、职业年金的税收筹划。

企业年金，是指根据《企业年金办法》的规定，企业及其职工在依法参加基本养老保险的基础上，自主建立的补充养老保险制度。职业年金，是指根据《机关事业单位职业年金办法》的规定，机关事业单位及其工作人员在依法参与基本养老保险的基础上建立一种补充养老保险制度。

在缴纳企业年金和职业年金（以下简称“年金”）时，单位缴纳部分暂不征收个人所得税；个人根据政策有关规定缴纳年金的个人部分，在不超过本人缴费工资计税基数的4%标准内的部分，暂从个人当期的应纳税所得额中扣除。年金个人缴费工资计税基数为本人上一年度月平均工资。月平均工资超过职工工作地所在设区城市上一年度职工月平均工资300%以上的部分，不计入个人缴费工资计税基数。简单地讲，只要纳税人的年金个人缴费部分不超过当地上年度职工平均工资的12%（4%×300%），该部分就可以税前扣除。此外，年金投资收益分配进入个人账户时，个人暂不纳税，但到龄退休、出境定居、死亡继承等原因需要领取年金时，应根据国家规定，依照工资、薪金收入按规定缴纳个人所得税。

筹划思路：纳税人可以按规定标准缴纳年金，减少当前应税所得，实现税收递延，即缴纳年金时不用缴税，等到领取年金时才根据领取的金额计算缴纳个人。

（2）利用购买符合规定的商业健康保险进行税收筹。

目前，商业健康保险个人所得税试点政策已推广到全国范围。政策规定，个人购买符合规定的商业健康保险产品的支出，允许在当年（月）计算应纳税所得额时予以扣除，扣除限额为每年2 400元（200元/月）。单位统一为员工购买符合规定的健康商业保险产品的支出，应分别计入员工个人工资薪金，视同个人购买，按照上述限额扣除。适用商业健康保险税收优惠政策的纳税人，是指取得工资薪金所得、连续性（连续3个月为同一单位提供劳务）劳务报酬所得的个人，以及取得个体工商生产经营所得、对企事业单位的承包承租经营所得的个体工商业主、个人独资企业投资者、合伙企业合伙人和承租经营者。

筹划思路：纳税人可以在每年定额扣除6万元费用的基础上，通过购买符合规定的商业健康保险产品，除享受正常的保险扣除外，每年还可以额外扣除2 400元的商业健康保险，实现一定的节税收益。

6.3.2 经营所得的税收筹划

根据《中华人民共和国个人所得税法》，经营所得的征收范围包括：①个体工商户、个人独资企业、合伙企业从事生产、经营活动取得的所得；②个人依法取得执照，从事办学、医疗、咨询以及其他有偿服务活动取得的所得；③个人承包、承租、转包、转租取得的所得，以及个人从事其他生产、经营活动取得的所得。经营所得是按年度计算，是以每一个纳税年度的收入总额减除成本、费用以及损失后的余额为应纳税所得额。下面主要就个体工商户、个人独资企业、合伙企业经营所得和承包、承租所得进行筹划。

(1) 增加费用支出。

个体工商户、个人独资企业、合伙企业从事生产、经营活动的应纳税所得额为收入减去发生的成本、费用、损失等。这些成本、费用是指个体工商户、个人独资企业、合伙企业发生的各项直接支出和分配计入成本的间接支出以及销售费用、管理费用和财务费用。因此，合理扩大成本、费用开支，降低应纳税所得额是个体工商户、个人独资企业、合伙企业进行税收筹的主要方向，筹划的思路如下。

① 尽可能把一些收入转换为成本费用。因为个人的收入主要是用于家庭日常开支，而家庭的很多开支项目（水电费、电话费等）又与自身经营的项目有关，只要纳税人尽量分开经营的费用，是准予在税前扣除的。

② 利用租金支出扩大经营费用支出。纳税主体在使用自己的房产、汽车等资产从事生产经营时，可以采取收取租金的方法扩大经营费用。虽然收取租金会增加个人的应纳税所得额，但租金作为一项经营费用可以冲减纳税主体的应纳税经营所得，减少纳税主体经营所得的纳税额；同时自己个人的房产、汽车的维修保养费用也可以列入纳税主体的经营费用支出。一般而言，年租金所带来的个人所得边际税率的变化应以不超过企业所得税的边际税率为准。

③增加工资支出以扩大经营费用。纳税主体可以把你的家庭成员聘用到企业来工作，支付合理的工资薪金，这样既解决了家庭成员工作问题，又合理增加了纳税主体的税前列支的经营费用，降低了应纳税所得额。

(2) 分散、退后收益的实现。

个体工商户的生产经营所得，是以每一纳税年度的收入总额减除成本、费用以及损失后的余额为应纳税所得额。其中，成本、费用是指纳税人从事生产、经营所发生的各项直接支出和分配计入成本的间接费用以及销售费用、管理费用和财务费用；而损失则是纳税人在生产、经营过程中发生的各项营业外支出。根据这种情况，税收筹划的思路为：①合理使用原材料的计价方法，推迟纳税；②合理安排经营年度的有关费用支出，避免利润较高的年度面临高税率计税的情况；③ 合理安排预缴税款，使应纳所得税延迟实现；④ 合理采用捐赠（在利润较高的年度避免适用高税率），降低税收负担。

6.3.3　承包、承租经营所得的税收筹划

纳税人承包、承租经营所得，在承包、承租时期，可能出现有的月份总收入过高、有的月份总收入过低的现象。在按月计算缴纳个人所得税的情况下，意味着个人在高收入的月份以较高税率缴纳个人所得税，缴纳较多的税款，同时在收入较低的月份又不能享受税法提供的种种优惠，如法定的费用扣除、按较低的税率征收等。因此，纳税人为减轻税收负担，通过推迟或提前获得收入，或改变收入支付方式。比如将一次付给改为多次付给，将多次付给改为一次或集中付给等。这使纳税人的收入尽可能在各个纳税期内保持均衡，避免了纳税人在某些收入较高月份以较高税率缴纳个人所得税，从而在总体上减轻纳税人的税收负担。

6.3.4　转让专利权的税收筹划

专利权是一项有价值的无形资产，那么所有者是将专利权出售取得现金，还是把它作为出资，取得股权更合算呢？对专利权的处理一般来讲可以做如下选择：第一，出卖专利权以获取现实的收入；第二，个人独资兴办企业；第三，以专利权为出资方式与他人合伙经营或投资入股。对于以上三种处理办法，在税收上的缴纳金额和纳税时间是不同的。

居民个人直接转让专利权等同于转让无形资产，应按“财产转让所得”规定纳税，缴纳个人所得税后，会得到一次性的实际收入，不会有第二次收入。

居民个人如果选择投资建厂经营，由于新建企业大多都可以享受一定的减免税优惠，此时其收入与税收负担之比，必然优于单纯转让专利权收入缴纳的个人所得税，当然更主要的是他的资产通过经营过程实现了保值、增值，产生了长期的经济效益。当然，这样做是有条件的：一是要有其他资金的支持，二是要有经营才能。

居民个人如果无力独立经营而选择与他人合伙经营，居民个人出技术，对方出资，建立有限责任公司或合伙制企业，那么双方只要事先约定好专利权占企业出资的比重，就可以根据各自占有企业资本的比例分配利润。在这种情况下，除了企业应负担的税收外，居民个人还要负担投资分红所需缴纳的个人所得税，而股份在没有转让之前是不需要负担税收的；同时还可以得到企业利润或资金配股所带来的收入。其实，居民个人负担的税收是有限的，而且是在一个相当长的时期内负担的。

假如专利权的拥有人喜欢冒险，想追求更大的利益，并且自身有条件的话，可以在举办独资企业或合伙企业方案中进行选择。

6.3.5 财产转让所得的税收筹划

（1）拍卖财产的税收筹划。

根据《国家税务总局关于加强和规范个人取得拍卖收入征收个人所得税有关问题的通知》（国税发〔2007〕38 号），个人拍卖除文字作品原稿及复印件以外的其他财产，如瓷器、玉器、珠宝、邮品、钱币、古籍和古董等物品，应以其转让收入额减除财产原值和合理费用后的余额为应纳税所得额，按照“财产 转让所得”项目适用 20%的税率缴纳个人所得税。在对个人财产拍卖所得征收个人所得税时，以该项财产最终拍卖成交价格为其转让收入额，纳税人凭合法有效凭证，如税务机关监制的正式发票、相关境外交易单据或海关报关单据、完税证明等，可从其转让收入额中减除相应的财产原值、拍卖财产过程中缴纳的税金及有关合理费用作为应纳税所得额。

如果纳税人不能提供合法、完整、准确的财产原值凭证（包括提供的财产原值凭证内容填写不规范，或者一份财产原值凭证包括多件拍卖品且无法确认每件拍卖品对应的原值），不能正确计算财产原值的，按转让收入额乘以 3%的征收率计算缴纳个人所得税。

此外，国家税务总局还进一步针对个人取得房屋拍卖收入征收个人所得税问题做出了明确规定，即个人通过拍卖市场取得的房屋拍卖收入在计征个人所得税时，其房屋原值应按照纳税人提供的合法、完整、准确的凭证予以扣除；不能提供完整、准确的房屋原值凭证，不能正确计算房屋原值和应纳税额的，统一按转让收入全额的 3%计算缴纳个人所得税。

从上述税法规定可以发现，对于个人通过拍卖市场取得的财产拍卖所得适用“财产转让所得”项目计征个人所得税时，存在两种计算方法：一种是按照应纳税所得额适用 20% 的税率计算应纳税额，另一种是按照转让收入额适用 3%的征收率计算应纳税额。这两种计算方法计算的应纳税额往往会存在很大差异。

【例 6-10】李女士于 20×0 年 8 月 5 日通过拍卖市场拍卖了一套位于市区的住房，拍卖成交价格为 400 万元，在拍卖过程中张某一共支付相关税金和费用 17.14 万元。该套住房购置于 20 世纪 80 年代，当时的购买价格为 100 万元，购房发票及相关凭证均保存完好。

【工作任务】根据上述业务，为李女士进行税收筹划。

【税法依据】根据《国家税务总局关于加强和规范个人取得拍卖收入征收个人所得税有关问题的通知》（国税发〔2007〕38 号）的规定，个人拍卖除文字作品原稿及复印件以外的其他财产，如瓷器、玉器、珠宝、邮品、钱币、古籍和古董等物品，应以其转让收入额减除财产原值和合理费用后的余额为应纳税所得额，按照

"财产转让所得"项目适用20%的税率缴纳个人所得税；个人通过拍卖市场取得的房屋拍卖收入在计征个人所得税时，其房屋原值应按照纳税人提供的合法、完整、准确的凭证予以扣除；不能提供完整、准确的房屋原值凭证，不能正确计算房屋原值和应纳税额的，统一按转让收入全额的3%计算缴纳个人所得。

【筹划思路】由于国家关于个人拍卖房产缴纳个人所得税的问题做了明确的规定，给予了纳税人两种计算个人所得税的方法，纳税人事先可以计算每一种方法的个人所得税额，然后选择有利于李女士的方法。

【筹划过程】

方案一：李女士拍卖房产时提供完整、合法、准确的凭证。

在这种情况下，李女士应按照应纳税所得额适用20%的税率计算个人所得税。

李女的应纳个人所得税=（400-100-17.14）×20% = 57.572（万元）

方案二：李女士选择不提供相关的凭证，按简易办法计算个人所得税

李女士应纳个人所得税= 400×3% = 12（万元）

【筹划结论】方案一较方案二多缴纳个人所得税45.572万元（57.572-12=45.572万元）。因此，李女士应选择方案二。

【筹划点评】既然国家给予了纳税人选择缴纳个人所得税方法的权利，纳税人在不违反法律规定的前提下可以选择有利于自身纳税的方式或方法。

（2）个人转让限售股的税收筹划。

自2010年1月1日起，对个人转让限售股取得的所得，按照"财产转让所得"项目适用20%的比例税率征收个人所得税。个人转让限售股，以每次限售股转让收入减除股票原值和合理税费后的余额为应纳税所得额，即

应纳税所得额=限售股转让收入-（限售股原价+合理税费）

其中，限售股转让收入是指转让限售股股票实际取得的收入，限售股原值是指限售股买入时的买入价及按照规定缴纳的有关费用，合理税费是指转让限售股过程中发生的印花税、佣金、过户费等与交易相关的税费。对于纳税人未能提供完整、真实的限售股原值凭证，不能准确计算限售股原值的，主管税务机关一律按限售股转让收入的15%核定限售股原值及合理税费。

如果纳税人保存有完整、真实的限售股原值凭证，那么上述税法规定就为纳税人提供了税收筹划机会。纳税人可以通过比较限售股原值和转让限售股过程中发生的合理税费之和是否大于限售股转让收入15%决定是否提供限售股原值凭证。

【例6-10】王先生持有某公司的120万股限售股，原始取得成本为147万元。20×1年8月6日，王先生持有的限售股全部解禁可上市流通。他在20×1年8月24日将已经解禁的限售股全部减持，取得转让收入共计1 400万元，并支付印花税、佣金、过户费等税费共计3万元。王先生保存有完整、真实的限售股原值凭证。李先生应如何进行筹划？

【工作任务】根据上述情况，为王先生进行税收筹。

【税法依据】根据《财政部、国家税务总局、证监会关于个人转让上市公司限售股所得征收个人所得税有关问题的通知》（财税〔2009〕167 号）和财税〔2010〕70 号文件的规定，对个人转让限售股取得的所得，按照“财产转让所得”项目适用20%的比例税率征收个人所得税。个人转让限售股，以每次限售股转让收入减除股票原值和合理税费后的余额作为应纳税所得额；对于纳税人未能提供完整、真实的限售股原值凭证，不能准确计算限售股原值的，主管税务机关一律按限售股转让收入的 15%核定限售股原值及合理税费。

【筹划思路】由于国家对个人转让限售股缴纳个人所得税的问题做了明确的规定，给予了纳税人两种缴纳个人所得税的方法，纳税人事先可以计算每一种方法的个人所得税额，然后选择有利于王先生的方法。

【筹划过程】

方案一：王先生未能提供完整、真实的限售股原值凭证。

王先生的限售股原值及合理税费为＝1 400×15%＝210（万元）

王先生应缴纳的个人所得税＝（1 400－210）×20% ＝ 238（万元）

方案二：王先生提供完整、真实的限售股原值凭证。

王先生应缴纳的个人所得税＝（1 400－150）×20% ＝ 250（万元）

【筹划结论】方案一与方案二比较，王先生少缴纳个人所得税 12 万元（250－238＝12 万元）。王先生应选择方案一。

【筹划点评】既然国家给予了纳税人选择缴纳个人所得税方法的权利，纳税人在不违反法律规定的前提下可以选择有利于自身纳税的方式或方法，以便降低自身的税负。

6.3.6 利息、股息、红利所得的税收筹划

利息、股息、红利所得，是指个人拥有债权、股权而取得的利息、股息、红利所得。利息是指个人拥有债权而取得的利息，包括存款利息、贷款利息和各种债券的利息。《中华人民共和国个人所得税法》规定，个人取得的利息所得，除国债和国家发行金融债券利息外，应当依法缴纳个人所得税。股息、红利，是指个人拥有股权取得的股息、红利。按照一定比率对每股发放的息金叫股息；公司、企业应分配的利润，按照股份分配的叫红利。股息、红利所得，除国家另有规定外，都要缴纳个人所得税。

（1）债券投资的税收筹划。

个人在进行债券投资决策时，需要考虑的关键因素之一就是投资所能获得的净收益。根据《中华人民共和国个人所得税法》第四条的规定，个人取得的国债和国家发行的金融债券利息所得免征个人所得税。国债利息是指个人持有中华人民共和国财政部发行的债券而取得的利息所得；国家发行的金融债券利息是指个人持有经国务院批准发行的金融债券而取得的利息所得。投资企业债券不能享受免征个人所

得税的优惠政策。因此，可能出现企业债券的票面收益率高于国债，但净收益低于国债的情况。由此可见，个人在进行债券投资决策时，应把税收纳入考虑范畴，考虑债券投资所获得的净收益。

（2）股票投资的税收筹划

《中华人民共和国个人所得税法》规定，自 2013 年 1 月 1 日起，个人从公开发行和转让市场取得的上市公司股票，持股期限在 1 个月以内（含 1 个月）的，其股息、红利所得全额计入应纳税所得额；持股期限在 1 个月以上至 1 年（含 1 年）的，暂减按 50%计入应纳税所得额；持股期限超过 1 年的，暂减按 25%计入应纳税所得额。自 2015 年 9 月 8 日起，持股期限超过 1 年的，股息、红利所得暂免征收个人所得税。上述所得统一适用 20%的税率计征个人所得税。上市公司是指在上海证券交易所、深圳证券交易所挂牌交易的上市公司，持股期限是指个人从公开发行和转让市场取得上市公司股票之日至转让交割该股票之日前一日的持有时间。

上市公司在派发股息、红利时，对截至股权登记日个人已持股超过 1 年的，其股息、红利所得免征个人所得税。对截至股权登记日个人持股 1 年以内（含 1 年）且尚未转让的，税款分两步代扣代缴：第一步，上市公司在派发股息、红利时，暂不扣缴个人所得税。第二步，个人在转让股票时，证券登记结算公司根据其持股期限计算应纳税额，由证券公司等股份托管机构从个人资金账户中扣收并划付证券登记结算公司，证券登记结算公司应于次月 5 个工作日内划付上市公司，上市公司在收到税款当月的法定申报期内向主管税务机关申报缴纳。

个人转让上市公司股票取得的资本利得与持有上市公司股票分得的股息、红利所得适用不同的税收待遇，即前者可以享受免税优惠，而后者需要缴纳个人所得税。另外，对于持有上市公司股票取得的股息、红利所得应缴纳的个人所得税也会因持股期限的长短而有所差异，即持股期限越长，个人所得税的实际税负越轻。在进行股票投资时，纳税人可以充分利用这些税收待遇的差异进行税收筹划，以减轻自身税负。一方面，如果上市公司保留利润不做分配，这在一定程度上会促使股价上涨，当个人投资者转让所就能将股息、红利性质的所得转化为股票资本利得，进而可以享受免征个人所得税的优惠。另一方面，纳税人可以利用持股期限的临界点进行筹划，尽可能延长持股期限，使获得的股息、红利所得可以适用更低的实际税率，甚至享受免税待遇。

【例 6-11】中国公民张某自 20×0 年 12 月 1 日起持有某上市公司的股票 100 万股。该上市公司于 20×1 年 9 月 25 日公布了 20×0 年的利润分配方案，方案规定本次利润分配采取派发现金红利的方式，每 10 股派发现金红利 2 元，股权登记日为 20×1 年 9 月 30 日，现金红利发放日为 20×1 年 10 月 9 日。

【工作任务】根据上述情况，为张某进行税收筹。

【税法依据】《中华人民共和国个人所得税法》规定，自 2013 年 1 月 1 日起，个人从公开发行和转让市场取得的上市公司股票，持股期限在 1 个月以内（含 1 个月）的，其股息、红利所得全额计入应纳税所得额；持股期限在1个月以上至1年（含1年）的，暂减按50%计入应纳税所得额；持股期限超过1年的，暂减按25%计入应纳税所得额。自2015年9月8日起，持股期限超过1年的，股息、红利所得暂免征收个人所得税。

【筹划思路】我们比较张某在分得现金股利后（20×1年10月10日）立即卖出股票和持有股票1年以上（20×1年12月1日以后某日）卖出股票的纳税情况，进而做出决策。

【筹划过程】

方案一：张某在分得现金股利后（20×1年10月10日）立即卖出股票

分得现金红利后，张某立即转让该上市公司股票，由于其股票持有期限在1个月以上1年以内，根据《中华人民共和国个人所得税法》，他的股息、红利所得暂减按50%计入应纳税所得额，因此：

张某转让股票时应纳个人所得税＝100÷10×2×50%×20%＝2（万元）

方案二：张某持有股票1年以上（20×1年12月1日以后）某日卖出。

张某可以在2020年12月1日以后再转让该上市公司股票，由于其股票持有期限在1年以上，根据《中华人民共和国个人所得税法》，他的股息、红利所得暂免征收个人所得税，则张某在转让股票时无须补缴个人所得税。因此，张某通过延长股票的持有时间而节约了税负。

【筹划结论】方案二较方案一节约2万元（2－0＝2万元）个人所得税，张某应选择方案二。

【筹划点评】这仅仅是从法规层面分析得出结论，实际决策时还应股份公司的经营业绩和整个证券市场大环境因素，否则会得不偿失。

6.4 利用个人所得税税收优惠政策的税收筹划

《中华人民共和国个人所得税法》及其实施条例，以及财政部、国家税务总局的相关规定等，都对个人所得项目给予了减税免税的优惠。

6.4.1 免税项目

①省级人民政府、国务院部委和中国人民解放军军以上单位，以及外国组织、国际组织颁发的科学、教育、技术、文化、卫生、体育、环境保护等方面的奖金。

②国债和国家发行的金融债券利息。

③按照国家统一规定发放的补贴、津贴（两院院士的特殊津贴每人每年1万元，免征个人所得税）。

④福利费、抚恤金、救济金。

⑤保险赔款。

⑥军人的转业费、复员费。

⑦按照国家统一规定发给干部、职工的安家费、退职费、退休工资、离休工资、离休生活补助费。

⑧依照我国有关法律规定的应予免税的各国驻华使馆、领事馆的外交代表、领事官员和其他人员的所得。

⑨中国政府参加的国际公约、签订的协议中规定免税的所得。

⑩对乡、镇（含乡、镇）以上人民政府或经县（含县）以上人民政府主管部门批准成立的机构、有章程的见义勇为基金或类似性质的组织，奖励见义勇为者的奖金或奖品，经主管税务机关批准，免征个人所得税。

⑪对于取得的教育储蓄存款利息所得以及国务院财政部门确定的其他专项储蓄存款或者储蓄性专项基金存款的利息所得，免征个人所得税。

⑫按照国家规定，单位为个人缴付和个人缴付的住房公积金、基本医疗保险费、基本养老保险费、失业保险费，从纳税义务人的应纳税所得额中扣除。

⑬个人按国家有关规定取得的拆迁补偿款，免征个人所得税。

⑭生育妇女按县级以上人民政府根据国家有关规定制定的生育保险办法取得的生育津贴、生育医疗费或其他属于生育保险性质的津贴、补贴，免征个人所得税。

⑮对工伤职工及其近亲属按照《工伤保险条例》规定取得的工伤医疗保险待遇，免征个人所得税。

⑯对国有企业职工，因企业依照《中华人民共和国企业破产法（试行）》宣告破产，对破产企业取得的一次性安置费收入，免予征收个人所得税。

⑰个人领取原提存的住房公积金、基本医疗保险金、基本养老保险金，以及失业保险金，免予征收个人所得税。

⑱经国务院财政部门批准免税的其他所得。

6.4.2　减税项目

①残疾、孤老人员和烈属的所得。

②因严重自然灾害造成重大损失的。

③其他经国务院财政部门批准减免的。

上述减税项目的减征幅度和期限，由省、自治区、直辖市人民政府规定。

6.4.3　暂免征税项目

①个人举报、协查各种违法、犯罪行为而获得的奖金。

②个人办理代扣代缴手续，按规定取得的扣缴手续费。

③个人转让自用达5年以上并且是唯一的家庭居住用房取得的所得。

④外籍个人从外商投资企业取得的股息、红利所得。

⑤符合特殊条件的外籍专家取得的工资、薪金所得。

⑥股权分置改革中非流通股股东通过对价方式向流通股股东支付的股份、现金等收入，暂免征个人所得税。

⑦自2015年9月8日起，个人从国内公开发行和转让市场（包括上海证券交易所、深圳证券交易所和全国中小企业股份转让系统）取得的上市公司股票，持股期限超过1年的股息红利所得暂免征个人所得税；持股期限在1个月至1年（含）的，股息红利所得暂减按50%计入应纳税所得额按20%税率征收；持股期限在1个月（含）以内的股息红利全额计入应纳税所得额按20%税率征收。

⑧对个体工商户或个人，以及个人独资企业和合伙企业从事种植业、养殖业、饲养业和捕捞业（以下简称“四业”），其投资者取得的“四业”所得，暂不征收个人所得税。

⑨对个人投资者从投保基金公司取得的行政和解金，暂免征个人所得税。

⑩对个人取得以下中奖所得，暂免征个人所得税：

A. 个人取得单张有奖发票奖金所得不超过800元（含800元）的，暂免征收个人所得税。

B. 购买福利彩票、赈灾彩票、体育彩票，一次中奖收入在1万元以下的（含1万元）暂免征收个人所得税，超过1万元的，全额征收个人所得税。

⑪达到离休、退休年龄，但确因工作需要，适当延长离休、退休年龄的高级专家（指享受国家发放的政府特殊津贴的专家、学者），其在延长离休、退休期间的工资、薪金所得，视同离休、退休工资，免征个人所得税。

⑫自2008年10月9日（含）起，对储蓄存款利息所得暂免征收个人所得税。

⑬自2009年5月25日（含）起，以下情形的房屋产权为无偿赠与，对当事双方不征收个人所得税，包括：①房屋产权所有人将房屋产权无偿赠与配偶、父母、子女、祖父母、外祖父母、孙子女、外孙子女、兄弟姐妹；②房屋产权所有人将房屋产权无偿赠与对其承担直接抚养或者赡养义务的抚养人或者赡养人；③房屋产权所有人死亡，依法取得房屋产权的法定继承人、遗嘱继承人或者受遗赠人。

⑭乡镇企业的职工和农民取得的青苗补偿费，属于种植业的收益范围，同时，也属经济损失的补偿性收入，暂不征收个人所得税。

⑮自原油期货对外开放之日起，对境外个人投资者投资中国境内原油期货取得的所得，三年内暂免征收个人所得税。

6.4.4 优惠政策的特殊规定

6.4.4.1 关于中央企业负责人年度绩效薪金延期兑现收入和任期奖励的政策

2021年12月31日前，中央企业负责人取得的年度绩效薪金延期兑现收入和任期奖励，不计入当年综合所得。以取得的年度绩效薪金延期兑现收入和任期奖励入除以12个月得到的数额，按照月度综合所得税率表（见表6-4）确定的适用税率和

速算扣除数，单独计算纳税，其计算公式为

应纳税额=取得的年度绩效薪金延期兑现收入和任期奖励入×适用税率-速算扣除数

6.4.4.2　关于解除劳动关系、提前退休、内部退养的一次性补偿收入的政策

①个人与用人单位解除劳动关系取得一次性补偿收入，在当地上年职工平均工资3倍数额以内的部分，免征个人所得税；超过3倍数额的部分，不并入当年综合所得，单独适用综合所得税率表（见6-3）计算纳税。

②个人办理提前退休手续而取得的一次性补贴收入，应按照办理提前退休手续至法定离退休年龄之间实际年度平均分摊，确定适用税率和速算扣除数，单独适用综合所得税率表（见6-3）计算纳税，其计算公式为

应纳税额=[（一次性补偿收入÷办理提前退休手续至法定退休年龄的实际年度数-费用扣除标准）×适用税率-速算扣除数]×办理提前退休手续至法定退休年龄的实际年度数

③个人办理内部退养手续而取得一次性补偿收入，应按办理内部退养手续后至法定离休年龄之间的所属月份进行平均，并与领取当月的“工资、薪金”所得合并后减除当月费用扣除标准，以余额为基数确定适用税率，再将当月工资、薪金加上取得的一次性收入，减除费用扣除标准，按适用税率预扣预缴个人所得税。

6.4.4.3　关于单位低价向职工售房的政策

单位按低于购置或建造成本价格出售住房给职工，职工因此而少支出的差额部分，符合《财政部、国家税务总局关于单位低价向职工售房有关个人所得税问题的通知》（财税〔2007〕13号）第二条规定的，不并入当年综合所得，以差价收入除以12个月得到的数额，按月度税率表（见表6-4）确定适用税率和速算扣除数，单独计算纳税，其计算公式为

应纳税额=职工实际支付的购房款低于该房的购置或建造成本价格的差额×适用税率-速算扣除数

6.4.4.4　有限合伙制创业投资企业和天使投资个人的个人所得税规定

①有限合伙制创业投资企业采取股权投资方式直接投资于初创科技型企业满2年的，其个人合伙人可以按照对初创科技型企业投资额的70%抵扣该合伙人从合伙制创业投资企业分得的经营所得；当年不足抵扣，可以在以后纳税年度结转抵扣。

②天使投资个人采取股权投资方式直接投资于初创科技型企业满2年的，可以按照投资额的70%抵扣转让该初创科技型企业股权取得的应纳税所得额；当期不足抵扣的，可以在以后取得转让该初创科型企业股权的应纳税所得额时结转抵扣。

天使投资个人投资多个人初创科技型企业的，对其中办理注销清算的初创科技型企业，天使投资个人对其投资额的70%尚未抵扣完的，可自注销清算之日起36个月内抵扣天使投资个人转让其他初创科技型企业股权取得额应纳税所得额。

③作为被投资对象初创科技型企业，应同时满足：①在中国境内（不包括香

港、澳门、台湾地区）注册成立、实行查账征收的居民企业。②接受投资时，从业人数不超过200人，其中具有大学本科以上学历的从业人数不低于30%；资产总额和年销售收入均不超过3 000万元。③接受投资时设立时间不超过5年（60个月）。④接受投资时以及接受投资后2年内未在境外证券交易所上市。⑤接受投资当年及下一纳税年度，研发费用总额占成本费用支出的比例不低于20%。

④享受上述税收政策的合伙制创业投资企业，应同时满足：在中国境内（不包括香港、澳门、台湾地区）注册成立、实行查账征收的居民企业，且不属于被投资初创科技型企业的发起人。符合《创业投资企业管理暂行办法》（发展改革委等10部门令第39号）规定或者《私募投资基金监督管理暂行办法》（证券会令第105号）关于创业投资基金的特别规定按照上述规定完成备案且规范运作。投资后2年内，创业投资企业及其关联方持有被投资初创科技型企业的股权比例合计应低于50%。

⑤享受上述税收政策的天使投资个人，应同时满足：不属于被投资初创科技型企业的发起人、雇员或其亲属（包括配偶、父母、子女、祖父母、外祖父母、孙子女、外孙子女、兄弟姐妹，下同），且与被投资初创科技型企业不存在劳务派遣等关系；投资后2年内，本人及其亲属持有被投资初创科技型企业的股权比例合计应低于50%。

⑥享受上述税收政策的投资，仅限于通过向被投资初创科技型企业直接支付现金方式取得的股权投资，不包括受让其他股东的存量股权。

6.4.5 境外所得已纳税款的扣除

国家在对居民个人境外所得征税时，会面临居民个人纳税义务人的境外所得在来源国或地区被征税的情况。为了避免国家之间对居民个人同一所得双重征税，我国对居民个人的境外所得行使居民税收管辖权时，对居民个人的所得在境外已纳税款采取了分不同情况从应征税额中予以扣除的做法。

《中华人民共和国个人所得税法》规定：居民个人从中国境外取得的所得，可以从其应纳税额中抵免已在境外缴纳的个人所得税税额，但抵免额不得超过该纳税人境外所得依照我国税法规定计算的应纳税额。

居民个人从境外和境内取得的综合所得或者经营所得，应当分别合并计算应纳税额；从境内和境外取得的其他所得应当分别单独计算应纳税额。

已在境外缴纳的个人所得税税额，是指居民个人来源于中国境外所得，依照该所得来源国或者地区的法律应当缴纳并且实际已经缴纳的所得税税额；境外所得依照《中华人民共和国个人所得税法》规定计算的应纳税款，是居民个人境外所得已缴纳境外个人所得税的抵免限额。除国务院财政、税务主管部门另有规定外，来源于一国（地区）的抵免限额为来源于该国的综合所得抵免限额、经营所得抵免限额、其他所得项目抵免限额之和，其中，

①来源于一国（地区）的综合所得抵免限额=中国境内、境外综合所得依照《中华人民共和国个人所得税法》规定计算的综合所得应纳税总额×来源于该国（地区）的综合所得收入数÷中国境内、境外综合所得收入总额

②来源于一国（地区）的经营所得抵免限额=中国境内、境外经营所得依照《中华人民共和国个人所得税法》规定计算的经营所得应纳税总额×来源于该国（地区）的经营所得额÷中国境内、境外经营所得额

③来源于一国（地区）的其他所得项目抵免限额，为来源于该国（地区）的其他所得项目依照我国个人所得税法规定计算的应纳税额。

《中华人民共和国个人所得税法实施条例》第二十一条规定：居民个人在中国境外一个国家（地区）实际已经缴纳的个人所得税税额，低于依照前款规定计算出的来源于该国家（地区）所得的抵免限额的，应当在中国缴纳差额部分的税款；超过来源于该国家（地区）所得的抵免限额的，其超过部分不得在本纳税年度的应纳税额中抵免，但是可以在以后纳税年度来源于该国家（地区）所得的抵免限额的余额中补扣。补扣期限最长不得超过五年。居民个人申请抵免已在境外缴纳的个人所得税税额，应当提供境外税务机关出具的税款所属年度的有关纳税凭证。

纳税人进行税收筹时应当考虑的核心问题是：如何才能使“超过扣除限额的部分”在五年内获得扣除，以下几种办法可以解决这一问题。

①纳税人在以后年度必须继续从该国取得应税收入，而且来自该国的所有应税收入的已纳税款之和小于税法规定的扣除限额，可以扣除。

②如果纳税人在某个国家只有一项收入来源，而且该项收入来源在该国的已纳税款超过了按照我国税法规定计算的应纳税款，这种情况只会使“超过扣除限额的部分”越来越高，除非该国降低税率，或者我国提高税率，否则不能扣除。

③以后年度来源于该国的各项应税收入中又增加了其他应税收入项目，这些应税收入项目在该国的税负低于我国。

④以后年度来源于该国的应税收入中减少了一些应税收入项目，这些应税收入项目在该国的税负高于我国。

本章小结：

个人所得税是指国家以个人（自然人）的各项应税所得作为征税对象征收的一种所得税。

个人所得税的纳税义务人包括中国公民、个体工商业户、个人独资企业、合伙企业投资者以及在中国有所得的外籍人员（包括无国籍人员）和港澳台同胞。按照国际惯例，依据住所和居住时间两个标准，我国个人所得税的纳税人分为居民纳税人和非居民纳税人，由于国家对这两种纳税人的税收政策不同，纳税人可以把握这一尺度，进行纳税筹划。

计税依据的税收筹划最为复杂，包括综合所得的税收筹划，经营所得的税收筹划，承包、出租经营所得的税收筹划，转让专利权的税收筹划，财产转让的税收筹划，利息、股息、红利的税收筹划。

同时，国家对个人所得的不同应税项目给予了不同程度的税收优惠，为纳税人可以利用这些税收筹优惠政策进行税收筹提供了空间。

关键术语：

居民个人　非居民个人　工资薪金福利化　劳务报酬费用化　企业年金　职业年金　健康商业保险收入均衡化　境外所得税抵免

思考题

1. 简述如何选择个人所得税纳税人身份进行纳税筹划。
2. 居民个人取得劳务报酬如何预扣预缴税款？是否需要进行汇总清缴？
3. 简述稿酬“次”的确定。
3. 简述提高职工福利水平，降低名义收入的基本方法。
4. 简述应税项目转换筹划的基本思想。

第 7 章
关税及其他税种的税收筹划

培养能力目标

（1）掌握关税的税务筹划方法；
（2）理解印花税的税务筹划方法；
（3）理解城市维护建设税的税务筹划方法；
（4）理解契税的税务筹划方法；
（5）熟悉房产税的税务筹划方法；
（6）熟悉车船税的税务筹划方法；
（7）熟悉车辆购置税的税务筹划方法；
（8）熟悉城镇土地使用税的税务筹划方法；
（9）熟悉资源税的税务筹划方法；
（10）熟悉土地增值税的税务筹划方法。

案例导入

纳税筹划案例认知

甲铝合金门窗生产公司受乙建筑公司委托，负责加工一批铝合金门窗。加工所需原材料由甲公司提供。甲公司收取加工费及原材料费共计 300 万元，其中，提供的原材料价值为 200 万元，收取的加工费为 100 万元。

工作要求　请对上述业务进行税收筹划。

案例解析　见本章的 7.8.1。

7.1　关税的税收筹划

随着国际贸易的迅速发展，我们在商品交易中不可避免地会涉及进出口的问题。就关税的税务筹划而言，该税税负弹性较小，其在税目、税基、税率及减免优惠等方面都规定得相当详尽。因此，其筹划空间不如所得税类广。

7.1.1 合理控制进口货物完税价格

《中华人民共和国海关法》规定，进出口货物的完税价格，由海关以该货物的成交价格为基础，进行审查确定。成交价格不能确定时，完税价格由海关依法估定。我国加入世界贸易组织后，我国海关已全面实施《世界贸易组织估价协定》，遵循客观、公平、统一的估价原则，并依据2014年2月1日起实施的《中华人民共和国海关审定进出口货物完税价格办法》（以下简称《完税价格办法》），审定进出口货物的完税价格。

7.1.1.1 进口货物的完税价格

根据《中华人民共和国海关法》，进口货物的完税价格包括货物的货价、货物运抵我国境内输入地点起卸前的运输及其相关费用、保险费。货物的货价以成交价格为基础。进口货物的成交价格是指买方为购买该货物，并按《完税价格办法》有关规定调整后的实付或应付价格。

下列费用或者价值未包括在进口货物的实付或者应付价格中，应当计入完税价格，具体包括：由买方负担的除购货佣金以外的佣金和经纪费；由买方负担的与该货物视为一体的容器费用；由买方负担的包装材料和包装劳务费用；该货物的生产和向中华人民共和国境内销售有关的，由买方以免费或者以低于成本的方式提供并可以按适当比例分摊的料件、工具、模具、消耗材料及类似货物的价款，以及在境外开发、设计等相关服务的费用；与该货物有关并作为卖方向我国销售该货物的一项条件，应当由买方直接或间接支付的特许权使用费；卖方直接或间接从买方对该货物进口后转售、处置或使用所得中获得的收益。

下列费用，如能与该货物实付或者应付价格区分，不得计入完税价格，具体包括：厂房、机械、设备等货物进口后的基建、安装、装配、维修和技术服务的费用，货物运抵境内输入地点之后的运输费用、保险费和其他相关费用，进口关税及其他国内税收，为在境内复制进口货物而支付的费用，境内外技术培训及境外考察费用。

进口货物的价格不符合成交价格条件或者成交价格不能确定的，海关应当依次以相同货物成交价格方法、类似货物成交价格方法、倒扣价格方法、计算价格方法及其他合理方法确定的价格为基础，估定完税价格。如果进口货物的收货人提出要求，并提供相关资料，经海关同意，可以选择倒扣价格方法和计算价格方法的适用次序。

7.1.1.2 出口货物的完税价格

出口货物的完税价格，由海关以该货物向境外销售的成交价格为基础审查确定，应包括货物运至我国境内输出地点装载前的运输及其相关费用、保险费，但其中包含的出口关税税额，应当扣除。

出口货物的成交价格，是指该货物出口销售到我国境外时买方向卖方实付或应付的价格。出口货物的成交价格中含有支付给境外的佣金的，如果单独列明，应当扣除。

在税率确定的情况下，完税价格的高低决定了关税的轻重。完税价格的确定是关税弹性较大的一环，在同一税率下，完税价格如果高，从价计征的税负则重，如果低，税负则轻，而且在许多情况下，完税价格的高低还会影响关税的税率。因此，关税筹划的一个切入点就是合理地控制完税价格。

【例7-1】我国的甲公司欲引进一种特殊的用于钢结构产品生产的全自动机器设备，可选择从美国或日本进口。如果从美国进口，境外成交价为1 200万元。该设备运抵我国入关前发生的运费和保险费为100万元，另外需支付由买方负担的经纪费8万元，包装材料和包装劳务费48万元，特许权使用费30万元，与该设备有关的境外开发设计费24万元。如果从日本进口，境外成交价为1 100万元，该设备运抵我国入关前发生的运费和保险费为80万元，另需支付由买方负担的经纪费8万元，包装材料和包装劳务费47万元，特许权使用费28万元，与该设备有关的境外设计开发费32万元。关税税率为30%。

【工作要求】请对上述业务进行税收筹划。

【税法依据】根据《中华人民共和国海关法》（以下简称《海关法》），进口货物的完税价格包括货物的货价、货物运抵我国境内输入地点起卸前的运输及其相关费用、保险费。货物的货价以成交价格为基础，进口货物的成交价格是指买方为购买该货物，并按有关规定调整后的实付或应付价格。如下列费用或者价值未包括在进口货物的实付或者应付价格中，应当计入完税价格，具体包括：第一，由买方负担的除购货佣金以外的佣金和经纪费；第二，由买方负担的与该货物视为一体的容器费用；第三，由买方负担的包装材料和包装劳务费用；第四，与该货物的生产和向中华人民共和国境内销售有关的，由买方以免费或者以低于成本的方式提供并可以按适当比例分摊的料件、工具、模具、消耗材料及类似货物的价款，以及在境外开发、设计等相关服务的费用；第五，与该货物有关并作为卖方向我国销售该货物的一项条件，应当由买方直接或间接支付的特许权使用费；第六，卖方直接或间接从买方对该货物进口后转售、处置或使用所得中获得的收益。

【筹划思路】在税率确定的前提下，完税价格的高低决定了关税的轻重。纳税人进口货物时，应选择同类产品中成交价格比较低的，且运费、杂项费用相对较小的货物，以降低关税。

【筹划过程】

方案1：从美国进口。

关税完税价格＝1 200+100+8+48+30+24＝1 410（万元）

应纳关税＝1 410×30%＝423（万元）

应纳增值税＝（1 410+423）×13%＝238.29（万元）

方案2：从日本进口。

关税完税价格＝1 100+80+8+47+28+32＝1 295（万元）

应纳关税＝1 295×30%＝388.5（万元）

应纳增值税＝（1 295+388.5）×13%＝218.86（万元）

【筹划结论】方案2比方案1少缴纳关税34.5万元（423−388.5＝34.5万元），少缴纳增值税19.43万元（238.29−218.86＝19.43万元），因此甲公司应当选择方案2。

【筹划点评】在进行纳税筹划时，我们不能把完税价格的筹划方法片面地理解为降低申报价格，如果为了少缴税而降低申报价格，就会构成偷税。同时，我们还应综合考虑货物质量、售后服务等多种因素。

7.1.2 充分利用原产地标准进行纳税筹划

我国进口税设有最惠国税率、协定税率、特惠税率、普通税率四栏税率。同一进口货物的原产国不同，适用的税率也有很大的区别。而关于原产国的认定，我国基本采取了“全部产地生产标准”和“实质性加工标准”两种国际上通用的原产地标准。

全部产地生产标准是指进口货物“完全在一个国家内生产或制造”，生产国或制造国即为该货物的原产国。实质性加工标准是适用于确定有两个或两个以上国家参与生产的产品的原产国的标准。

目前许多跨国公司在全球不同国家设立了分支机构，这些机构在某种商品的生产过程中扮演了一定的角色。可以说，成品是由不同国家生产的零部件组装起来的。那么最后组装成最终产品的地点（原产国）就非常重要，一般应选择在同进口国签订有优惠税率的国家或地区，避开进口国征收特别关税的国家和地区。

【例7-2】20×7年，某外贸进出口公司主要从事进口某国际知名品牌空调的销售，年销售数量为10 000台，每台国内的销售价格为5 000元，进口完税价格为3 000元，假定适用进口环节的关税税率为20%，增值税率为13%。该公司管理层提出议案：在取得该品牌空调厂商的同意和技术协作的情况下，进口该品牌空调的主要零部件，进口完税价格为整机价格的60%，假定适用进口环节的关税税率为15%。其他配件委托国内技术先进的公司加工，并完成整机组装，所发生的成本费用为进口完税价格的50%，购进配件及劳务的增值税税率为13%。

【工作要求】请分析该管理层议案的经济可行性。

【税法依据】境内纳税人进口货物除了采用一般的进口产成品的方式之外，还可以选择进口原材料、零部件的方式。通常情况下，原材料、零部件的关税税率最低，半成品较低，产成品的税率最高。

【筹划思路】公司在条件允许的情况下，可以考虑先进口原材料与零部件，然后在国内再进行加工，生产自己所需的产成品，从而降低关税税负。

【筹划过程】

方案1：直接购进整机的税负与收益。

应纳关税额＝1×3 000×20%＝600（万元）

进口环节应纳增值税额=（1×3 000+600）×13%=468（万元）

国内销售空调应纳增值税=1×5 000×13%-468=182（万元）

收益额=1×5 000-1×3 000-600=1 400（万元）

方案 2：购进部件及其组装的税负与收益。

应纳关税额=1×3 000×60%×15%=270（万元）

进口环节应纳增值税额=（1×3 000×60%+270）×13%=269.1（万元）

国内组装销售空调应纳增值税=1×5 000×13%-269.1=380.9（万元）

收益额=1×5 000-1×3 000×60%-270-1×3 000×50%=1 430（万元）

【筹划结论】方案 2 比方案 1 少缴纳关税 330 万元（600-270=330 万元），收益增加 30 万元（1 430-1 400=30 万元），故该公司应选择方案 2。

【筹划点评】作为管理层应当选择从国外购进部件并在国内组装的方式，虽然购进成本比整机方式多 300 万元，但关税降低了 330 万元，增加收益额 30 万元。

7.1.3　个人行李、邮寄物品的关税筹划

我国关税分为从价税、从量税、选择税、复合税、滑准税。

从价税是一种最常用的关税计税标准。它是以货物的价格或者价值为征税标准，以应征税额占货物价格或者价值的百分比为税率，价格越高，税额越高。货物进口时，以此税率和海关审定的实际进口货物完税价格相乘，计算应征税额。目前，我国海关计征关税的标准主要是从价税。进出口货物，应当按照纳税义务人申报进口或者出口之日实施的税率征税。

邮运的进口货物，应当以邮费作为运输及其相关费用、保险费；以境外边境口岸价格条件成交的铁路或公路运输进口货物，海关应当按照货价的 1%计算运输及其相关费用、保险费；作为进口货物的自驾进口的运输工具，海关在审定完税价格时，可以不另行计入运费。

纳税人可以在入境时选择携带低税率的物品，以避免被征收高税。

【例 7-3】李先生是一位具有英国国籍的华侨，现工作于曼彻斯特某公司，于 20×5 年 10 月乘飞机回国探亲，欲从国外购买礼物送给姐姐。根据姐姐的需求，李先生可以选择购买某型号的照相机一台，其价格为 24 000 元，进口关税税率为 20%；也可以选择某知名品牌的金首饰一件，其价格为也 24 000 元，但进口关税税率为 10%。

【工作要求】请为李先生进行税收筹划。

【税法依据】关税的征税对象是准予进出境的货物和物品。其中，货物是指贸易性商品，物品是非贸易性商品。入境旅客行李物品和个人邮递物品是指进入我国关境的非贸易性的自用物品，具体包括一切入境旅客和运输工具服务人员携带的行李物品、个人邮寄物品、馈赠物品及以其他方式入境的个人自用物品。对这些物品征收的进口税为包括关税、增值税、消费税三税合一而收的一种税。该税的纳税人

是入境行李物品的携带人和进口邮件的收件人。

【筹划思路】当个人携带物品回国时，将会面临各种不同税率的关税的缴纳。我国税法对烟、酒、化妆品、金银及其制品、包金饰品、纺织品及其制成品、电器用具、手表、照相机、录像机、汽车等关税税率的规定差异也很大。若想在国外购买礼物回国馈赠亲友，我们可以选择购买税率较低的外国商品，已达到降低进口关税的目的。

【筹划过程】

方案1：购买某型号的照相机为礼物。

应纳关税额＝24 000×20%＝4 800（元）

方案2：购买某知名品牌的金首饰为礼物。

应纳关税额＝24 000×10%＝ 2 400（元）

【筹划结论】方案2比方案1少缴纳关税2 400元。

【筹划点评】购买礼物不仅仅要考虑关税税负的大小，我们还应考虑到个人的爱好、需求等多方面的要求。

7.2 城市维护建设税的税收筹划

城市维护建设税是对从事工商经营的缴纳增值税和消费税的单位和个人征收的一种税。

7.2.1 合理利用公司选址进行纳税筹划

城市维护建设税以纳税人实际缴纳的增值税和消费税税额为计税依据。纳税人违反增值税和消费税有关税法而加收的滞纳金和罚款，是税务机关对纳税人违法行为的经济制裁，不作为城市维护建设税的计税依据。

城市维护建设税的税率，是指纳税人应缴纳的城市维护建设税税额与纳税人实际缴纳的增值税和消费税税额之间的比率。城市维护建设税按纳税人所在地的不同，设置了三档地区差别比例税率：纳税人所在地为市区的，税率为7%；纳税人所在地为县城、镇的，税率为5%；纳税人所在地不在市区、县城或者镇的，税率为1%。

城市维护建设税以增值税和消费税税额为计税依据并同时征收，如果要免征或者减征增值税和消费税的，也就要同时免征或者减征城市维护建设税。

【例7-4】实力公司在设立选址时有两个方案可以选择：一是将公司设立在市区，二是将公司设立在县城。假定无论选择哪种方案，都不会影响公司经济效益。公司当期增值税与消费税合计为800万元。

【工作要求】请对实力公司上述业务进行税务筹划。

【税法依据】城市维护建设税采用地区差别比例税率。纳税人所在地为市区的，税率为 7%，纳税人所在地在县城、镇的，税率为 5%，不在市区、县城或镇的，税率为 1%。

【筹划思路】由于不同的地区规定了不同的城建税税率，因此公司可以根据自身的情况，在不影响经济效益的前提下，选择在城建税适用税率低的区域设立公司，这样不可以少缴城建税，而且还能降低房产税与城镇土地使用税的税负。

【筹划过程】

方案 1：设在市区。

应纳城建税税额 = 800×7% = 5.6（万元）

方案 2：设在县城。

应纳城建税税额 = 800×5% = 4（万元）

【筹划结论】方案 2 比方案 1 少缴纳城建税 1.6 万元（5.6−4 = 1.6 万元），因此该公司应当选择方案 2。

【筹划点评】将公司设在县城，在有些情况下，会导致公司生产经营成本发生变化，从而影响公司的经营业绩。因此，公司不能只单纯地考虑城建税税负来对公司进行选址，而应该结合公司自身发展，综合考虑各方面的因素。

7.2.2　利用委托加工进行纳税筹划

税法规定，城市维护建设税的适用税率，应当按纳税人所在地的规定税率执行。但是，对下列两种情况，我们可按缴纳增值税和消费税所在地的规定税率就地缴纳城市维护建设税。

①由受托方代扣代缴、代收代缴增值税和消费税的单位和个人，其代扣代缴、代收代缴的城市维护建设税按受托方所在地适用税率执行。

②流动经营等无固定纳税地点的单位和个人，在经营地缴纳增值税和消费税的，其城市维护建设税的缴纳按经营地适用税率执行。

代扣代缴、代收代缴增值税和消费税的单位和个人，同时也是城市维护建设税的代扣代缴、代收代缴义务人，其城市维护建设税的纳税地点在代扣代收地。

【例 7-5】保洁公司 20×5 年拟委托加工一批总价值 400 万元的化妆品，由受托加工单位代收代缴消费税 200 万元。现有两个受托单位可以选择：一是设在市区的甲公司，二是设在县城的乙公司。

【工作要求】请对保洁公司上述业务进行税务筹划。

【税法依据】对于由受托方代收代缴消费税的单位和个人，受托方按其所在地适用的税率代收代缴城市维护建设税。受托方是个人的除外。

【筹划思路】纳税人在进行委托加工时，可以选择城建税税率比自己低的地区的受托单位进行委托。

【筹划过程】

方案1：选择设在市区的甲公司作为受托方。

应纳城建税=200×7%=14（万元）

方案2：选择设在县城的乙公司作为受托方。

应纳城建税=200×5%=10（万元）

【筹划结论】方案2比方案1少缴纳城建税4万元（14-10=4万元），因此该公司应当选择方案2。

【筹划点评】公司不能只考虑受托方的地址，还应考虑受托方的信誉、加工质量等各种因素。

7.3 资源税的税收筹划

资源税是对在中华人民共和国领域及管辖海域从事应税矿产品开采和生产盐的单位和个人课征的一种税。资源税的纳税义务人是指在中华人民共和国领域及管辖海域开采应税资源的矿产品或者生产盐的单位和个人。

7.3.1 利用综合回收率和选矿比进行税务筹划

资源税实行从价定率和从量定额征收。实行从价定率征收的以销售额作为计税依据，销售额是指为纳税人销售应税产品向购买方收取的全部价款和价外费用，但不包括收取的增值税销项税额；实行从量定额征收的以销售数量为计税依据。

其中，对于连续加工前无法正确计算原煤移送使用量的煤炭，可按加工产品的综合回收率，将加工产品实际销量和自用量折算成原煤数量，以此作为课税数量。金属和非金属矿产品原矿，因无法准确掌握纳税人移送使用原矿数量的，可将其精矿按选矿比折算成原矿数量，以此作为课税数量。这就给税务筹划提供了一定的空间。

【例7-6】某铜矿企业10月份销售铜矿石原矿10 000吨，移送入选精矿2 000吨，选矿比为20%，该矿山铜矿属于五等，按规定适用1.2元/吨的单位税额，假定该矿山的实际选矿比为20%，税务机关确定的选矿比为35%。

【工作要求】请对该铜矿企业上述业务进行税务筹划。

【税法依据】《中华人民共和国资源税法》规定，对于连续加工前无法正确计算原煤移送使用数量的煤炭，可以按照加工产品的综合回收率，将加工产品实际销售量和自用销售量折算成原煤数量作为课税数量；对于金属和非金属矿产品原矿，无法准确掌握纳税人移送使用原矿数量的，可将其精矿按照选矿比折算成原矿数量作为课税数量。

【筹划思路】公司如果确知自身煤炭回收率或选矿比低于同行业平均综合回收

率或平均选矿比，则可不提供应税资源销售数量或自用数量，在这种情况下，税务机关就会根据同行业平均综合回收率或平均选矿比折算，计算出来的应税产品的数量则会少于实际使用数量，达到节税目的；反之，如果公司的加工技术或选矿技术比较先进，本公司煤炭的加工生产综合回收率或金属矿选矿比相比同行业较高，则应该准确核算回收率或选矿比，向税务机关提供准确的应税产品销售数量或者移送使用数量。

【筹划过程】

方案 1：按实际选矿比计算。

应纳资源税 = 10 000×1. 2+2 000÷20%×1. 2 = 24 000（元）

方案 2：按税务机关确定的选矿比计算。

应纳资源税 = 10 000×1. 2+2 000÷25%×1. 2 = 21 600（元）

【筹划结论】方案 2 比方案 1 少缴纳资源税 2 400 元（24 000 − 21 600 = 2 400 元），因此该企业应当选择方案 2。

【筹划点评】当企业实际综合回收率高于税务机关确定的综合回收率时，企业应当加强财务核算，准确提供应税产品销售数量或移送数量，方可免除不必要的税收负担。

7. 3. 2　分开核算的税务筹划

税法规定，纳税人同时销售（包括视同销售）应税原煤和洗选煤的，应当分别核算原煤和洗选煤的销售额；未分别核算或者不能准确提供原煤和洗选煤销售额的，一并视同销售原煤按计算缴纳资源税。

纳税人的减免税项目，应当单独核算课税数量和销售额，未单独核算或者不能准确提供减免税产品课税数量或销售额的，不予减税或者免税；纳税人开采或生产不同税目应税产品的，应当分别核算不同税目或应税产品的课税数量或销售额，否则从高适用税率。

因此，纳税人可以通过准确核算各税目的课税数量或销售额，分清免税产品与征税产品，分清不同税率产品，从而充分享受税收优惠，节约资源税。

【例 7-7】华北某矿产开采公司 20×6 年 11 月份开采销售原油 10 000 吨，每吨销售价格为 3 900 元，生产销售原煤 5 000 吨，开采销售天然气 10 万立方米（其中，5 万立方米为开采原油时伴生，5 万立方米为开采煤炭时伴生），天然气销售价格为 3 元/立方米。其适用的单位税额或税率为：原油 8%，原煤 11. 5 元/吨，天然气 8%。

【工作要求】请对该公司上述业务进行税务筹划。

【税法依据】《中华人民共和国资源税法》规定，纳税人的减免税项目，应独核算课税数量或销售额；未单独核算或者不能准确提供减免税产品课税数量售额的，不予减税或者免税；纳税人开采或生产不同税目应税产品的，应当算不同税目应税产品的课税数量或销售额，否则从高适用税率。

【筹划思路】税法规定，对于煤炭开采时生产的天然气免税，如果该公司将采煤时伴生的天然气分开核算，则可以享受免税。

【筹划过程】

方案1：公司未分开核算。

应纳资源税＝3 900×8%+5 000×11.5÷10 000+10×3×8%＝320.15（万元）

方案2：甲公司将天然气分开核算。

应纳资源税＝3 900×8%+5 000×11.5÷5 000+10×3×8%＝318.95（万元）

【筹划结论】方案2比方案1少缴纳资源税1.2万元（320.15－318.95＝1.2万元），因此该公司应当选择方案2。

【筹划点评】分别核算在一定程度上会加大核算成本，但有时与节税额相比，还是非常合算的。

7.4 房产税的税收筹划

房产税是以房屋为征税对象，按照房屋的计税余值或租金收入，向产权所有人征收的一种财产税。房产税以在征税范围内的房屋产权所有人为纳税人。

7.4.1 利用征税范围的税务筹划

房产税以房产为征税对象。所谓房产，是指有屋面和围护结构（有墙或两边有柱），能够遮风避雨，可供人们在其中生产、学习、工作、娱乐、居住或储藏物资的场所。房地产开发企业建造的商品房，在出售前，不征收房产税；但对出售前房地产开发企业已使用或出租、出借的商品房应按规定征收房产税。

税的征税范围为城市、县城、建制镇和工矿区，不包括农村。

按照房产原值一次减除10%~30%后的余值计算缴纳。各地扣除比例由
、直辖市人民政府确定。房产原值是指纳税人按照会计制度规定，
固定资产”科目中记载的房屋原价。房产原值应包括与房屋不可
或一般不单独计算价值的配套设施，主要包括：暖气、卫生、
；各种管线，如蒸汽、压缩空气、石油、给水排水等管道
电梯、升降机、过道、晒台；等等。属于房屋附属设备
管等应从最近的探视井或三通管起，计算原值；电
计算原值。

如房屋的地下室、地下停车场、商场的地下
一个整体，按照地上房屋建筑的有关规定计

【例7-8】华美公司拟在某市市区兴建工业园，工业园区计划除建造厂房、办公用房外，还包括厂区围墙、烟囱、水塔、变电站、停车场、游泳池等建筑物，预计工程造价40 000万元，其中，厂房、办公用房工程造价30 000万元，其他建筑设施造价10 000万元，当地政府规定的费用扣除比例为30%。

【工作要求】请对华美公司上述业务进行税务筹划。

【税法依据】我国房产税在城市、县城、建制镇和工矿区征收，不包括农村，房产是以房屋形态出现的财产。房屋则是指有屋面和围护结构（有墙或两边有柱），能够遮风避雨，可供人们在其中生产、工作、学习、娱乐、居住或储藏物资的场所。独立于房屋之外的建筑物，如围墙、烟囱、水塔、变电塔、油池油柜、酒窖菜窖、酒精池、糖蜜池、室外游泳池、玻璃暖房、砖瓦石灰窑及各种油气罐等，不属于房产。与房屋不可分割的附属设施，属于房产。

【筹划思路】如果将除厂房、办公用房以外的建筑物，如停车场、游泳池等建成露天的，并且将其造价与厂房、办公用房造价分开，并在会计账簿中单独核算，则这部分就可以不计入房产原值，不缴纳房产税。

【筹划过程】

方案1：将所有的建筑物造价都作为房产计入房产原值。

应纳房产税=40 000×（1-30%）×1.2%=336（万元）

方案2：将停车场、游泳池等建成露天的，并单独在会计账簿中反映其造价。

应纳房产税=30 000×（1-30%）×1.2%=252（万元）

【筹划结论】方案2比方案1少缴纳房产税84万元（336-252=84万元），因此该公司应当选择方案2。

【筹划点评】此种筹划方法可以作为房产税的计税依据，从而降低公司房产税税负。但是我们也要从公司实际使用需要出发。

7.4.2　改变租赁方式的税务筹划

我国现行房产税采用的是比例税率。由于房产税的计税依据分为从价计征和从租计征两种形式，所以房产税的税率也有两种：一种是按房产原值一次减除10%~30%后的余值计征的，税率为1.2%；另一种是按房产出租的租金收入计征的，税率为12%。从2001年1月1日起，对个人按市场价格出租的居民住房，用于居住的，可暂减按4%的税率征收房产税。自2008年3月1日起，对个人出租住房，不区分用途，按4%的税率征收房产税。

【例7-9】甲公司在A市拥有一处闲置库房，原值为2 000万元，净值为1 600万元，现在乙公司拟承租甲公司的闲置库房，当地规定从价计征房产税的减除比例为30%。现有两种方案可供选择，一是与乙公司签订租赁合同，初步商定年租金为150万元；二是与乙公司签订仓储合同，替乙公司保管货物，年仓储收入为150万元。

【工作要求】请对甲公司上述业务进行税务筹划。

【税法依据】房产出租的，房产税采用从租计征方式，以租金收入作为计税依据，按照12%税率征收。

【筹划思路】如果甲公司与乙公司协商，将房屋的租赁行为改为仓储业务，即由甲公司代为保管乙公司原准备承租房屋后拟存放的货物，则甲公司就可以选择从价计征房产税。

【筹划过程】

方案1：甲公司与乙公司签订租赁合同。

应纳房产税＝150×12%＝18（万元）

方案2：甲公司与乙公司签订仓储合同。

应纳房产税＝2 000×（1－30%）×1.2%＝16.8（万元）

【筹划结论】方案2比方案1少缴纳房产税1.2万元（18－16.8＝1.2万元），因此甲公司应当选择方案2。

【筹划点评】租赁与仓储是两个完全不同的概念，对于甲公司而言，仓储合同会增加一定的成本，到底签订何种合同，公司需要进行严格测算，并结合合同和双方利益进行综合决策。

7.4.3 房产投资方式选择的税务筹划

税法针对房产余值还做出了两个特别规定。

首先，对投资联营的房产，在计征房产税时应予以区别对待。对于以房产投资联营，投资者参与投资利润分红，并共担风险的，按房产余值作为计税依据计征房产税；对通过房产投资获得固定收入，不承担联营风险的，实际是以联营名义取得房产租金的，应根据《中华人民共和国房产税暂行条例》的有关规定，由出租方按租金收入计缴房产税。

其次，对融资租赁房屋的情况，由于租赁费包括购进房屋的价款、手续费、借款利息等，与一般房屋出租的“租金”内涵不同，且租赁期满后，当承租方偿还最后一笔租赁费时，房屋产权要转移到承租方。这实际是一种变相的分期付款购买固定资产的形式，所以在计征房产税时应以房产余值计算征收。根据财税〔2009〕128号文件的规定，融资租赁的房产，由承租人自融资租赁合同约定开始日的次月起依照房产余值缴纳房产税。合同未约定开始日期的，由承租人自合同签订的次月起依照房产余值缴纳房产税。

【例7－10】楠木公司将其自有房屋用于投资联营，该房产的账面原值是300万元。现有两套对外投资的方案可供选择：一是收取固定收入，不承担风险，当年取得的固定收入为30万元；二是投资者参与投资利润分红，共担风险。当地房产原值的扣除比例为30%。

【工作要求】请对楠木公司上述业务进行税务筹划。

【税法依据】对于以房产投资联营，投资者参与投资利润分红，共担风险的，被投资方要求以房产余值作为计税依据计征房产税；对于以房产投资，获取固定收入，不承担联营风险的，实际是以联营名义取得房产租金的，应由投资方按照租金收入计征房产税。

【筹划思路】两种方案下的房产税的计税依据与税率都不同，我们通过比较两种计税方式下房产税税负的大小，最终选择税负低的方案。

【筹划过程】

方案1：收取固定收入，不承担风险。

应纳房产税＝30÷（1+11%）×12%＝3.24（万元）

方案2：投资者参与投资利润分红，共担风险。

应纳房产税＝3 00×（1−30%）×1.2%＝2.52（万元）

【筹划结论】方案2比方案1少缴纳房产税0.72万元（3.24−2.52＝0.72万元），因此该公司应当选择方案2。

【筹划点评】不同的房产投资方案，其投资风险和收益是不同的，投资者不仅要考虑税负因素，还可以进行成本效益分析，以决定投资偏好。

7.4.4　利用税收优惠的税务筹划

目前，房产税的税收优惠政策如下。

①国家机关、人民团体、军队自用的房产免征房产税。但上述免税单位的出租房产以及非自身业务使用的生产、营业用房，不属于免税范围；

②由国家财政部门拨付事业经费的单位：如学校、医疗卫生单位、托儿所、幼儿园、敬老院、文化、体育、艺术这些实行全额或差额预算管理的事业单位所有的，其本身业务范围内使用的房产免征房产税；

③宗教寺庙、公园、名胜古迹自用的房产免征房产税；

④个人所有非营业用的房产免征房产税；

⑤经财政部批准免税的其他房产。

此外，税法规定房产大修半年以上的，经税务机关审核，在大修期间可以免税。因此，纳税人应充分利用税收优惠进行税务筹划。

【例7-11】甲公司有一栋厂房，计税账面价值为2 500万元，使用年限为20年，已使用15年，需进行大修理方可继续使用。20×5年1月，甲公司拟对该厂房进行大修理，修理后可使该厂房延长使用年限至10年。现有两个方案可供选择：一是对厂房进行修理，自20×5年1月1日开始，所耗用时间为5个月，领用生产用原材料100万元，进项税额为17万元，人工费为15万元；二是耗用相同的成本，自20×5年1月1日开始，所耗用的时间为7个月。假设当地房产原值扣除比例为30%。

【工作要求】请对甲公司上述业务进行税务筹划。

【税法依据】房屋大修导致连续停用半年以上的，纳税人在房屋大修期间免征房产税，免税额由纳税人在申报缴纳房产税时自行计算扣除，并在申报表附表或者备注栏中做相应说明。纳税人对原有房屋进行改建、扩建的，要相应增加房屋的原值。

【筹划思路】纳税人对房屋进行修理，应尽量使房屋停用半年以上，这样可以获取大修期间免征房产税的税收优惠。

【筹划过程】

方案1：对厂房进行修理，所耗用时间为5个月。

1月至5月应纳房产税合计=2 500×（1−30%）×（5/12）×1.2%=8.08（万元）

6月至12月应纳房产税合计=（2 500+100+17+15）×（1−30%）×（7/12）×1.2%=12.9（万元）

全年应缴纳房产税合计=8.08+12.9=20.98（万元）

方案2：对厂房进行修理，耗用时间为7个月。

1月至7月免征房产税。

8月至12月应纳房产税合计=（2 500+100+17+15）×（1−30%）×（5/12）×1.2%=9.21（万元）

【筹划结论】方案2比方案1少缴纳房产税11.77万元（20.98−9.21=11.77万元），因此甲公司应当选择方案2。

【筹划点评】公司在修理房产时，应创造条件，充分利用相关的税收优惠政策，以获得最大限度的节税利益。

7.5 车船税的税收筹划

车船税是以车船为征税对象，向拥有车船的单位和个人征收的一种税。

7.5.1 利用税率临界点进行税务筹划

车船税的征税范围是指在中华人民共和国境内属于车船税法所附《车船税税目税额表》规定的车辆、船舶。

车船税实行定额税率。定额税率，也称固定税额，是税率的一种特殊形式。定额税率计算简便，是适宜从量计征的税种。车船税的适用税额，依照车船税法所附的《车船税税目税额表》执行。

车船税确定税额总的原则是：非机动车船的税负轻于机动车船；人力车的税负轻于畜力车；小吨位船舶的税负轻于大船舶。由于车辆与船舶的行驶情况不同，车船税的税额也有所不同。

由于相关规定对载货汽车、三轮汽车、低速货车以“自重吨位”为单位，对船舶以“净吨位”为单位分级规定税率，从而就产生了应纳车船税税额相对吨位数变化的临界点。在临界点上下，吨位数虽然只相差一吨，但临界点两边的税额却有很大变化，这种情况下进行税收筹划非常必要。

【例7-12】山东省的甲公司需购置20辆乘用车，市场上有两种类似的乘用车可供选择，一种车的发动机气缸容量（排气量）为2.5升，另一种车的发动机气缸容量（排气量）为2.7升。

【工作要求】请对上述业务进行税务筹划。

【税法依据】根据我国《车船税税目税额表》及山东省的具体规定，机动车发动机气缸容量（排气量）为2.0升至2.5升（含）排量的，年基准税额为900元；排气量为2.5升至3.0升（含）的，年基准税额为1 920元。

【筹划思路】车船税的税率实质上是一种全额累进的定额税率，即车船的单位税额达到某个等级，全部按照相应的单位税额征税，等级越高，适用的单位税额越高。对于这种形式的税率，纳税人应当充分利用税率临界点，避免在稍高于各级的临界点处购买车船，否则会出现税额大幅增长的现象。

【筹划过程】

方案1：购买发动机气缸容量（排气量）为2.5升的小汽车。

年应纳车船税税额=900×20=18 000元。

方案2：购买发动机气缸容量（排气量）为2.5升的小汽车。

年应纳车船税税额=1 920×20=38 400元。

【筹划结论】方案2比方案1每年少缴纳车船税20 400元（38 400-18 000=20 400元），因此甲公司应当选择方案2。

【筹划点评】本例中，两种不同的方案产生了每年20 400元的税额差异，若不影响纳税人的使用，甲公司选择低排放量的汽车是大有益处的。

7.5.2　利用税收优惠进行税务筹划

我国车船税的减免规定如下。

7.5.2.1　*法定减免*

①捕捞、养殖渔船，是指在渔业船舶登记管理部门登记为捕捞船或者养殖船的船舶。

②军队、武装警察部队专用的车船，是指按照规定在军队、武装警察部队车船管理部门登记，并领取军队、武警牌照的车船。

③警用车船，是指公安机关、国家安全机关、监狱、劳动教养管理机关和人民法院、人民检察院领取警用牌照的车辆和执行警务的专用船舶。

④依照法律规定应当予以免税的外国驻华使领馆、国际组织驻华代表机构及其有关人员的车船。

⑤对节约能源的车船，减半征收车船税；对使用新能源的车船，免征车船税；减半征收车船税的节约能源采用车和商用车、免征车船税的使用新能源汽车均应符合规定的标准；使用新能源的车辆包括纯电动汽车、燃料电池汽车和混合动力汽车。纯电动汽车、燃料电池汽车不属于车船税征收范围，其他混合动力汽车按照同类车辆适用税额减半征税。

⑥省、自治区、直辖市人民政府根据当地实际情况，可以对公共交通车船，农村居民拥有并主要在农村地区使用的摩托车、三轮汽车和低速载货汽车定期减征或者免征车船税。

7.5.2.2 特定减免

①经批准临时入境的外国车船和我国香港特别行政区、澳门特别行政区、台湾地区的车船，不征收车船税。

②按照规定缴纳船舶吨税的机动船舶，自车船税法实施之日起5年内免征车船税。

③依法不需要在车船登记管理部门登记的机场、港口、铁路站场内部行驶或作业的车船，自车船税法实施之日起5年内免征车船税。

纳税人可以利用以上税收优惠进行税务筹划。

【例7-13】北京市的王先生计划购买一辆发动机排气量为1.8升的自用小汽车，有两种方案可供选择，一种为排气量为1.8升的传统汽油动力车，另一种为排气量为1.8升的插电式混合动力汽车，第二种汽车符合国家对使用新能源车辆的减免税政策。该地区乘用车的车船税税率为：排气量1.6升至2.0升（含）的，年基准税额为660元。

【工作要求】请对上述业务进行税务筹划。

【税法依据】根据《中华人民共和国车船税法》（以下简称《车船税法》）的相关规定：对于节约能源的车船，减半征收车船税；对使用新能源的车船，免征车船税。减半征收车船税的节约能源采用车和商用车、免征车船税的使用新能源汽车均应符合规定的标准。使用新能源的车辆包括纯电动汽车、燃料电池汽车和混合动力汽车。

【筹划思路】纳税人购买车辆时，可以考虑购买新能源汽车，从而享受国家的减免税优惠政策。

【筹划过程】

方案1：购买排气量为1.8升的传统汽油动力汽车。其年应纳车船税税额为660元。

方案2：排气量为1.8升的插电式混合动力汽车免征车船税。

【筹划结论】方案2比方案1每年少缴纳车船税660元，因此王先生应当选择方案2。

【筹划点评】本例中，购买插电式混合动力汽车，一方面有利于环境保护，另一方面也可以给纳税人带来节税效应，实在是一举两得。

7.6　车辆购置税的税收筹划

车辆购置税是以在中国境内购置规定车辆为课税对象，在特定的环节向车辆购置者征收的一种税。就其性质而言，属于直接税的范畴。

7.6.1　选择车辆销售商的身份进行税务筹划

车辆购置税以应税车辆为课税对象，考虑到我国车辆市场供求的矛盾、价格差异变化、计量单位不规范及征收车辆购置附加费的做法，我国采用从价定率、价外征收的方法计算应纳税额，应税车辆的价格即计税价格就成为车辆购置税的计税依据。

纳税人购买自用的应税车辆，计税价格为纳税人购买应税车辆支付给销售者的全部价款和价外费用，不包含增值税税款。

【例 7-14】丰利公司欲购买一辆北京现代 BH 汽车，有两个经销商可供选择：一是从被认定为增值税一般纳税人的汽车经销商甲处购进，车价款为 105 000 元（含增值税，增值税税率为 13%）；二是从小规模纳税人的汽车经销商乙处购买同类型车，价格同样为 105 000 元（含增值税，征收率为 3%）。

【工作要求】请对丰利公司上述业务进行税务筹划。

【税法依据】纳税人购买应税车辆的计税依据，为纳税人购买应税车辆而支付给销售方的全部价款和价外费用（不包含增值税税款）。

【筹划思路】纳税人购买同类型机动车，付同样的购车款，从具有一般纳税人资格经销商手中购买比从小规模纳税人经销商处购买可少缴车辆购置税。

【筹划过程】

方案 1：从一般纳税人甲经销商处购买。

应交车辆购置税 = 105 000÷（1+13%）×10% = 9 292. 03（元）

方案 2：从小规模纳税人乙经销商处购买。

应交车辆购置税 = 105 000÷（1+3%）×10% = 10 194. 17（元）

【筹划结论】方案 1 比方案 2 少缴纳车辆购置税 920. 14 元（10 194. 17 - 9 292. 03 = 920. 14 元），因此该公司应当选择方案 1。

【筹划点评】我们选择车辆经销商的纳税人身份时，不能单纯地以车辆购置税的税负大小为标准，还应综合考虑售后服务等各方面的综合因素。

7.6.2　车辆购置税计税依据的税务筹划

纳税人购买自用的应税车辆，计税价格为纳税人购买应税车辆而支付给销售者的全部价款和价外费用，不包含增值税税款。价外费用是指销售方价外向购买方收取的基金、集资费、违约金（延期付款利息）、手续费、包装费、储存费、优质费、运输装卸费、保管费及其他各种性质的价外收费，但不包括销售方代办保险等而向购买方收取的保险费，以及向购买方收取的代购买方缴纳的车辆购置税、车辆牌照费。

纳税人购买自用或者进口自用应税车辆，申报的计税价格低于同类型应税车辆的最低计税价格，且无正当理由的，按照最低计税价格征收车辆购置税。也就是说，纳税人购买和自用的应税车辆，首先应分别按前述计税价格、组成计税价格确定计税依据。当申报的计税价格偏低又无正当理由的，应以最低计税价格作为计税依据。

【例 7-15】李先生从甲汽车销售公司购得一辆小汽车供自己使用，支付车款 159 800 元（含增值税，增值税税率为 13%），另外支付给甲汽车销售公司代办的各项费用有：牌照费 200 元，保险金 6 500 元，全年车船使用税为 1 200 元，车辆装饰费 10 000 元，各项款项汇总后由甲汽车销售公司开具在一张发票上。

【工作要求】请对上述业务进行税务筹划。

【税法依据】纳税人购买应税车辆的计税依据为纳税人购买应税车辆而支付给销售方的全部价款和价外费用（不含增值税）。价外费用是指销售方向购买方收取的手续费、补贴、基金、集资费、返还利润、奖励费、违约金（延期付款利息）、包装费、包装物租金、储备费、优质费、运输装卸费、代收款项、代垫款项及其他各种性质的价外收费。我们需要注意的两点是：

（1）价外费用中不包括代办保险费、代收牌照费、代收车船使用税；

（2）支付的车辆装饰费应作为价外费用，并计入汽车的销售额中征收车辆购置税。

【筹划思路】纳税人可以要求销售方将不属于价外费用的代收保险费、牌照费、车船使用费另开票据。此外，对于车辆装饰费，纳税人可以选择在购车后的其他时间对车辆进行装饰，或者选择其他汽车装饰公司对汽车进行装饰，从而降低车辆销售总价款，达到降低车辆购置税税负的目的。

【筹划过程】

方案 1：各款项由汽车销售公司汇总开具在一张发票上。

应交车辆购置税 =（159 800+200+6 500+1 200+10 000）÷（1+13%）×10%
=15 725.66（元）

方案 2：各项费用由汽车销售公司另行开具票据。

应交车辆购置税 = 159 800÷（1+13%）×10% = 14 141.59（元）。

【筹划结论】方案 2 比方案 1 少缴纳车辆购置税 1 584.07 元（15 725.66 − 14 141.59 = 1 584.07 元），因此李先生应当选择方案 2。

【筹划点评】各项费用由销售方另行开具发票，可以降低车辆购置税的计税依据，从而降低车辆购置税的税负。

7.7　城镇土地使用税的税收筹划

城镇土地使用税是以国有土地或集体土地为征税对象，对拥有土地使用权的单位和个人征收的一种税。在城市、县城、建制镇、工矿区范围内使用土地的单位和个人，为城镇土地使用税的纳税人。

7.7.1　利用土地级别的不同进行税务筹划

我国城镇土地使用税采用定额税率，即采用有幅度的差别税额，按大、中、小城市和县城、建制镇、工矿区分别规定每平方米土地使用税的年应纳税额，具体标准为：大城市1.5~30元，中等城市1.2~24元，小城市0.9~18元，县城、建制镇、工矿区0.6~12元。大、中、小城市以公安部门登记在册的非农业正式户口人数为依据，按照国务院颁布的《城市规划条例》中规定的标准划分。人口在50万人以上的为大城市，人口为20万~50万人的为中等城市；人口在20万人以下的为小城市。

各省、自治区、直辖市人民政府可根据市政建设情况和经济繁荣程度在规定税额幅度内，确定所辖地区的适用税额幅度。经济落后地区，土地使用税的适用税额标准可适当降低，但降低额不得超过上述规定最低税额的30%。经济发达地区的适用税额标准可以适当提高，但须报财政部批准。

土地使用税规定幅度税额主要考虑到我国各地区存在悬殊的土地级差收益，同一地区内不同地段的市政建设情况和经济繁荣程度也有较大的差别。我国把土地使用税税额定为幅度税额，拉开档次，而且将每个幅度税额的差距规定为20倍。这样，各地政府在划分本辖区不同地段的等级，确定适用税额时有选择余地，便于具体操作。幅度税额还可以调节不同地区、不同地段之间的土地级差收益，尽可能地平衡税负。

【例7-16】甲、乙二人拟投资新设一个公司，现有两个地址可供选择：一是将公司设立在某中等城市的市区，当地城镇土地使用税为22元/平方米；二是将公司设在某小城市的城区，当地城镇土地使用税的税率为10元/平方米。公司需要占地20 000平方米，假设不考虑其他因素。

【工作要求】请对上述业务进行税务筹划。

【税法依据】凡在城市、县城、建制镇、工矿区范围内使用土地的单位和个人，为城镇土地使用税的纳税义务人。城镇土地使用税实行分级幅度税额。每平方米土地年税额规定为：第一，大城市1.5~30元；第二，中等城市1.2~24元；第三，小城市0.9~18元；第四，县城、建制镇、工矿区0.6~12元。

【筹划思路】纳税人可以结合自身生产经营的需要，从以下几方面进行考虑：

一是将公司设置在城市、县城、建制镇、工矿区以外的农村；二是由于税法允许经济落后地区土地使用税的适用税额标准可以适当降低，经济发达地区的土地使用税的适用税额标准可以适当提高，因此我们可将公司设立在经济落后地区；三是在同一省份内的大中小城市以及县城和工矿区之中选择税率低的地区设立公司；四是在同一城市、县城和工矿区之内的不同等级的土地之中，选择在税率最低的土地上设立公司。

【筹划过程】

方案1：将公司设立在某中等城市的市区。

应纳城镇土地使用税＝2×22＝44（万元）

方案2：将公司设立在某小城市的城区。

应纳城镇土地使用税＝2×10＝20（万元）。

【筹划结论】方案2比方案1少缴纳城镇土地使用税24万元（44－20＝24万元），因此甲、乙二人应当选择方案2。

【筹划点评】我们将公司设立在小城市或县城，有可能影响公司的生产经营业绩。因此公司不能只单纯地考虑城镇土地使用税税率因素来对公司进行选址。

7.7.2 准确核算用地，进行税收筹划

城镇土地使用税以纳税人实际占用的土地面积为计税依据，土地面积计量标准为每平方米，即税务机关根据纳税人实际占用的土地面积，按照规定的税额计算应纳税额，向纳税人征收土地使用税。

目前，我国税法规定的法定免缴土地使用税的主要有：国家机关、人民团体、军队自用的土地；由国家财政部门拨付事业经费的单位自用的土地；宗教寺庙、公园、名胜古迹自用的土地；市政街道、广场、绿化地带等公共用地；直接用于农、林、牧、渔业的生产用地；经批准开山填海整治的土地和改造的废弃土地，从使用的月份起免缴土地使用税5~10年；对非营利性医疗机构、疾病控制机构和妇幼保健机构等卫生机构自用的土地，免征城镇土地使用税；企业办的学校、医院、托儿所、幼儿园，其用地能与企业其他用地明确区分的，免征城镇土地使用税。

如果纳税人能准确核算用地，就可以充分享受土地使用税设定的优惠条款。例如，我们将农、林、牧、渔的生产用地与农副产品加工场地和生活办公用地相分离，就可以享受生产用地的免税条款。

【例7-17】某公司全年实际占地共计24 460平方米。其中厂房占地17 600平方米，公司仓库占地6 300平方米，公司自办幼儿园占地360平方米，厂区内道路及绿化占地200平方米。当地城镇土地使用税税率为12元/平方米。

【工作要求】请对上述业务进行税务筹划。

【税法依据】公司办的学校、医院、幼儿园、托儿所，其用地能与公司其他用地明确区分的，可以比照由国家财政部门拨付经费的单位自用的土地，免征土地使

用税。对公司厂区（包括生产、办公及生活区）以内的绿化用地，应当照章征收土地使用税；厂区以外的公共绿化用地和向社会开放的公园用地，暂免征收土地使用税。

【筹划思路】公司办的学校、医院、托儿所、幼儿园，其用地如果能准确区分，就能使纳税人充分享受土地使用税设定的优惠条款。

【筹划过程】

方案 1：各种用地未做明确区分，未分别核算面积。

应纳城镇土地使用税 = 24 460×12 = 293 520（元）

方案 2：各种土地进行明确区分，分别核算各自面积，幼儿园占地不需缴纳城镇土地使用税。

应纳城镇土地使用税 =（24 460−360）×12 = 289 200（元）

【筹划结论】方案 2 比方案 1 少缴纳城镇土地使用税 4 320 元（293 520−289 200 = 4 320 元），因此该公司应当选择方案 2。

【筹划点评】分别核算可能会增加一部分核算支出，但相对于省下的城镇土地使用税来说，一般情况下是值得的。

7.8　印花税的税收筹划

印花税是以经济活动和经济交往中书立、领受应税凭证的行为为征税对象征收的一种税。印花税的纳税义务人，是在中国境内书立、使用、领受印花税法所列举的凭证并应依法履行纳税义务的单位和个人。

印花税的纳税义务人按照书立、使用、领受应税凭证的不同，可以分别确定为立合同人、立据人、立账簿人、领受人、使用人和各类电子应税凭证的签订人。

印花税共有购销合同、加工承揽合同、建设工程勘察设计合同、建筑安装工程承包合同、财产租赁合同、货物运输合同、仓储保管合同、借款合同、财产保险合同、技术合同、产权转移书据、营业账簿、权利许可证照共 13 个税目。印花税的税率有两种形式，即比例税率和定额税率。比例税率共分为 4 个档次，分别是 0.05‰、0.3‰、0.5‰、1‰；“权利许可证照”和“营业账簿”税目中的其他账簿，使用定额税率，每件 5 元。

7.8.1　分开核算进行税务筹划

一个合同如果涉及若干项经济业务，应当分别核算各项业务的金额，因为业务类型不同，适用的印花税的税率也不同，而税法明确规定同一凭证载有两个或两个以上经济事项而适用不同税目、税率，如分别记载金额的，应分别计算其应纳税额，相加后按照合计税额贴花，如未分别记载金额的，按税率较高的计税贴花。

【例 7-18】广州市某家具厂接受本市一家家具城的委托，加工一批家具，加工所需材料由家具厂提供。家具厂收取加工费及材料费共计 1 000 万元，其中加工所需原材料为 700 万元，零配件为 100 万元。

【工作要求】请对上述业务进行税务筹划。

【税法依据】税法规定同一凭证载有两个或两个以上经济事项适用不同税目、税率。如果分别记载金额的，应当分别计算应纳税额，相加后按合计税额贴花；如未分别记载金额，按税率较高的计税贴花。

【筹划思路】纳税人若在合同中未分别记载，则从高适用税率，即全部金额按照加工承揽合同，适用 0.5‰税率计税贴花。因此，根据税法规定，纳税人应当将合同金额分开核算，分别按照"加工承揽合同"和"购销合同"计税，适用加工承揽合同 0.5‰的税率和材料购销合同 0.3‰的税率，两项税额相加，即为合同应贴印花数额。

【筹划过程】

方案 1：合同记载家具厂收取合同款项共计 1 000 万元。

家具厂应纳印花税 = 10 000 000×0.5‰ = 5 000（元）

方案 2：合同记载家具厂收取原材料价款 700 万元、零配件价款 100 万元、加工费 200 万元。

家具厂应纳印花税 = 7 000 000×0.3‰+1 000 000×0.3‰+2 000 000×0.5‰
= 3 400（元）

【筹划结论】方案 2 比方案 1 少缴纳印花税 1 600 元（5 000-3 400 = 1 600 元），因此该家具厂应当选择方案 2。

【筹划点评】我们在合同中将受托方提供的加工费金额和材料费金额分开记载，避免按照较高税率计税，从而达到节税的目的。

【例 7-19】本章案例导入解析

【税法依据】对于由受托方提供原材料的加工、定做合同，凡在合同中分别记载加工费金额和材料费金额的，分别按照"加工承揽合同"和"购销合同"计税。

【筹划思路】我们在合同中将委托方所提供的加工费金额与原材料金额分开记载，便能达到节税的目的。

【筹划过程】

方案 1：合同记载甲铝合金门窗生产公司收取的合同金额共计 300 万元。

甲公司应缴纳印花税 = 3 000 000×0.5‰ = 1 500（元）

方案 2：合同记载家具厂收取原材料价款 200 万元，收取加工费 100 万元。

甲公司应纳印花税 = 2 000 000×0.3‰+1 000 000×0.5‰ = 1 100（元）。

【筹划结论】方案 2 比方案 1 少缴纳印花税 400 元（1 500-1 100 = 400 元），因此该公司应当选择方案 2。

【筹划点评】我们在合同中将委托方提供的加工费金额与原材料金额分开记载，

使得加工费金额按照加工承揽合同适用 0.5‰税率计税，原材料金额按照购销合同适用 0.3‰税率计税，从而为纳税人节税。

7.8.2　采取保守金额进行税务筹划

对已贴花的凭证，修改后所载金额增加的，其增加部分应当补贴印花税票。凡多贴印花税票者，不得申请退税或者抵用。

因此，对于在签订时无法确定计税金额的合同，我们可在签订时先按定额 5 元贴花，以后结算时再按实际金额计税，补贴印花。这项规定提供了利用不确定金额筹划的可能性。

纳税人在签订金额较大的合同时，可有意识地使合同中所载金额不能确定，从而在签订合同时先按定额 5 元贴花，以达到少缴印花税税款的目的。或者双方在订立合同时，充分考虑以后经济交往中可能会遇到的各种情况，确定比较合理、保守的金额，防止所载金额大于合同履行后的实际结算金额。

【例 7-20】甲房地产开发公司与乙建筑工程公司签订工程施工合同，金额为 8 500 万元，合同签订后，印花税已缴纳。由于甲公司对该工程建筑图纸做了重大修改，工程竣工时的实际工程决算金额为 5 500 万元。印花税税率为 1‰。

【工作要求】请对上述业务进行税务筹划。

【税法依据】我国税法规定，已贴印花的凭证，修改后所载金额增加的，其增加部分应当补贴印花税票；减少部分不退印花税。

【筹划思路】纳税人在设计合同时，双方当事人应充分考虑以后的经济交往中可能遇到的各种情况，尽可能先签订框架合同，或签订不确定金额或者确定的金额较低的合同，待工程竣工后，按工程实际决算金额计算缴纳印花税，这样就可以避免多交印花税。

【筹划过程】

方案 1：将合同金额确定为 8 500 万元。

甲和乙共需要缴纳印花税 = 8 500×1‰×2 = 17（万元）

方案 2：将合同金额确定为 5 500 万元，实际履行过程中若有增加，再就增加部分补贴印花税税票。

甲和乙共需缴纳印花税 = 5 500×1‰×2 = 11（万元）

【筹划结论】方案 2 比方案 1 少缴纳印花税 6 万元（17-11 = 6 万元），因此甲、乙公司应当选择方案 2。

【筹划点评】我们将合同金额保守记载，可降低印花税的计税依据，从而降低印花税税负。但过低记载合同金额，有可能会为日后结算带来不必要的经济纠纷。

7.8.3　利用不同借款方式进行税务筹划

银行及其他金融机构与借款人（不包含同业拆借）所签订的合同，以及只填开借据并且作为合同使用而取得银行借款的借据，应按照“借款合同”税目，按借款金额0.05‰的税率贴花，而公司之间的借款合同不属于印花税的征税范围，不用贴花。因此，对公司来说，当贷款利率相同或者是差异较小时，与从金融机构借款相比，从其他公司借款可以降低印花税税负。

【例7-21】新兴公司欲借款30 000万元，现有两处借款方可供选择，一是从某商业银行借款，二是从关系较好的乙公司处借款。假设年利率均为4%，其他借款条件相同。

【工作要求】请对新兴公司上述业务进行税务筹划。

【税法依据】银行及其他金融机构与借款人（不包含同业拆借）所签订的合同，以及只填开借据并且作为合同使用而取得银行借款的借据，应按照“借款合同”税目，按借款金额0.05‰的税率贴花，而公司之间的借款合同不属于印花税的征税范围，不用贴花。

【筹划思路】对公司来说，当贷款利率相同或者是差异较小时，与从金融机构借款相比，从其他公司借款可以降低印花税税负。

【筹划过程】

方案1：从商业银行借款。

新兴公司需缴纳印花税=30 000×0.05‰=1.5（万元）

方案2：从乙公司借款。

新兴公司不需要缴纳印花税。

【筹划结论】方案2比方案1少缴纳印花税1.5万元，因此新兴公司应当选择方案2。

【筹划点评】在现实生活中，从其他公司借款的利率一般都高于从商业银行借款的利率，因此公司应综合考虑，而不应该只考虑印花税税负因素。

7.8.4 利用分期租赁方式进行税务筹划

如果纳税人所租入的设备不具有稀缺性，即可以随时在市场上租到，纳税人在与出租方签订合同时，可以分期签订，既可以规避设备在短期内被淘汰的风险，又可以使得印花税分期缴纳，充分利用了货币的时间价值。

【例7-22】甲公司欲从乙租赁公司租赁生产设备一台，双方于20×6年1月1日签订租赁合同，合同规定，该设备的租赁期为10年，每年租金200万元，10年共计2 000万元。

【工作要求】请对上述业务进行税务筹划。

【税法依据】应纳税凭证应当于书立或者领受时贴花。也就是说，经济当事人在书立合同时，其纳税义务已经发生，就应当按照规定缴纳印花税。

【筹划思路】若纳税人所租入的设备不具有稀缺性，即可以随时在市场上租到，甲公司在与出租方签订合同时，可以分期签订，既可以规避设备在短期内被淘汰的风险，又可以使得印花税分期缴纳，充分利用了货币的时间价值。

【筹划过程】

方案 1：双方于 20×6 年 1 月 1 日签订租赁期为 10 年的租赁合同。

双方分别需缴纳印花税 = 2 000×1‰ = 2（万元）

方案 2：双方于 20×6 年 1 月 1 日签订了租赁期为 1 年的租赁合同，以后连续 9 年的每年的 1 月 1 日都签订租期为 1 年的租赁合同。

双方分别需缴纳印花税 = 200×1‰ = 0. 2（万元）

【筹划结论】方案 2 与方案 1 相比少缴纳印花税 1. 8 万元（2-0. 2 = 1. 8 万元），因此甲、乙公司应当选择方案 2。

【筹划点评】我们通过分次签订合同，使得双方分 10 年缴纳印花说，虽然印花税在总体上数额不变，但是延缓了纳税时间，利用了货币的时间价值。

7. 9　契税的税收筹划

《中华人民共和国契税法》由中华人民共和国第十三届全国人民代表大会常务委员会第二十一次会议于 2020 年 8 月 1 日通过，自 2021 年 9 月 1 日起实施。

契税是以在中华人民共和国境内转移土地、房屋权属为征税对象，向产权承受人征收的一种财产税。

契税的征税对象是境内转移的土地、房屋权属，具体包括五项内容：国有土地使用权出让、土地使用权的转让、房屋买卖、房屋赠与、房屋交换。

7. 9. 1　利用房屋交换进行税务筹划

契税的计税依据为不动产的价格。由于土地、房屋权属转移方式不同、定价方法不同，因而具体计税依据视不同情况而决定。

①国有土地使用权出让、土地使用权出售、房屋买卖，以成交价格为计税依据。

②土地使用权赠与、房屋赠与，由征收机关参照土地使用权出售、房屋买卖的市场价格核定。

③以划拨方式取得土地使用权，经批准转让房地产时，由房地产转让者补交契税。

④个人无偿赠与不动产行为（法定继承人除外），应对受赠人全额征收契税。

⑤土地使用权交换、房屋交换契税的计税依据为所交换的土地使用权、房屋的价格差额。也就是说，交换价格相等时，免征契税；交换价格不等时，由多交付的货币、实物、无形资产或者其他经济利益的一方缴纳契税。

由此可见，进行房屋交换所纳契税显然远远低于普通的房屋购置，纳税人可以将原来不属于交换的行为，通过合法的途径变为交换行为，如果能想办法使得双方的价格差额较小甚至没有，就可以达到降低税负的目的。

【例 7-23】王某和陈某各拥有一套价值 200 万元的房屋，杨某意欲购买王某的房屋，而王某也想在购买陈某的房屋后出售自己的房屋，假设契税税率为 5%。

【工作要求】请对上述业务进行税务筹划。

【税法依据】契税的纳税义务人，是指在我国境内承受土地、房屋权属转移的单位和个人。土地使用权交换、房屋交换，以交换土地使用权、房屋的价格差额为计税依据。计税依据为其价格的差额。交换价格不相等的，由多交付货币、实物、无形资产或其他经济利益的一方缴纳契税；交换价格相等的，免征契税。

【筹划思路】纳税人可以将原来不属于交换的行为，通过合法的途径变为交换行为，减轻税负。更进一步说，如果双方当事人进行交换的价值相等，由于差价为零，任何一方都不用缴纳契税。在本例中，王某可先和陈某交换房屋，再由陈某将房屋出售给杨某，同样可以达到前述的买卖结果，还节省了契税税负。

【筹划过程】

方案 1：杨某购买王某的房屋，王某购买陈某的房屋后出售自己的原有房屋。

杨某购买王某的房屋时：

杨某应缴纳契税 = 200×5% = 10（万元）

王某购买陈某的房屋时：

王某应缴纳契税 = 200×5% = 10（万元）

方案 2：先由王某和陈某交换房屋，再由陈某将房屋出售给杨某。

王某和陈某交换房屋所有权为等价交换，没有价格差别，不需缴纳契税。

陈某将房屋出售给杨某时：

杨某应缴纳契税 = 200×5% = 10（万元）

【筹划结论】方案 2 比方案 1 总体少缴纳契税 10 万元（20-10 = 10 万元），因此他们应当选择方案 2。

【筹划点评】这种筹划方案在现实中较少。

7.9.2 分开核算进行税务筹划

独立于房屋之外的建筑物、构筑物，如围墙、水塔、烟囱、油池油柜、变电塔、酒精池、玻璃暖房、室外游泳池等，由于与房屋不相关，不属于“房屋”的范畴，因此，承接独立于房屋之外的建筑物、构筑物的使用权或土地使用权的行为，不属于契税的征税范围。

【例 7-24】红叶公司拟将一化肥生产车间出售给绿萝公司，该化肥生产车间有一栋生产厂房及其他附属设施（包括烟囱、围墙、水塔、变电站、蓄水池等），该化肥生产车间总占地面积 3 000 平方米，整体估价 600 万元，其中厂房估价 160 万元，土地使用权估价 240 万元，其他附属设施估价 200 万元。以上价格均不含增值税。假定契税税率为 4%。

【工作要求】请对上述业务进行税务筹划。

【税法依据】对于与房屋相关的附属设施（包括停车位汽车库、自行车库、顶层阁楼以及储藏室，下同）的所有权或土地使用权的行为，征收契税；对于不涉及土地使用权和房屋所有权转移变动的，不征收契税。

【筹划思路】核算不动产时，凡不属于房屋的部分应分别核算。

【筹划过程】

方案1：红叶公司与绿萝公司签订一份销售合同。

绿萝公司应缴纳的契税＝600×4%＝24（万元）

方案2：红叶公司与绿萝公司签订两份销售合同，一份销售厂房及土地使用权，合同价款为400万元；另一份销售附属设施，合同价款为200万元。

绿萝公司应缴纳契税＝400×4%＝16（万元）

【筹划结论】方案2比方案1总体少缴纳契税8万元（24－16＝8万元），因此绿萝公司应当选择方案2。

【筹划点评】购入不动产时，凡不属于房屋的部分，我们一定要细分，以降低契税。

7.9.3　利用税收优惠进行税务筹划

我国契税优惠的规定如下：

①国家机关、事业单位、社会团体、军事单位承受土地、房屋用于办公、教学、医疗、科研和军事设施的，免征契税；

②城镇职工按规定第一次购买公有住房，免征契税；

③因不可抗力灭失住房而重新购买住房的，酌情减免；

④土地、房屋被县级以上人民政府征用、占用后，重新承受土地、房屋权属的，由省级人民政府确定是否减免；

⑤承受荒山、荒沟、荒丘、荒滩土地使用权，并用于农、林、牧、渔业生产的，免征契税；

⑥经外交部确认，依照我国有关法律规定以及我国缔结或参加的双边和多边条约或协定，应当予以免税的外国驻华使馆、领事馆、联合国驻华机构及其外交代表、领事官员和其他外交人员承受土地、房屋权属，免征契税。

【例7-25】甲公司因严重亏损准备关闭，尚欠主要债权人乙公司5 000万元，准备用公司一块价值5 000万元的土地偿还所欠债务。假定契税税率为4%。

【工作要求】请对上述业务进行税务筹划。

【税法依据】根据规定，以土地、房屋权属抵债的，视同土地使用权转让、房屋买卖。但公司按照有关法律、法规的规定实施关闭、破产后，债权人（包括关闭、破产公司职工）承受关闭、破产公司土地、房屋权属以抵偿债务的，免征契税。

【筹划思路】乙公司可以改变接受甲公司以土地偿还债务的时间，先以主要债权人的身份到法院申请甲公司破产，待甲公司破产清算后再以主要债权人的身份以5 000万元土地抵偿甲公司债务，可享受契税免税。

【筹划过程】

方案1：乙公司在甲公司破产前直接承受其以土地抵偿债务。

乙应缴纳的契税=5 000×4%=200（万元）

方案2：乙公司待甲公司破产后再承受其以土地抵偿债务。

乙公司免交契税。

【筹划结论】方案2比方案1为乙公司节约契税200万元，因此乙公司应当选择方案2。

【筹划点评】破产申请有可能会造成乙公司的债权不能全部得到偿付的后果，因此我们不能仅站在契税税负的角度考虑此类问题。

7.10 土地增值税的税收筹划

土地增值税是国家对有偿转让国有土地使用权、地上建筑物、其他附着物产权并取得增值性收入的单位和个人所征收的一种税。如何把握政策的要点，充分利用政策，是土地增值税税收筹划的关键。

7.10.1 利用增值额进行税收筹划

7.10.1.1 税法规定

土地增值税的计税依据是转让房地产所取得的增值额。根据《中华人民共和国土地增值税暂行条例》和《中华人民共和国土地增值税暂行条例实施细则》，转让房地产的增值额，是指转让房地产的收入减除税法规定的扣除项目金额后的余额。税法规定的扣除项目包括：取得土地使用权所支付的金额、开发土地的成本、开发土地的费用、与转让房地产有关的税金及财政部规定的其他扣除项目。而房地产开发费用不能按照实际发生额扣除，而是要根据《中华人民共和国土地增值税暂行条例实施细则》的规定，分以下两种情况处理。

①财务费用中的利息支出，纳税人能够按转让房地产项目计算分摊利息支出，并能提供金融机构的贷款证明的，允许据实扣除，但最高不能超过按商业银行同类同期贷款利率计算的金额。其他房地产开发费用，按照取得土地使用权所支付的金额和房地产开发成本之和，在5%以内计算扣除。

②凡不能按转让房地产项目计算分摊利息支出或不能提供金融机构贷款证明的，其房地产开发费用，按照取得土地使用权所支付的金额和房地产开发的成本之和，在10%以内计算扣除。

7.10.1.2 税收筹划基本思路

在累进税制下，纳税人若要想降低增值额，可以采用分解筹划的手段，即将可以分开单独处理的部分（如房屋配套的各种设施）从整个房地产中分离出来，从而使得转让收入减少，降低纳税人应纳土地增值税。

对于期间费用，国家规定房地产开发企业是不能据实扣除的，必须按照税法规定进行扣除。税法规定了两种不同情况，这就为纳税人进行税收筹划提供了可能性，主要思路是确定两种房地产开发费用扣除方法的平衡点，然后根据平衡点确定扣除方法。

我们假设利息支出为 P，取得土地使用权所支付的金额为 F，房地产开发成本为 C，则有

$$P + (F + C) \times 5\% = (F + C) \times 10\%$$

$$P = (F + C) \times 5\%$$

如果 $P > (F + C) \times 5\%$，则使用第一种方法的期间费用扣除额较多；反之则使用第二种方法的期间费用扣除额较多。

纳税人能否按转让房地产项目计算分摊利息支出，并能提供金融机构的贷款证明，在很大程度上取决于纳税人的主观行为，只要事前按上述方法进行预算，就可以使土地增值税的增值额在一定程度上有所降低，从而达到节税的目的。

【例 7-26】某房地产开发公司 9 月开发一处房地产，为取得土地使用权支付的金额为 1 200 万元，房地产开发成本为 1 500 万元，财务费用按转让房地产项目计算分摊利息支出为 250 万元，没有超过商业银行的同类同期贷款利率。假设该项目所在地省政府规定计征土地增值税时，房地产开发费用扣除比例按国家规定允许的最高比例执行。

【工作要求】请对房地产公司上述业务进行税收筹划。

【税法依据】根据《中华人民共和国土地增值税暂行条例》和《中华人民共和国土地增值税暂行条例实施细则》，房地产开发费用是指与房地产开发项目有关的销售费用、管理费用和财务费用。当纳税人能够按转让房地产项目计算分摊利息支出，并能提供金融机构的贷款证明的，其最多允许扣除的房地产开发费用=利息+（取得土地使用权所支付的金额+房地产开发成本）×5%；纳税人不能按转让房地产项目计算分摊利息支出或不能提供金融机构贷款证明的，其最多允许扣除的房地产开发费用=（取得土地使用权所支付的金额+房地产开发成本）×10%。

【筹划思路】通过比较两种计税方法下房地产开发费用的大小，我们选择使得房地产开发费用扣除最多的方法，从而降低增值额，进而降低土地增值税税负。

【筹划过程】

方案 1：不按转让房地产项目计算分摊利息支出或不能提供金融机构证明的情况。

允许扣除的房地产开发费用=(1 200+1 500)×10%=270（万元）

方案 2：按转让房地产项目计算分摊利息支出，并提供金融机构证明的情况。

允许扣除的房地产开发费用=250+(1 200+1 500)×5%=385（万元）

【筹划结论】房地产开发公司使用方案 2 比方案 1 多扣除开发费用 115 万元（385-270=115 万元）。因此，房地产开发公司应选择方案 2。

【筹划点评】如果房地产开发公司主要依靠负债筹资，利息支出较高，可考虑分摊利息并提供金融机构证明，据实扣除并加扣其他开发费用。如果房地产开发公司进行房地产开发主要依靠权益资本，利息支出较少，则可考虑不计算分摊利息，这样可以多扣除房地产开发费用。

7.10.2 利用税收优惠政策进行税收筹划

7.10.2.1 税收法律规定

根据《中华人民共和国土地增值税法》，纳税人建造普通标准住宅出售，增值额未超过扣除项目金额 20%的，免征土地增值税；增值额超过扣除项目金额 20%的，应就其全部增值额按规定计税。对于纳税人既建造普通标准住宅又搞其他房地产开发的，应分别核算增值额，不分别核算增值额或不能准确核算增值额的，其建造的普通标准住宅不能适用这一免税规定。

7.10.2.2 税收筹划基本思路

房地产开发公司如果既建造普通住宅，又搞其他房地产开发项目，那么分开核算和不分开核算会产生纳税差异，主要取决于两种住宅的销售额和扣除额。在分开核算的情况下，纳税人对于建造的普通住宅可以充分利用起征点的规定进行税收筹划。在起征点附近，会出现税收负担大幅度起落的现象。为了获得免税优惠，在增值额超过扣除项目金额的比率略高于 20%的情况下，纳税人可以通过减少收入或者加大扣除项目金额的办法，使增长率略低于 20%，进而享受免征土地增值税的优惠。

【例 7-27】某房地产开发公司在某城市开发一批商品房，计划销售价格总额为 5 000 万元（不含增值税），按照税法规定计算扣除项目的金额为 4 000 万元。

【工作要求】请对房地产公司上述业务进行税收筹划。

【税法依据】根据《中华人民共和国土地增值税暂行条例》和《中华人民共和国土地增值税暂行条例实施细则》，纳税人建造普通标准住宅出售，增值额未超过扣除项目金额之和 20%的，免征土地增值税；增值额超过扣除项目金额之和 20%的，应就其全部增值额按规定计税。

【筹划思路】纳税人建造普通住宅出售的，应考虑增值额增加带来的效益和放弃起征点的优惠而增加的税收负担间的关系，避免出现增值率稍高于起征点而多纳税的现象，即在普通住宅增值率略高于 20%时，可以适当减少销售收入或采用加大扣除项目金额的手段，将增值率控制在 20%以内。

【筹划过程】

方案 1：销售价格总额为 5 000 万元，可扣除项目金额为 4 000 万元。

增值额=5 000-4 000=1 000（万元）

增值率＝1 000÷4 000＝25%

由于增值率为 25%，超过了 20%，该公司不能享受土地增值税免税的优惠政策。经核实，适用 30%的税率，则

应纳土地增值税额＝1 000×30%＝300（万元）

方案 2：销售价格总额为 5 000 万元，可扣除项目金额仍保持 4 000 万元，则

增值额＝4 800－4 000＝800（万元）

增值率＝800÷4 000＝20%

由于增值率为 20%，该公司能享受土地增值税免税的优惠政策，此时免缴土地增值税。

【筹划结论】房地产开发公司选择方案 2 比方案 1 少缴纳土地增值税 300 万元，因此应选择方案 2。

【筹划点评】一方面，该公司虽然减少收入 200 万元（5 000－4 800＝200 万元），但少缴纳了土地增值税 300 万元，总体支出仍然减少了 100 万元（300－200＝100 万元）；另一方面，该公司通过降低销售价格，会扩大销售，增加规模效益。当然该公司也可在销售收入 5 000 万元不变的情况下，适当增加扣除项目金额，使增值率不超过 20%，同样可以享受免缴纳土地增值税的税收优惠政策。

本章小结：

本章是关税和其他税种的税收筹划介绍。这些税种是我国现行税制体系的重要组成部分，也是影响纳税人税收负担不可忽略的因素。作为我国税制体系中的辅助税和地方税种，关税、财产税、资源税和行为税税收制度具有更多的灵活性和地方差异性，其税收优惠政策也相当丰富。因此，我们根据关税及其各个税种的特点及其不同的税收优惠政策，进行案例分析，使读者对关税和其他税种的税收筹划产生感性认识。我们针对不同的小税种从不同的角度进行税收筹划，可以以小见大，使纳税人的利益最大化。

关键术语：

关税	关税完税价格	全部产地生产标准	实质性加工标准
城市维护建设税	资源税	房产税	车船税
车辆购置税	城镇土地使用税	印花税	契税是
土地增值税			

思考题

1. 简述进口货物关税完税价格的确定。
2. 简述房产税的计税依据及其税率。
3. 简述房产税的征税对象及其范围。
4. 简述印花税征税范围及其税率。
5. 简述契税的征税对象。
6. 简述土地增值税税收筹划基本思路。
7. 简述土地增值税的扣除项目。

下篇　企业经济活动中的税收筹划

第 8 章
企业成长的税收筹划

培养能力目标

(1) 理解企业设立过程中税收筹划的基本方法；
(2) 掌握分公司与子公司的税收筹划；
(3) 理解创建与收购的税收筹划；
(4) 掌握企业合并、分立、债务重组过程的税收筹划；
(5) 掌握企业清算过程的税收筹划。

案例导入

广告费超支的税收筹划

甲公司设有生产部门和销售部门两个非独立核算部门。假定 20×8 年预计实现销售收入 5 000 万元，预计全年发生广告费和业务宣传费支出共计 1 200 万元。其他可以税前扣除的成本费用为 2 600 万元。

工作要求　请对上述业务进行税收筹划。

案例解析　见本章的 8.3。

8.1　企业设立的税收筹划

8.1.1　企业设立时组织形式的税收筹划

在现代高度发达的市场经济条件下，企业的形式也出现创新。依据财产组织形式和法律责任，国际上通常将企业的组织形式分为三类：个人独资企业、合伙企业和公司制企业。个人独资企业和合伙企业属于自然人企业，出资者需要承担无限责任；公司制企业属于法人企业，出资者以其出资额为限承担有限责任。从税收角度看，个人独资和合伙企业不缴纳企业所得税，个人独资的投资者和合伙企业的自然人投资者，分得收益比照“个体工商户生产经营所得”缴纳个人所得税；而公司制企业和合伙企业的法人投资者要缴纳企业所得税。公司的自然人投资者分得的股息和红利还应按“利息股息红利所得”缴纳个人所得税。从自然人投资者的眼光看，公司制企业存在双重纳税义务。

【例 8-1】王某和张某拟设立一家企业，两人股份分别为60%和40%，当年利润总额（假定与应纳税所得额相同）为40万元，假设当年净利润全部按比例在两人之间进行分配。王某和张某就企业的组织形式产生了分歧。

【工作要求】从税收筹划的角度为王某和张某做出设立企业的决策。

【税法依据】个人独资和合伙企业不缴纳企业所得税，个人独资的投资者和合伙企业的自然人投资者，分得收益比照“个体工商户生产经营所得”缴纳个人所得税；而公司制企业和合伙企业的法人投资者要缴纳企业所得税。公司的自然人投资者分得的股息和红利还应按“利息股息红利所得”缴纳个人所得税。从自然人投资者的眼光看，公司制企业存在双重纳税义务。

【筹划思路】我们设立不同组织形式的企业，比较两个自然人的税后可支配收入，进而做出筹划决策。

【筹划过程】

方案1：设立公司。

公司应纳企业所得税=40×25%=10（万元）

公司净利润=40-10=30（万元）

王某分得股息红利=30×60%=18（万元）

王某应纳个人所得税=18×20%=3.6（万元）

王某个人可支配收入=18-3.6=14.4（万元）

张某分得股息红利=30×40%=12（万元）

张某应纳个人所得税额=12×20%=2.4（万元）

张某个人可支配收入=12-2.4=9.6（万元）

方案2：设立合伙企业。

王某生产经营所得=40×60%=24（万元）

王某应纳个人所得税=24×20%-1.05=3.75（万元）

王某个人可支配收入=24-3.75=20.25（万元）

张某生产经营所得=40×40%=16（万元）

张某应纳个人所得税额=16×20%-1.05=2.15（万元）

张某个人可支配收入=16-2.15=13.85（万元）

【筹划结论】方案2与方案1相比，王某个人可支配收入增加5.85万元（20.25-14.4=5.85万元），张某个人可支配收入增加4.26万元（13.85-9.6=4.26万元）。因此，应该设立合伙企业。

【筹划点评】值得注意的是，合伙企业不缴纳企业所得税，但普通合伙人要承担无限责任；公司缴纳企业所得税，但投资人只承担有限责任。因此，投资人既要考虑税收利益，也要考虑非税利益，权衡利弊，实现经济利益的最大化。

8.1.2 企业设立规模的税收筹划

企业的投资规模会影响企业的税负。因而，企业设立时，对投资规模的税收筹划也是需要考虑的因素之一。例如，增值税将增值税纳税人按会计核算水平和经营规模分为一般纳税人和小规模纳税人，分别采取不同的管理办法，其税收负担明显不同。再如，企业所得税依据纳税人的规模，有一般企业和小型微利企业之分，前者适用25%的税率，后者可适用20%的低税率。参见【例5-6】小型微利企业的税收筹划。

8.1.3 企业的注册地点的税收筹划

国家为了各地区的平衡发展，在不同的时期，制定了不同的地区税收政策。这为企业通过注册地点进行税收筹划提供了便利。投资者应在设立企业或者扩大经营投资时，选择低税负的地区注册，享受税收优惠的好处。现行税法中所规定的享受减免税优惠政策的地区主要有：国务院批准的“老、少、边、穷”地区、西部地区、东北老工业基地、经济特区、经济技术开发区、沿海开放城市、保税区、旅游度假区等。

8.1.4 企业人员招聘的税收筹划

《中华人民共和国企业所得税法》规定：企业安置残疾人员所支付工资费用的加计扣除，是指企业安置残疾人员的，在按照支付给残疾职工工资据实扣除的基础上，按照支付给残疾职工工资的100%加计扣除。残疾人员的范围适用《中华人民共和国残疾人保障法》的有关规定。

因此，企业在人员招聘时，应进行税收筹划，在同等条件下，优先招聘残疾人员可享受税收优惠。

8.2 企业扩张的税收筹划

8.2.1 分公司与子公司的税收筹划

公司对外扩张时，按所承担的经济、法律责任的不同，设立的分支机构有分公司和子公司之别。《中华人民共和国公司法》规定：“公司可以设立分公司。设立分公司，应当向公司登记机关申请登记，领取营业执照。分公司不具有法人资格，其民事责任由公司承担。公司可以设立子公司，子公司具有法人资格，依法独立承担民事责任。”但是，分公司与子公司在税收上通常存在以下差异：

（1）在税款承担方面。

分公司不具备独立法人资格，其税收负担一般由总公司承担；而子公司具备独立法人资格，自行承担税收负担。《关于印发（跨地区经营汇总纳税企业所得税征收管理暂行办法）的通知》（国税发〔2008〕28号）规定：实行法人所得税制度是新的企业所得税法的重要内容，也是促进我国社会主义市场经济进一步发展和完善的客观要求。企业实行“统一计算、分级管理、就地预缴、汇总清算、财政调库”的企业所得税征收管理办法。

（2）在亏损抵减方面。

分公司的亏损一般可以冲抵总公司的利润，减轻税收负担；而子公司的亏损不能冲减母公司的利润。《中华人民共和国企业所得税法》规定：居民企业在中国境内设立不具有法人资格的营业机构的，应当汇总计算并缴纳所得税。除国务院另有规定外，企业之间不得合并缴纳企业所税，但企业在汇总计算缴纳企业所得税时，其境外营业机构的亏损不得抵减境内营业机构的盈利。

（3）在优惠享受方面。

分公司不能享受当地的税收优惠，而子公司可以享受当地的税收优惠。比如，《关于经济特区和上海浦东新区新设立高新技术企业实行过渡性税收优惠的通知》（国发〔2007〕40号）规定：对经济特区和上海浦东新区在2008年1月1日（含）之后完成登记注册的国家需要重点扶持的高新技术企业（以下简称新设高新技术企业），在经济特区和上海浦东新区内取得的所得，自取得第一笔生产经营收入所属纳税年度起，第一年至第二年免征企业所得税，第三年至第五年按照25%的法定税率减半征收企业所得税。

（4）在税收扣除方面。

分公司向总公司支付的合理的管理费用可以扣除，但不能扣除利息、租金、特许权使用费；子公司向母公司支付的合理的利息、租金、特许权使用费可以扣除，但不能扣除管理费用。《中华人民共和国企业所得税法实施细则》规定：企业之间支付的管理费、企业内营业机构之间支付的租金和特许权使用费，以及非银行企业内营业机构之间支付的利息，不得扣除。非居民企业在中国境内设立的机构、场所，就其中国境外总机构发生的与该机构、场所生产经营有关的费用，能够提供总机构出具的费用汇集范围、定额、分配依据和方法等证明文件，并合理分摊的，准予扣除。

在进行税收筹划时，企业可以通过分公司与子公司转换减轻企业税负。一般来说，当外地的营业活动处于初始阶段时，我们可在外地设立分公司，使外地的营业亏损能在汇总纳税时减少总公司的应纳税额；当外地营业活动开始盈利时，此时就有必要建立一个子公司，以保证其享受外地利润仅缴纳低于母公司所在地的税款。

【例8-2】A公司执行扩张战略，为了占领外地市场，拟在外地设立B公司，有两个可供选择的方案：

方案1：B公司作为分公司，不独立核算。

方案2：B公司作为子公司。

【工作要求】从税收筹划的角度为 A 公司在外地设立 B 公司的身份进行决策。

【税法依据】根据《中华人民共和国企业所得税法》，分公司不具备独立法人资格，其税收负担一般由总公司承担；而子公司具备独立法人资格，自行承担税收负担；分公司一般可以冲抵总公司的利润，减轻税收负担；而子公司的亏损不能冲减母公司的利润；分公司不能享受当地的税收优惠，而子公司可以享受当地的税收优惠。

【筹划过程】

假设 1：A 公司与 B 公司税率相等，均为 25%。A 公司当年实现利润为 1 000 万元，B 公司当年亏损 200 万元，均无纳税调整事项。

当 B 公司为分公司时，税收情况如表 8-1 所示。

表 8-1　　税收情况Ⅰ

利润与所得税	A 公司（总公司）	B 公司（分公司）	公司汇总
应纳税所得额（万元）	1 000	-200	800
税率（%）	25	25	25
应纳所得税（万元）	—	—	200

当 B 公司为子公司时，税收情况如表 8-2 所示。

表 8-2　　税收情况Ⅱ

利润与所得税	A 公司（总公司）	B 公司（分公司）	集团合计
应纳税所得额（万元）	1 000	-200	800
税率（%）	25	25	—
应纳所得税（万元）	250	0	250

【筹划结论】此时 B 公司作为分公司可以少纳税。

假设 2：A 公司税率低于 B 公司，A 公司税率为 15%，B 公司税率为 25%。A 公司当年实现利润 1 000 万元，B 公司当年亏损 200 万元，均为纳税调整事项。

当 B 公司为分公司时，税收情况如表 8-3 所示。

表 8-3　　税收情况Ⅲ

利润与所得税	A 公司（总公司）	B 公司（分公司）	公司汇总
应纳税所得额（万元）	1 000	-200	800
税率（%）	15%	25%	15%
应纳所得税（万元）	—	—	120

当B公司为子公司时，税收情况如表8-4所示。

表8-4　税收情况Ⅳ

利润与所得税	A公司（总公司）	B公司（分公司）	集团合计
应纳税所得额（万元）	1 000	-200	800
税率（%）	15	25	—
应纳所得税（万元）	150	0	150

【筹划结论】此时B公司作为分公司可以少纳税。

假设3：A公司税率高于B公司，A公司税率为25%，B公司税率为15%。A公司当年实现利润1 000万元，B公司当年亏损200万元，均为纳税调整事项。

当B公司为分公司时，税收情况如表8-5所示。

表8-5　税收情况Ⅴ

利润与所得税	A公司（总公司）	B公司（分公司）	公司汇总
应纳税所得额（万元）	1 000	-200	800
税率（%）	25	15	25
应纳所得税（万元）	—	—	200

当B公司为子公司时，税收情况如表8-6所示。

表8-6　税收情况Ⅵ

利润与所得税	A公司（总公司）	B公司（分公司）	集团合计
应纳税所得额（万元）	1 000	-200	800
税率（%）	25	15	—
应纳所得税（万元）	250	0	250

【筹划结论】此时B公司作为分公司可以少纳税。

假设4：A公司税率高于B公司，A公司税率为25%，B公司税率为15%。A公司当年实现利润1 000万元，B公司当年实现利润200万元，均无纳税调整事项。

当B公司为分公司时，税收情况如表8-7所示。

表8-7　税收情况Ⅶ

利润与所得税	A公司（总公司）	B公司（分公司）	公司汇总
应纳税所得额（万元）	1 000	200	1 200
税率（%）	25	15	25
应纳所得税（万元）	—	—	300

当 B 公司为子公司时，税收情况如表 8-8 所示。

表 8-8　　税收情况Ⅷ

利润与所得税	A 公司（总公司）	B 公司（分公司）	集团合计
应纳税所得额（万元）	1 000	200	800
税率（%）	25	15	—
应纳所得税（万元）	250	30	280

【筹划结论】此时 B 公司作为子公司，子公司利润不论是否分配，可少纳税。

【筹划点评】公司执行扩张战略，在外地设立公司，当预计外地公司初期会出现亏损时，应设立不独立核算的分公司，其亏损可用总公司利润弥补，可降低当期税负，从而推迟纳税；当外地公司适用低税率，能实现盈利时，应设立子公司享受低税优惠，可实现少缴税或推迟纳税。

8.2.2　创建与收购的税收筹划

公司对外扩张，按投资的法定程序不同，有收购和创建两种。投资购买现有企业的股份或者现有企业，这种投资形式被称为收购；投资设立新的企业，这种投资形式被称为创建。

公司进行收购，有股权支付方式和非股权支付，不同的支付方式和比例其税收待遇不一样。在收购中，我们应针对具体问题具体分析，选择恰当的收购方式。

8.3　企业重组的税收筹划

8.3.1　企业重组的法律界定

企业重组，是指企业在日常经营活动以外发生的法律结构或经济结构重大改变产生的交易，包括企业法律形式改变、债务重组、股权收购、资产收购、合并、分立等。

企业法律形式改变，是指企业注册名称、住所及企业组织形式等的简单改变。

债务重组，是指在债务人发生财务困难的情况下，债权人按其与债务人达成的书面协议或者法院裁定书，就其债务人的债务做出处理的事项。

股权收购，是指一家企业（以下称为收购企业）购买另一家企业（以下称为被收购企业）的股权，以实现对被收购企业控制的交易。收购企业支付对价的形式包括股权支付、非股权支付或两者的组合。

资产收购，是指一家企业（以下称为“受让企业”）购买另一家企业（以下称为“转让企业”）实质经营性资产的交易。

合并，是指一家或多家企业（以下称为“被合并企业”）将其全部资产和负债转让给另一家现存或新设企业（以下称为“合并企业”），被合并企业股东换取合并企业的股权或非股权支付，实现两个或两个以上企业的依法合并。

分立，是指一家企业（以下称为“被分立企业”）将部分或全部资产分离转让给现存或新设的企业（以下称为“分立企业”），被分立企业股东换取分立企业的股权或非股权支付，实现企业的依法分立。

其中，股权支付，是指企业重组中购买、换取资产的一方支付的对价中，以本企业或其控股企业的股权、股份作为支付的形式。非股权支付，是指以本企业的现金、银行存款、应收款项、本企业或其控股企业股权和股份以外的有价证券、存货、固定资产、其他资产以及承担债务等作为支付的形式。

企业并购中税收问题主要有三个：第一，亏损是否可以承继结转。公司购并后，存续公司或新设公司是否可以承继被购并公司的亏损，结转冲抵以后若干年度的所得，直至亏算全部冲抵完才开始缴纳企业所得税。第二，采用何种支付方式，即股权支付还是非股权支付。实际中常见的支付方式为现金支付、股票支付和承担债券债务三种方式。第三，购并是否可以继承税收优惠。

8.3.2 企业合并的税收筹划

企业因战略调整或生产经营需要，进行重组，重组有股权重组和债务重组，而股权重组又包括企业合并和企业分立。

企业合并是指两个或两个以上的企业依照法定程序变更为一个企业的行为。企业合并可以采取吸收合并或者新设合并。吸收合并是指一个企业或几个企业的全部或实质上几乎全部资产、负债转让给一个受让企业，被合并的企业解散。新设合并一般是指两个或两个以上的被合并企业将其资产和负债转让给一个新设立的企业的行为。

从税务角度看，企业合并可以分为普通合并（非税务动机企业合并）与特殊合并（税务动机企业合并）。企业合并有时可以节省税收，多个企业在合并前缴纳更多的税收，合并成一个企业后缴纳相对较少的税收。

8.3.2.1 普通合并

企业合并，当事各方应按照下列规定处理：

①合并企业应按照公允价值确定接受被合并企业的各项资产和负债的计税基础；

②被合并企业及其股东都应按清算进行所得税处理；

③被合并企业的亏损不得在合并企业结转弥补；

④注销的被合并企业未享受完的税收优惠，不能由存续企业承续，合并而新设的企业不得再存续或重新享受上述政策。

在普通合并中，被合并企业应按照《财政部、国家税务总局关于企业清算业务企业所得税处理若干问题的通知》（财税〔2009〕60 号）的规定进行清算。被合并企业在报送《企业清算所得纳税申报表》时，应当附送以下资料：

①企业合并的工商部门或其他政府部门的批准文件；

②企业全部资产和负债的计税基础及评估机构出具的资产评估报告；

③企业债务处理或归属情况说明；

④主管税务机关要求提供的其他资料证明。

8.3.2.2　特殊合并

企业合并同时具备以下条件的，适用特殊性税务处理规定。

①具有合理的商业目的，且不以减少、免除或推迟缴纳税款为主要目的；

②企业股东在该企业合并发生时取得的股权支付金额不低于其交易支付总额的 85%，以及同一控制下不需要支付对价；

③企业重组后的连续 12 个月不改变重组资产原来的实质性经营活动；

④企业重组中取得股权支付的原主要股东在重组后的连续 12 个月内，不得转让其所取得的股权。

同一控制是指参与合并的企业在合并前后均受同一方或者相同的多方的最终控制，且该控制并非暂时性的。能够对参与合并的企业在合并前后均实施最终控制权的相同多方，是指根据合同或协议的约定，对参与合并企业的财务和经营政策拥有决定控制权的投资者群体。在企业合并前后，参与合并的各方受最终控制方的控制时间为 12 个月以上，企业合并后所形成的主体对最终控制方的控制时间也应持续 12 个月。

特殊合并可以选择以下规定处理：

第一，合并企业接受被合并企业资产和负债的计税基础，以被合并企业的原有计税基础确定。

第二，被合并企业合并前的相关所得税事项由合并企业继承。合并后的企业性质及适用税收优惠条件未发生改变的，可以继续享受合并前各企业剩余期限的税收优惠。合并前各企业剩余的税收优惠年限不一致的，合并后企业每年度的应纳税所得额，应统一按合并日的各合并前的企业资产占合并后企业总资产的比例进行划分，再分别按相应的剩余优惠计算应纳税额。

第三，可由合并企业弥补的被合并企业亏损的限额 = 被合并企业净资产公允价值×截至合并业务发生的当年年末国家发行的最长期限的国债利率。

第四，被合并企业股东取得合并企业股权的计税基础，根据其原持有的被合并企业股权的计税基础确定。

【例 8-3】A 公司打算合并 B 公司，B 公司在被合并时的净资产公允价值为 1 500 万元，尚未弥补的亏损为 300 万元，税前弥补亏损期限尚有 3 年，双方股东达成协议，A 公司股东于 20×6 年 1 月 1 日以价值 1 200 万元的股份和 300 万元的现金合并 B 公司。假设合并后的 A 公司在 20×6 年、20×7 年、20×8 年未弥补亏损前的应税所得额分别为 200 万元、300 万元、300 万元，20×6 年、20×7 年、20×8 年国家发行的最长期限的国债利率为4%。

【工作要求】请对A公司、B公司上述业务进行税收筹划。

【税法依据】根据税法规定，企业在进行特殊合并时，企业股东在该合并发生时取得的股权支付金额不低于其交易支付总额的85%，并且在同一控制下不需要支付企业合并的对价，可以按照以下规定处理：第一，合并企业接受被合并企业资产和负债的计税基础，以被合并企业的原有计税基础确定。第二，被合并企业合并前的相关所得税事项由合并企业继承。第三，可由合并企业弥补的被合并企业亏损的限额=被合并企业净资产公允价值×截至合并业务发生当年年末国家发行的最长期限的国债利率。第四，被合并企业股东取得合并企业股权的计税基础，根据其原持有的被合并企业股权的计税基础确定。

【筹划思路】公司在合并过程中，应当尽量使公司股东在该合并发生时取得的股权支付金额不低于其支付总额的85%的比例，此时，公司可以进行特殊税务处理，可以弥补被合并企业未弥补的亏损，从而达到抵减公司企业所得税的目的。

【筹划过程】

方案1：A公司以价值1 200万元的股份和300万元的现金合并B公司。

股权支付比例=1 200÷（1 200+300）=80%<85%

不能弥补被合并企业B公司的亏损，因此

A公司三年共计应纳企业所得税=（200+300+300）×25%=200（万元）

方案2：A公司以价值1 300万元的股份和200万元的现金合并B公司。

股权支付比例=1 300÷（1 300+200）=86.67%>85%

可以弥补被合并企业B公司的亏损。

在20×6年中：

20×6年可以弥补的亏损限额=1 500×4%=60（万元）

由于60万元<300万元，因此

A公司20×6年应纳企业所得税=（200-60）×25%=35（万元）

在20×7年中：

20×7年可以弥补的亏损限额=1 500×4%=60（万元）

由于60万元<240万元（300-60），因此

A公司20×7年应纳企业所得税=（300-60）×25%=60（万元）

在20×8年中：

20×8年可以弥补的亏损限额=1 500×4%=60（万元）

由于60万元<180万元（240-60=180万元），因此

A公司20×8年应纳企业所得税=（300-60）×25%=60（万元）

所以

三年（20×6年、20×7年、20×8年）共计应纳企业所得税=35+60+60=155（万元）

【筹划结论】方案2比方案1少缴纳企业所得税45万元（200-155=45万元），

因此公司应选择方案2。

【筹划点评】事实上，特殊性的税务处理的后续处理最终还是要缴税的，也就是说特殊性税务处理只是递延纳税，最终既不会多缴税，也不会少缴税。

8.3.2.3 与普通合并、特殊合并有关的其他税种的处理

(1) 增值税。

纳税人在资产重组中，通过合并、分立、出售、置换等方式，将全部或者部分实物资产及与其相关联的债权、负债和劳动力一并转让给其他单位和个人，不属于增值税征税范围，其涉及的货物、不动产、土地使用权转让，不征收增值税。

(2) 土地增值税。

按照法律规定或者合同约定，两个或两个以上的企业合并为一个企业，且原企业投资主体存续的，对原企业将国有土地、房屋权属变更到合并后的企业的，暂不征土地增值税。

(3) 印花税。

以合并或分立方式成立的新企业，其新启用的资金账簿记载的资金，凡原已贴花的部分不再贴花，未贴花的部分和以后新增加的资金按规定贴花。

(4) 契税。

两个或两个以上的企业依照法律规定或者合同约定合并改建为一个企业，且原投资主体存续的，对其合并后的企业承受原合并各方的土地、房屋权属，免征契税。

8.3.3 分立的税收筹划

企业分立是指一个企业按照法律规定，将部分或全部业务分离出去，分成两个或两个以上新企业的法律行为。企业分立有存续分立和新设分立两种形式。存续分立是公司以其财产设立另一种新公司的行为。存续分立在我国较为普遍。新设分立是将公司全部财产分解为若干份，重新设立几个新公司，而原公司解散的行为。

从税务角度看，企业分立的动机主要是出于对增值税、消费税、所得税的考虑。

在流转税中，一些特殊产品，或者适用税率较低的产品，这类产品在税收核算上有一些特殊要求，而企业往往由于种种因素不能满足这些核算要求而丧失了税收上的一些利益。如果将这些特殊产品的生产部门分立成为独立企业，可能会获得流转税优惠的好处。

某些货物在生产销售环节缴纳消费税后，在以后流通环节不再缴纳消费税。如果将这些应税货物的销售部门分立成为独立企业，生产企业在合理的范围内以相对较低的价格销售给销售企业，则整体消费税税负会降低。

在企业所得税中，有一些费用支出要按照收入的一定比例限额列支，如业务招待费、广告费和业务宣传费等，企业可以将企业的销售部门分立，成为一个独立核算的销售公司，以增加计算限额的基数。

在企业所得税中，特定项目所得可以免征、减征企业所得税；综合利用资源，

生产符合国家产业政策规定的产品所取得的收入，可以在计算应纳税所得额时减计收入。如果这些项目或者产品属于企业内部的中间生产环节而非最终生产销售环节，并不对外销售，没有收入的实现，也就无法享受税收优惠政策。企业可以考虑将负责这些项目或者产品的内设非法人分支机构分立出来，从而享受税收优惠待遇。

8.3.3.1 普通分立

企业分立，当事各方应按照下列规定处理。

①被分立企业对分立出去的资产应按公允价值确认资产转让所得或损失；

②分立企业应按公允价值确认接受资产的计税基础；

③被分立企业继续存在时，其股东取得的对价应视同被分立企业分配进行继续处理；

④被分立企业不再继续存在时，被分立企业及其股东都应按清算进行所得税处理；

⑤企业分立相关企业的亏损不得相互结转弥补；

⑥注销的被分立企业未享受完的税收优惠，不再由存续企业继承；分立而新设的企业不得再继承或重新享受上述优惠。

在普通分立中，被分立企业不再继续存在，应按照《财政部 国家税务总局关于企业清算业务企业所得税处理若干问题的通知》（财税〔2009〕60 号）的规定进行清算。被分立企业在报送《企业清算所得纳税申报表》时，应附送以下资料：

第一，企业分立的工商部门或其他政府部门的批准文件；

第二，被分立企业全部资产的计税基础及评估机构出具的资产评估报告；

第三，企业债务处理或归属情况说明；

第四，主管税务机关要求提供的其他资料证明。

8.3.3.2 特殊分立

企业分立同时符合以下条件的，适用特殊性税务处理规定。

①具有合理的商业目的，且不以减少、免除或推迟缴纳税款为主要目的；

②被分立企业所有股东按原持股比例取得分立企业的股权；

③企业重组后的连续 12 个月不改变重组资产原来的实质性经营活动；分立企业和被分立企业均不改变原来的实质性经营活动；

④被分立企业股东在该企业分立发生时取得的股权支付金额不低于其交易支付总额的 85%；

⑤企业重组中取得股权支付的原主要股东在重组后连续 12 个月内，不得转让所取得的股权。

特殊分立可以选择按以下规定处理：

第一，分立企业接受被分立企业资产和负债的计税基础以被分立企业的原有计税基础确定。

第二，被分立企业已分立出去的资产的相应所得税事项由分立企业承继。分立后的企业性质及适用税收优惠条件未发生改变的，可以继续享受分立前被分立企业剩余期限的税收优惠。

第三，被分立企业未超过法定弥补期限的亏损额可按分立资产占全部资产的比例进行分配，由分立企业继续弥补。

第四，被分立企业的股东取得分立企业的股权（以下简称“新股”），如需部分或全部放弃原持有的被分立企业的股权（以下简称“旧股”），新股的计税基础应以放弃旧股的计税基础确定；如无须放弃旧股，则其取得新股的计税基础可从以下两种方法中选择确定：直接将新股的计税基础确定为零，或者以被分立企业分立出去的净资产占被分立企业全部净资产的比例先调减原持有的旧股计税基础，再将调减的计税基础平均分配到新股上。

第五，重组交易各方对交易中的股权支付部分暂不确认有关资产的转让所得或损失，但对于非股权支付仍应在交易当期确认相应的资产转让所得或损失，并调整相应资产的计税基础。

$$\text{非股权支付对应的资产转让所得或损失}=(\text{被转让资产的公允价值}-\text{被转让资产的计税基础})\times(\text{非股权支付金额}\div\text{被转让资产的公允价值})$$

第六，在企业存续分立中，分立后的存续企业性质及适用税收优惠的条件未发生改变的，可以继续享受分立前该企业剩余期限的税收优惠，其优惠金额按该企业分立前一年的应纳税所得额（亏损计为零）乘以分立后存续企业资产占分立前该企业全部资产的比例计算。

【例 8-4】导入案例解析

【税法依据】根据《中华人民共和国企业所得税法》，企业广告费和业务宣传费支出不超过当年销售收入 15%的部分，可以据实扣除，超过比例的部分可以结转到以后年度扣除。

【筹划思路】企业可以将企业的销售部门分立成为一个独立核算的销售公司，以增加计算限额的基数，这样原本超额不能列支的费用就可以在销售公司列支了，从而达到降低企业集团所得税税负的目的。

【筹划过程】

方案 1：甲公司保持现状，不设立独立核算的销售公司，则

企业广告费和业务宣传费扣除限额 = 5 000×15% = 750（万元），超支 450 万元（1 200−750 = 450 万元），因此甲公司只能按照 750 万元进行税前扣除。

甲公司应纳企业所得税 =（5 000−2 600−750）×25% = 412.5（万元）

甲公司税后利润 = 5 000−2 600−1 200−412.5 = 787.5（万元）

方案 2：甲公司把销售部门分立出来，成为独立核算的销售公司。假设甲公司以 4 000 万元的价格先把产品销售给销售公司，销售公司再以 5 000 万元的价格对外销售。由甲公司负担广告费和业务宣传费支出 600 万元，同时销售公司负担广告费和业务宣传费支出 600 万元。

经计算，广告费和业务宣传费可以全部税前扣除（计算方法同方案1）。

但是，因甲公司和销售公司之间构成销售关系，需要多交纳印花税，本题暂不考虑。

甲公司和销售公司共计应纳企业所得税 =（5 000-2 600-600-600）×25%
=300（万元）

甲公司和销售公司共计税后利润 = 5 000-2 600-600-600-300 = 900（万元）

【筹划结论】方案2比方案1少缴纳企业所得税112.5万元（412.5-300=112.5万元），多获得税后利润112.5万元（900-787.5=112.5万元），因此甲公司应选择方案2。

【筹划点评】通过分立新设立销售公司必然要产生一定的开办费及后续的管理费用，我们要综合分析，避免顾此失彼。

8.3.3.3 与普通分立、特殊分立有关的其他税种的处理

（1）增值税。

纳税人在资产重组中，通过合并、分立、出售、置换等方式，将全部或者部分实物资产及与其相关联的债权、负债和劳动力一并转让给其他单位和个人，不属于增值税征税范围，其涉及的货物、不动产、土地使用权转让，不征收增值税。

（2）土地增值税。

按照法律规定或者合同约定，企业分设为两个或两个以上与原企业投资主体相同的企业，对原企业将国有土地、房屋权属变更到分立后的企业的，暂不征土地增值税。

（3）印花税。

分立后的两家企业实收资本和资本公积之和与原被分立企业实收资本与资本公积之和相比，新增金额由新设企业贴花。

（4）契税。

企业依照法律规定或者合同约定分设两个或两个以上投资主体相同的企业，对派生方、新设方承受原企业土地、房屋权属的，不征契税。

8.3.4 企业债务重组的税收筹划

债务重组，是指在债务人发生财务困难的情况下，债权人按照其与债务人达成的书面协议或者法院的裁定书，就其债务人的债务做出让步的事项。

8.3.4.1 普通债务重组

根据《财政部、国家税务总局关于企业重组业务企业所得税处理若干问题的通知》（财税〔2009〕59号），企业债务重组，相关交易按以下规定处理：

①以非货币资产清偿债务，应当分解为转让相关非货币性资产、按非货币性资产公允价值清偿债务两项业务，确认相关资产的所得或损失。

②发生债权转股权的，应当分解为债务清偿和股权投资两项业务，确认有关债

务清偿所得或损失。

③债务人应当按照支付的债务清偿额低于债务计税基础的差额，确认债务重组所得；债权人应当按照收到的债务清偿额低于债权计税基础的差额，确认债务重组损失。

④债务人的相关所得税纳税事项原则上保持不变。现举例说明：20×7 年，甲公司欠乙公司材料款 4 000 万元。当年，甲公司发生财务困难，在短期内无法归还这笔材料款。经协商，甲公司以其货物偿还债务，该批货物实际成本 2 000 万元，市场价格 2 400 万元（不含税价）。双方均为增值税一般纳税人，适用的增值税税率为 13%。

甲公司有关账务处理如下（单位：万元）：

借：应付账款——乙公司	4 000	
贷：主营业务收		2 400
应交税费———应交增值税（销项税）		312
营业外收入———债务重组利得		1 288

同时结转存货成本：

借：主营业务成本	2 000	
贷：库存商品		2 000

企业发生普通债务重组，应准备以下相关资料，以备税务机关检查：

①以非货币资产清偿债务，应保留当事各方签订的清偿债务的协议或合同，以及非货币资产公允价格确认的合法证据等；

②债权转股权的，应当保留当事各方签订的债权转股权协议或合同。

8. 3. 4. 2　特殊债务重组

债务重组符合《财政部、国家税务总局关于企业重组业务企业所得税处理若干问题的通知》（财税〔2009〕59 号）的第五条规定条件的，交易各方对其交易中的股权支付部分，可以按以下规定进行特殊性税务处理。

①企业债务重组确认的应纳税所得额占该企业当年应纳税所得额 50%以上的，可以在 5 个纳税年度的期间内，均匀计入各年度的应纳税所得额。

②企业发生债权转股权业务，对债务清偿和股权投资两项业务暂不确认有关债务清偿所得或损失，股权投资的计税基础以原债权的计税基础确定。企业的其他相关所得税事项保持不变。

【例 8-5】甲、乙两公司均为增值税一般纳税人，增值税税率为 13%，企业所得税税率为 25%。甲公司赊销一批商品给乙公司，价税合计 226 万元。债务到期时，乙公司当期可抵扣进项税额为 15 万元，由于乙公司资金周转出现暂时困难，双方协议进行债务重组。乙公司有两个重组方案可供选择。

方案 1：将债务的偿还期限延长半年，半年后只需偿还债务本金 226 万元，不计利息。

方案 2：乙公司以 10 万件商品抵偿债务，这批商品的账面价值为 180 万元，公允价值为 220 万元。

【工作要求】请对上述业务进行税收筹划。

【税法依据】根据《财政部、国家税务总局关于企业重组业务企业所得税处理若干问题的通知》（财税〔2009〕59 号）、《企业重组业务企业所得税管理办法》（国家税务总局公告 2010 年第 4 号）、《国家税务总局关于企业重组业务企业所得税征收管理若干问题的公告》（国家税务总局 2015 年第 48 号）。

【筹划思路】分析上述两方案所缴纳的增值税与企业所得税的多少，进而进行决策。

【筹划过程】

如果乙公司采用方案 1，可选择将其拥有的 10 万件商品降价促销，假定单价降为 20 元/件后，可在半年后将商品全部销售，获得现金为 226 万元（10×20×1.13＝226 万元），用于偿还甲公司债务。则乙公司就该项业务应纳税额计算如下（城市维护建设税和教育费附加忽略不计）。

乙公司应纳增值税＝10×20×13%－15＝11（万元）

乙公司应纳所得税＝10×（20－18）×25%＝5（万元）

方案 1：乙公司应纳税款总额＝11+5＝16（万元）

如果乙公司采用方案 2，则乙公司就该项业务应纳税额计算如下。

乙公司应纳增值税＝220×13%－15＝13.6（万元）

乙公司应纳所得税＝10×（22－18）×25%＝10（万元）

方案 2：乙公司应纳税款总额＝13.6+10＝23.6（万元）

【筹划结论】两个方案相比，方案 1 较方案 2 节省税收 7.6 万元（23.6－16＝7.6 万元），因此乙公司应选择方案 1，先将商品降价销售，再用现金偿还债务。

【筹划结论】将商品降价销售，再用现金偿还债务这一方式中，涉及降价多少的问题，同时涉及降价货物的自身成本问题，因此我们要认真分析，否则得不偿失，增加企业的税收负担。

8.4 企业清算的税收筹划

8.4.1 企业清算的法律规定

企业清算是指企业由于经济或契约等，不能或不再继续经营时，按照国家有关法律法规及企业具有法律效力的章程协议等文件精神，依照法定的程序，对企业的资产、债权、债务等进行清理与结算，并对企业剩余财产进行分配，解除企业法人资格的一系列行为。

《中华人民共和国公司法》规定，公司可因下列情况解散。

①公司章程规定的营业期限届满或者公司章程规定的其他解散事由出现；

②股东会或者股东大会决议解散；

③因公司合并或者分立需要解散；

④依法被吊销营业执照、责令关闭或者被撤销；

⑤公司经营管理发生严重困难，继续存续会使股东利益受到重大损失，通过其他途径不能解决的，持有公司全部股东表决权百分之十以上的股东，可以请求人民法院解散公司。人民法院依照该规定予以解散。

公司解散的（除公司合并或者分立需要解散的外），应当在解散事由出现之日起十五日内成立清算组，开始清算。有限责任公司的清算组由股东组成，股份有限公司的清算组由董事或者股东大会确定的人员组成。逾期不成立清算组进行清算的，债权人可以申请人民法院指定有关人员组成清算组进行清算。人民法院应当受理该申请，并及时组织清算组进行清算。

《中华人民共和国企业所得税法》规定：企业依法清算时，应当以清算期间作为一个纳税年度。企业在年度中间终止经营活动的，应当自实际经营终止之日起六十日内，向税务机关办理当期企业所得税汇算清缴。企业应当在办理注销登记前，就其清算所得向税务机关申报并依法缴纳企业所得税。

《中华人民共和国企业所得税法实施条例》规定：清算所得，是指企业的全部资产可变现价值或者交易价格减除资产净值、清算费用以及相关税费等后的余额。投资方企业从被清算企业分得的剩余资产，其中相当于从被清算企业累计未分配利润和累计盈余公积中应当分得的部分，应当确认为股息所得；剩余资产减除上述股息所得后的余额，超过或者低于投资成本的部分，应当确认为投资资产转让所得或者损失。

8.4.2　企业清算的筹划思路

虽然永续经营是任何一个企业设立之初都毫无例外采用的理想假设，但在现实中，优胜劣汰是自然法则，在众多企业发展壮大的同时，也有许多企业因种种情况而清算破产。2007年6月1日，《中华人民共和国企业破产法》开始正式实施，为企业破产清算过程的规范操作提供了有效的依据。

企业清算筹划的筹划思路主要包括两方面：一是通过推迟或提前企业清算开始日期，合理调整清算所得和正常经营所得，尽量将亏损提前到生产经营期间，降低企业整体税收负担；二是在原有减免税到期的企业消失后，重新设立新的企业继续享受有关的税收优惠政策。

8.4.3　企业清算的税收筹划

8.4.3.1　调整清算日期的税收筹划

由于清算期间单独作为一个纳税年度，清算期间的亏损在今后不可能再弥补，因此，纳税人应选择解散日期，合理调整生产经营期间与清算期间的利润，尽量将亏损提前到生产经营期间，从而节省企业所得税。

【例8-6】甲公司董事会于20×7年8月16向股东会提交解散申请书，股东会于8月20日通过并做出决议，清算开始日定于9月1日，9月1日至10月10日的期间作为清算期间，清算期间的清算所得为8万元。其中，9月1日至9月20日共发生有关支出20万元。甲公司在成立清算组前进行内部清算中发现，当年1月至8月公司应纳税所得额为15万元。该公司适用25%的所得税税率。

【工作要求】请对上述企业清算进行税收筹划。

【税法依据】根据《中华人民共和国企业所得税税法》第五十三条规定：企业依法清算时，应当以清算期间作为一个纳税年度。

【筹划思路】由于公司将1月至8月作为一个纳税年度，应纳税所得额为15万元，应当缴纳企业所得税，而清算期间作为一个纳税年度，其应纳税所得额为8万元，不纳企业所得税。

因此我们将清算开始日推迟到9月21日，进而比较两种方案的所得税税负，然后做出决策。

【筹划过程】

方案1：清算开始日定于9月1日，则

甲企业生产经营年度（1月1日至8月31日）应纳企业所得税=15×25%=3.75（万元）

清算年度（9月1日至10月10日）应纳税额=0

方案2：清算开始日推迟到9月21日，则

甲公司1月1日至9月20日的生产经营纳税年度亏损为5万元（20-15=5万元），清算期间清算所得为12万元。该公司应纳税额计算如下：

甲公司生产经营年度（1月1日至9月20日）应纳税额=0

清算年度（9月21日至10月10日）应纳税额=（12-5）×25%=1.75（万元）

【筹划结论】方案2较方案1少缴纳企业所得税2万元（3.75-1.75=2万元），因此甲公司应选择方案2。

【筹划点评】由于清算期间单独作为一个纳税年度，清算期间的亏损在今后不可能再弥补，所以，纳税人应选择清算日期，合理调整生产经营期间与清算期间的利润，尽量将亏损提前到生产经营期间，从而节省企业所得税。

8.4.3.2 重新设立新的企业继续享受有关优惠政策的税收筹划

目前，我国有许多企业所得税定期减免税收优惠政策。针对这种定期减免税优惠，为了企业更好的发展，我们可以适当进行企业清算，重新设立新的企业进而继续享受有关的优惠政策。例如，企业从事国家重点扶持的公共基础设施项目投资经营的所得，自项目取得第一笔生产经营收入所属纳税年度起，第一年至第三年免征企业所得税，第四年至第六年减半征收企业所得税。当其享受6年减征或免征所得税期满后，适时安排将企业解散，通过清算结束企业原有业务，另外注册一个新的企业享受税收优惠政策。由于企业设备、员工、厂房都可以通过清算转让给即将设立的新企业，故原有企业所有者的持续经营不会受到多大的影响。

但是，运用这一方法进行税收筹划时，我们应特别关注国家的反避税措施，国家为了堵塞税收漏洞，财政部和国家税务总局于2006年1月下发了《关于享受企业所得税优惠政策的新办企业认定标准的通知》（财税〔2006〕1号），明确规定了享受企业所得税定期减税或免税的新办企业必须符合三个条件：一是须按照国家法律、法规以及有关规定在工商行政管理部门设立登记新注册成立的企业；二是新办企业的权益性出资人（股东或其他权益投资方）的实际出资中固定资产、无形资产等非货币性资产的累计出资额占新办企业注册资金的比例不得超过25%；三是新办企业在享受企业所得税定期减税或免税优惠政策期间，从权益性投资人及其关联方累计购置的非货币性资产超过注册资金25%的，将不再享受相关企业所得税的减免税政策优惠。

2006年7月，国家税务总局又下发了《关于缴纳企业所得税的新办企业认定标准执行口径等问题的补充通知》（关税发〔2006〕103号），对符合财税〔2006〕1号文件认定标准的新办企业享受所得税优惠做了更加严格的限定，补充了两个规定：一是对新办企业利用转让定价等方法从关联企业转移来的利润，明确不准其享受新办企业所得税优惠；二是如果新办企业的业务和关键人员是从现有企业转移而来的，则其全部所得均不得享受新办企业所得税的优惠政策。

企业在进行税收筹划时应当充分关注这些新政策的变化，以便衡量是否采用这种税收筹划方法；否则会适得其反。

本章小结：

企业的生命周期包括设立、扩张、重组和清算等阶段，每一阶段活动对企业纳税具有决定意义，需要精心安排。企业成长的税收筹划主要包括以下内容。

企业通过设立组织形式、规模，选择注册地点等进行税收筹划；通过分公司与子公司的安排，采用创建与收购等方式进行企业扩张的税收筹划；通过企业合并、企业分立、企业债务重组等方式对企业重组进行税收筹划；通过调整清算日期、调整清算所得、重新设立等方式对企业清算进行税收筹划。

关键术语：

企业重组　债务重组　股权收购　资产收购　企业合并　企业分立
企业法律形式改变　吸收合并　新设合并　存续分立　新设分立　企业清算

思考题

1. 简述分公司与子公司在税收上通常存在的差异。

2. 简述普通合并的税务处理。

3. 简述特殊合并的税务处理。

4. 简述与普通合并、特殊合并有关的增值税、土地增值税、印花税、契税的税务处理。

5. 简述普通分立的税务处理。

6. 简述特殊分立的税务处理。

7. 简述与普通分立、特殊分立有关的增值税、土地增值税、印花税、契税的税务处理。

8. 简述普通债务重组的税务处理。

9. 简述特殊债务重组的税务处理。

10. 简述企业破产的主要原因。

11. 简述企业清算的税收筹划思路及方法。

第 9 章
企业财务管理的税收筹划

培养能力目标

(1) 掌握企业筹资的税收筹划方法；

(2) 掌握企业投资的税收筹划方法；

(3) 掌握企业利润分配的税收筹划方法；

(4) 掌握企业会计核算的税收筹划方法。

案例导入

A 公司（非金融企业）拟进行债券投资，现有三种债券可供选择，罗列如下：

甲债券为国债，面值 100 元，票面利率为 3%，期限 5 年，一次到期还本付息；

乙债券为金融债券，面值 100 元，票面利率为 4%，期限 5 年，一次到期还本付息；

丙债券为企业债券，面值 100 元，票面利率为 5%，期限 5 年，一次到期还本付息。

现行企业所得税率为 25%，投资要求的必要报酬率为 3%，上述三种债券的市价均为 95 元。

工作要求　试分析 A 公司应采用何种投资方式。

案例解析　见本章的 9.2。

9.1　企业筹资的税收筹划

筹资是企业生产经营活动正常进行的先决条件。企业筹资决策旨在：在可承受的适当风险的前提下，确定最佳资本结构，从而降低资本成本，获取杠杆利益，促进企业价值最大化或股东财富最大化。虽然不同渠道的筹资同样能满足企业对资金的需求，但不同筹资方法的税收结果不同，这必然影响现金流量，进而影响资金需求量和资金成本，最终影响企业收益。因此，我们在筹资决策中应充分考虑税负的影响，进行合理的税收筹划，与实现财务管理的目标息息相关。

9.1.1 负债筹资的纳税筹划

企业要通过再投资扩大自身规模，离不开筹资活动，但是通过自身积累等方式筹资是极其有限的，而采用负债筹资则会有较大的扩张速度。负债一般包括长期负债和短期负债。长期负债融资，一方面债务利息可以抵减应税所得，减少应纳所得税额；另一方面还可以通过财务杠杆作用增加权益资本收益率。假设企业负债经营，债务利息不变，当利润增加时，单位利润的利息就会相对降低，从而使投资者收益有更大幅度的提高，这种债务对投资收益的影响就是财务杠杆作用。

仅仅从节税角度考虑，企业负债比例越大，节税效果越明显。但由于负债比例升高会相应影响将来的融资成本，造成财务风险，因此，并不是负债比例越高越好。长期负债融资的杠杆作用体现在提高权益资本的收益率及普通股的每股收益额方面。这可以从下面的公式得以反映：权益资本收益率(税前)=息税前投资收益率+负债÷权益资本×(息税前投资收益率-负债成本率)。因此，只要企业息税前投资收益率高于负债成本率，增加负债额度和提高负债的比例就会促使权益资本收益率提高。但这种权益资本收益率提高的效应会被企业的财务风险及融资的风险成本的逐渐加大所抵消，当二者达到一个大体的平衡时，也就达到了增加负债比例的最高限额，超过这个限额，财务风险及融资风险成本就会超过权益资本收益率提高的收益，也就会从整体上降低企业的税后利润，从而降低权益资本收益率。

【例 9-1】烟台大华公司计划筹资 6 000 万元用于一项新产品的生产，为此制订了五个方案，企业所得税税率为 25%。筹资方案情况如表 9-1 所示。

表 9-1　**筹资方案情况**　单位：万元

项目	方案 A	方案 B	方案 C	方案 D	方案 E
负债额	0	3 000	4 000	4 500	4 800
权益资本额	6 000	3 000	2 000	1 500	1 200
负债比率	0 : 6	1 : 1	4 : 2	3 : 1	4 : 1
负债成本率	—	6%	7%	9%	10.5%
息税前投资收益率	10%	10%	10%	10%	10%
普通股股数	60	30	20	15	12
息税前利润	600	600	600	600	600
利息成本	0	180	280	405	504
税前利润	600	420	320	195	96
应纳所得税	150	105	80	48.75	24
税后利润	450	315	240	146.25	72

【工作任务】根据不同方案做最优筹划。

【税法依据】企业向非金融企业借款的利息支出，不超过按照金融企业同期同类贷款利率计算的数额部分，准予税前扣除。向投资者支付的股息、红利等权益性投资收益款项不得在计算应纳税所得额时扣除。

【筹划思路】企业融资分为股权融资和负债融资。负债融资的财务杠杆效益主要体现在递减企业所得税和提高权益资本收益率两方面，企业可以适当增加负债额度，提高负债比重，以达到节税和提高权益资本收益率的效果。

【筹划过程】

(1) 方案 B、C、D 税前、税后权益资本收益率超过未使用负债方案 A。

(2) 负债比例超出一定范围，权益资本收益率下降，表现为反向杠杆效应，方案 E 的权益资本收益率低于未使用负债的方案 A。

(3) 随着负债总额的增加、负债比率的提高，利息成本呈现上升趋势。

(4) 负债成本具有税收挡板作用，从方案 A 到 E，随着负债比例与成本水平升高，纳税负担逐渐降低，节税效果显著。

(5) 方案 E 节税效应最大，但企业所有者权益资本收益率水平最低，会导致企业最终利益的损失。

【筹划结论】筹资的税务筹划应以合理的资本结构为前提。充分考虑纳税成本的降低与企业的财务风险和经营风险之间的关系，寻求企业最优负债量，最大限度地降低纳税成本，提升企业价值。

【筹划点评】负债总额超过临界点时，风险成本的增加超过节税利益，企业的所有者权益下降，不符合税务筹划的目标。

9.1.2　企业权益筹资的纳税筹划

权益融资包括通过吸收直接投资，发行股票，利用留存收益来筹集资金。对权益融资进行税收筹划，我们除了考虑接受非货币性资产作为投资的税收问题外，更重要的是考虑负债融资与权益融资间的决策问题的资金。

例如，某公司目前有资金 75 万元，现因生产发展需要准备再筹资 25 万元。该公司可以利用发行股票筹集资金，面值为 1 元，发行价格为 2.5 元/股，也可以利用发行债券筹集资金。表 9-2 列出原资本结构和筹资后资本结构变化的情况。

表 9-2　　原资本结构和筹资后资本结构变化的情况

筹资方式	原资本结构	增加筹资后资本结构	
		增发普通股	增发公司债
公司债券	10 万元	10 万元	35 万元
普通股	20 万元	30 万元	20 万元
资本公积	25 万元	40 万元	25 万元
保留盈余	20 万元	20 万元	20 万元

表9-2(续)

筹资方式	原资本结构	增加筹资后资本结构	
		增发普通股	增发公司债
资本总额合计	75 万元	100 万元	100 万元
普通股股数	20 股	30 股	20 股

发行新股时，每股发行价为 2.5 元，筹资 25 万元需发行 10 万股普通股。

股票溢价发行的部分计入资本公积金，增加 15 万元。

假设该公司投资收益率为 20%，则其息税前利润为 20 万元，设其所得税率为 25%，根据资本结构的变化，分析资本结构对普通股每股收益的影响。

从表 9-2 可以看出，在息税前盈余为 20 万元的情况下，我们利用增发公司债券的形式能使每股盈余上升较多。每股盈余上升的直接原因是通过债券筹资可以在计算所得税前列支部分筹集费用，从而享受到所得税前的好处。表 9-3 为增发股票与增发债券比较表。

表 9-3　　增发股票与增发债券比较表　　单位：万元

项目	增发股票	增发债券
预计息前盈余	20	20
减利息	0.8	2.8
税前盈余	19.2	17.2
减所得税	4.8	4.3
税后盈余	14.4	12.9
普通股股数	30	20
每股盈余	0.48	0.645

通过以上分析可以看出，权益性筹资和债务性筹资方式的不同会形成纳税上的差异。产生这种差异的根本原因在于税法规定，债券利息可以计入当期费用在所得税前列支，普通股股息只能在税后支付，两者在政策上的差别导致了负债和权益资本对企业税收成本和企业价值的不同影响。

9.2　企业投资的税收筹划

投资是企业永恒的主题，对投资主体来说，投资既是企业诞生的唯一方式，也是企业得以存续和发展的最重要手段。投资的主要目的就是盈利，因此随着税收制度的发展，我们对盈利的关注必须考虑各种纳税因素。因此，在投资决策中，纳税筹划日益成为重要的内容。

9.2.1　投资方式的筹划

投资在方式上可分为两大类，即直接投资和间接投资。直接投资一般指借助投资实施对企业的生产经营活动进行直接管理和控制，获取经营利润的投资；间接投资是指投资主体用货币资产购买各种有价证券，以期从持有和转让中获取投资收益和转让增值。

9.2.1.1　直接投资的纳税筹划

对直接投资的综合评估主要考虑投资回收期、投资的现金流出和现金流入的净现值、项目的内部报酬率等财务指标。我们需要考虑的纳税因素主要是指影响这些指标的纳税政策，投资者首先要判定其投资项目按照税法规定应征收哪些流转税，其税率或费率是多少？这一切都将影响企业的税费负担，并因此进一步影响投资者的税后纯收益。

直接投资更要重点考虑企业所得税的纳税待遇。我国企业所得税制度规定了很多纳税优惠待遇，包括税率优惠和税额扣除等方面的优惠。比如，设在国务院批准的高新技术产业开发区内的高新技术企业，其企业所得税的税率为 15%，其他诸如第三产业、“三废”利用企业、“老、少、边、穷”地区新办企业等都有企业所得税的优惠待遇。投资者应该在综合考虑目标投资项目的各种纳税待遇的基础上，进行项目评估和选择，以期获得最大的投资税后收益。

9.2.1.2　间接投资的纳税筹划

目前投资者关注的重点在于投资收益的大小和投资风险的高低，至于被投资企业的经营管理权，则不被重点关注。因此，现在投资理念更多地关注间接投资。间接投资因不同的各种投资方式，取得的投资收益的税收待遇也有所差别。例如，我国税法规定，股息收入必须计缴企业所得税，而国债库券利息收入可以免税。这样，投资者在进行间接投资时，除要考虑投资风险和投资收益等因素外，还必须考虑相关的税收规定，以便全面权衡和合理决策。

9.2.2　投资结构的筹划

所谓投资结构，就是指社会投资（或企业投资）通过分配过程而在各种特定使用系统中形成的数量比例关系。投资结构可以有不同的表述形式，如投资地区结构、投资产业结构、投资用途结构、投资项目结构等。为配合国家经济政策，促进国民经济健康、有序发展，国家对不同地区、行业、用途、性质的投资项目给予不同的税收待遇。企业在进行投资决策时，必须充分考虑投资结构对投资效益的影响，充分了解各类地区、行业及不同用途、性质项目的各种税收优惠政策，尽可能选择具有优惠待遇的地区、行业、项目进行投资，以实现最大限度的投资收益。当然，从分散风险的角度出发，企业不可能也不应该把资金全部投资于某个地区、某个行业，或全部用于某种用途、某类投资项目。因此，这里就有一个投资结构的优化组合问题，而不同的投资结构必然形成不同的应税收益，不同的应税收益构成又最终影响企业的纳税负担。

投资结构对企业税负及税后利润的影响主要体现在三个方面。

①税基宽窄。由于某一课税对象的法定税基和实际税基（有效税基）的不一致，企业在安排投资结构时，应通过比较不同纳税税基比重的大小，谋求纳税负担相对于应税收益差异量金额最大、比重最低的项目。

②税率高低。税率高低是影响企业税负的决定性因素，因而成为企业投资配置过程中进行纳税筹划必须考虑的问题。从实务看，税率的差异往往比有效税基比例对企业税负影响更大。

③纳税成本高低。纳税通常会给企业带来或加重投资扭曲风险、经营风险和纳税支付有效现金不足风险。这些方面的纳税成本损失，往往表现为潜在的机会成本，企业合理安排投资机构时应充分考虑潜在的机会成本。

【例 9-2】A 公司现拟以 6 000 万元对 D 公司投资，投资后占 D 公司股份的 55%，D 公司的净资产见表 9-4。

表 9-4　　D 公司的净资产　　单位：万元

项目	金额
实收资本	7 000
资本公积	6 000
盈余公积	1 200
未分配利润	900
合计	15 100

预计 D 公司未来 5 年的税后利润分别为 1 000 万元、1 200 万元、1 400 万元、1 000 万元和 1 300 万元。所得税率均为 25%，假定企业在投资期满按 D 公司净资产的账面价值处置股权（账面价值与公允价值相等）。A 公司对 D 公司有绝对的控制权。

【工作任务】我们根据不同的股权投资报酬筹划方案，计算应纳所得税。

第一方案：不派现金股利，D 公司实现的净利润作资本积累滞留在公司。

第二方案：按提取 10%法定盈余公积后剩余利润的 30%分配现金股利。

第三方案：按提取 10%法定盈余公积后剩余利润的 60%分配现金股利。

【税法依据】符合条件的居民企业之间取得的股息、红利等权益性投资收益免征企业所得税。

【筹划思路】我们利用股息或红利投资所得的免税税收政策，采用高股利支付率股票分配政策，通过现金股利与资本利得的收益转换，降低转让股权的资本利得的所得税税负。

【筹划方案】

税负分析如下。

第一方案：不派发现金股利。

（1）不派发现金股利，不能享受免税的优惠政策。

（2）股权投资转让的资本利得按25%计算所得税。

D公司净资产的账面价值=15 100+1 000+1 200+1 400+1 000+1 300
=21 000（万元）

A公司转让的资本利得=21 000×55%-6 000=5 550（万元）

不考虑其他因素，A公司应纳所得税额=5 550×25%=1 387.5万元

A公司累计所得税税负为1 387.5万元。

第二方案：按提取10%法定盈余公积后剩余利润的30%分配现金股利。

（1）按提取法定盈余公积金后剩余利润的30%派发现金股利，则投资后A公司各年的获得免税的现金股利分别为：

第一年的现金股利=1 000×（1-10%）×30%×55%=148.5（万元）

第二年的现金股利=1 200×（1-10%）×30%×55%=178.2（万元）

第三年的现金股利=1 400×（1-10%）×30%×55%=207.9（万元）

第四年的现金股利=1 000×（1-10%）×30%×55%=148.5（万元）

第五年的现金股利=1 300×（1-10%）×30%×55%=193.05（万元）

五年累计获得现金股利876.15万元，由于投资时间超过12个月，该公司获得的现金股利免税。

（2）D公司各年分配后净资产的账面价值如表9-5所示。

表9-5　D公司各年分配后净资产的账面价值　单位：万元

时间	实收资本	资本公积	盈余公积	未分配利润	合计
第一年	7 000	6 000	1 300	1 260	15 560
第二年	7 000	6 000	1 420	1 690	16 112
第三年	7 000	6 000	1 560	2 196	16 756
第四年	7 000	6 000	1 660	2 556	17 216
第五年	7 000	6 000	1 790	3 024	17 814

（3）A公司第五年转让股权获得资本利得。

资本利得=17 814×55%-6 000=3 797.7（万元）

应纳企业所得税=3 797.7×25%=949.425（万元）

A公司累积所得税税负为949.425万元。

【筹划结论】比较三种方案，在战略投资的情况下，我们利用股息或红利投资所得的免税税收政策，采用高股利支付率股票分配政策，通过现金股利与资本利得的收益转换，降低了转让股权的资本利得的所得税税负，A公司对D公司股权投资

累积企业所得税负最小。

【筹划点评】由此可见，股权投资所得的转换有利于财务管理目标的实现。

【例 9-3】导入案例解析

【税法依据】企业的下列收入为免税收入：第一，国债利息收入；第二，符合条件的军民企业之间的股息、红利等权益性投资收益。

【筹划思路】免税的优惠政策会影响方案的收益，可以通过比较方案的到期收益率选择最优方案。

【筹划过程】

（1）债券价值分析。

$P_{甲}=(100+100\times3\%\times5)(P/F,3\%,5)=99.2$（元）

$P_{乙}=(100+100\times4\%\times5)(P/F,3\%,5)-4\times25\%(P/F,3\%,5)=98.93$（元）

$P_{丙}=(100+100\times3\%\times5)(P/F,3\%,5)-5\times25\%(P/F,3\%,5)=102.1$（元）

从单个债券的价值看，每种债券的价值均高于市价，由于金融债券和企业的利息收入需按 25%缴纳企业所得税，虽然乙债券和丙债券的利率高于国债的利率，在面值相等的情况下利息所带来的现金要比国债多，但乙债券的价值要比国债价值低，单从债券价值无法做出正确的判断。

（2）到期收益率分析。

①甲债券的到期收益率。

$95=(100+100\times3\%\times5)(P/F,K,5)$

利用试误法计算。

当 $K1=3\%$时，$P=(100+100\times3\%\times5)(P/F,3\%,5)=99.2$

当 $K2=5\%$时，$P=(100+100\times3\%\times5)(P/F,3\%,5)=90.11$

则 $K=3\%+(99.2-95)\div(99.2-90.11)\times2\%=3.92\%$

②乙债券的到期收益率。

$95=(100+100\times4\%\times5)(P/F,K,5)-4\times25\%(P/A,K,5)$

利用试误法计算。

当 $K1=4\%$时，

$P=(100+100\times4\%\times5)(P/F,4\%,5)-4\times25\%(P/A,4\%,5)=98.93$

当 $K2=5\%$时，

$P=(100+100\times4\%\times5)(P/F,6\%,5)-4\times25\%(P/A,5\%,5)=89.69$

则 $K=4\%+(98.93-95)\div(98.93-89.69)\times1\%=4.43\%$

③丙债券的到期收益率。

$95=(100+100\times5\%\times5)(P/F,K,5)-5\times25\%(P/A,K,5)$

利用试误法计算。

当 $K1=5\%$时，

$P=(100+100\times5\%\times5)(P/F,5\%,5)-5\times25\%(P/A,5\%,5)=102.1$

当 $K2=6\%$ 时，

$P=(100+100\times5\%\times5)(P/F,6\%,5)-5\times25\%(P/A,6\%,5)=87.87$

则 $K=5\%+(102.1-95)\div(102.1-87.87)\times1\%=5.5\%$

【筹划结论】从三种债券的收益率看，国债即使免税也只能获得3.92%的收益率，而企业债券即使在缴纳税金的基础上仍能获得5.5%的收益率。

【筹划点评】债券投资不能只看免税的税收待遇，还需要考虑其息票利率的因素。

9.3　企业分配的税收筹划

企业财务成果分配也称利润分配，是指将一定时期内实现的利润总额按照有关法律的规定进行合理分配。在企业财务成果的分配过程中，与税负有关的问题，主要是所得税归属期的筹划问题。

所谓所得税归属期的筹划是指利用合理手段将所得归属到税负最低的年度内。

9.3.1　合理选择收益的结算日

企业缴纳税收的多少取决于企业的收益规模和税率高低，一般来说，应该列入收入的部分，除另有规定外，通常是指资产销售、有偿或无偿的资产转让、提供劳务及其他交易部分，其中最为普遍的是资产销售。对于企业来说，如何处理资产的计算标准问题，是计算税收金额的基本事项。在税收上，销售收入的计算是以“交货或交付”为标准的，而交货或者交付日在不同的场合下有不同的计算标准。对于交货日或者交付日，税法并没有做出详细的规定。因此收益结算日定得越晚越好，可以得到推迟纳税的好处。

9.3.2　合理调整所得的实现年度

9.3.2.1　利用税前利润弥补以前年度亏损

税法规定，企业发生的亏损可以利用下一年度的盈余弥补，弥补不足可以用以后年度的税前所得利润弥补，但是延续弥补期最长不超过五年。争取用税前利润弥补以前年度亏损的主要方法有：兼并账面有亏损的企业，以盈补亏，利用税法允许的资产计价和摊销方式的选择权，以及费用列支范围和标准的选择权，多列支税前扣除项目和扣除金额，再用税前利润弥补亏损，在五年期限到来前，继续造成企业亏损，从而延长享受税前利润弥补的时间。

9.3.2.2　利用税收优惠政策控制所得实现时间

这种税收筹划的基本原理是要尽量把利润提前或集中于减免税期间，而把亏损或者支出推迟于征税期，或把所得规划在亏损年度实现，以达到盈亏互抵的目的。

我们要把利润提前或集中到减免税期，尽量缩小减免税期的成本、费用。例如，我们在物价上涨时采用先进先出法进行存货的计价，这样会高估利润，高估期末存货的价值；又如，在选择折旧方法时，我们尽量不选用加速折旧法，要综合平衡，做到在减免税期少计提折旧计入成本；再如，我们在费用的分摊方面，对于本期应负担而在以后才发生的费用，应尽可能地通过待摊费用核算，分期计入成本；对于无形资产，递延资产等应尽量将起摊销期延长到减免税期以后。

保留盈余的税收筹划分配中的保留盈余问题，实际上是股利分配政策问题。我国当前对公司保留盈余方面没有税收约束，个人股东获取股息红利要缴纳个人所得税。对资本利得的税务处理是：公司获取的资本利得要缴纳企业所得税，个人获取的资本利得暂不纳税。出于对股东利益的考虑，公司可以不向股东分配或者少分配，而将大部分利润留存于企业进行发展。

【例 9-4】A 公司于 20×5 年 2 月 20 日以银行存款 800 万元投资于 B 公司，占 B 公司股本总额的 60%，B 公司当年获得税后利润 400 万元。A 公司所得税率为 25%，B 公司所得税率为 15%。A 公司 20×6 年度生产经营所得为 100 万元。

【工作任务】根据 B 公司的不同分配方案，计算 A 公司应纳所得税额，并进行比较。

【税法依据】税法规定，符合条件的居民企业之间的股息、红利等权益性投资收益免征企业所得税，但不包括持有居民企业公开发行并上市流通的股票连续时间不超过 12 个月取得的权益性投资收益。

【筹划思路】被投资企业保留利润，不分配，在企业股权欲转让时，在转让之前将未分配利润进行分配。这样做，对于投资方来说，可以达到不补税或者递延纳税的目的，同时又可以有效避免股息性所得转化为资本利得，从而消除重复纳税；对于被投资方来说，由于不分配可以减少现金流出，而且这部分资金无须支付利息，等于多了一笔无息贷款，可以获得资金的时间价值。

【筹划过程】

方案 1：20×6 年 3 月，B 公司董事会决定将税后利润的 30%用于分配，A 公司分得利润 72 万元。20×6 年 6 月，A 公司将其拥有的 B 公司 60%的股权全部转让给 C 公司，转让价为人民币 1 000 万元，转让过程中产生税费 0.5 万元。

生产经营所得应纳税额 = 100×25% = 25（万元）

股息收入（72 万元）免税。

转让所得 = 1 000−800−0.5 = 199.5（万元）

转让所得应纳税额 = 199.5×25% = 49.88（万元）

A 公司 20×6 年合计纳税 = 25+49.88 = 74.88（万元）

方案 2：B 公司保留盈余不分配。20×6 年 6 月，A 公司将其拥有的 B 公司 60%的股权全部转让给 C 公司，转让价为人民币 1 072 万元，转让过程中发生税费 0.5 万元。

生产经营所得应纳税额 = 100×25% = 25（万元）

转让所得＝1 072－800－0. 5＝271. 5（万元）

转让所得应纳税额＝271. 5×25%＝67. 88（万元）

A 公司 20×5 年合计纳税＝25+67. 88＝92. 88（万元）

【筹划结论】方案 1 比方案 2 减轻税负 18 万元（92. 88－74. 88＝18 万元）。原因在于 A 公司在股权转让前进行股息分配，有效避免了重复征税。

【筹划点评】税收上确认的股权转让所得与会计上确认的股权转让收益不一样。在计算股权转让所得时，我们应按照计税成本计算，而不是按企业账面反映的“长期股权投资”科目的余额计算。

9. 4　企业会计核算的税收筹划

利用企业内部核算进行纳税筹划，是指依照国家规定所允许的成本核算方法、计算程序、费用分摊、利润分配等一系列合法要求进行的企业内部核算活动，使成本、货用和利润达到最佳值，从而减轻企业的税负，获得税收利益。

9. 4. 1　存货计价的纳税筹划

存货是指企业在生产经营过程中为销售或者耗用而储存的各种资产，如商品、产成品、半成品、在产品及各类材料、燃料、包装物、低值易耗品等。存货是资产负债表中的重要项目，也是利润表中用来确定构成主营业务成本的一项重要内容。

【例 9-5】某企业存货 A 的购销情况如表 9-6。

表 9-6　　某企业存货 A 的购销情况　　单位：元

20×2 年		摘要	收入			发出			结存		
月	日		数量	单价	金额	数量	单价	金额	数量	单价	金额
1	1	期初余额	—	—	—				100	20	2 000
1	3	购入				80	20	1 600			
1	10	购入	40	25	1 000						
1	20	购入	50	30	1 500						
1	21	购入	40	35	1 400						
1	23	购入				100	60				

【工作要求】请分析不同的存货成本核算方式对企业所得税税负的影响。

【税法依据】税法规定，纳税人各项存货的发生和领用，其实际成本价的计算方法，可以在先进先出法、加权平均法等方法中任选一种。计价方法一经选用，不得随意改变。确实需要改变计价方法的，应当在下一纳税年度开始前，报主管税务机关批准。

【筹划方案】

方案 1：采用先进先出法，存货 A 成本明细账如表 9-7 所示。

表 9-7　　存货 A 成本明细账 I　　单位：元

20×2 年		摘要	收入			发出			结存		
月	日		数量	单价	金额	数量	单价	金额	数量	单价	金额
1	1	期初余额	—	—	—				100	20	2 000
1	3	销售				80	20	1 600	20	20	400
1	10	购入	40	25	1 000				20	20	400
									40	25	1 000
1	20	购入	50	30	1 500				20	20	400
									40	25	1 000
									50	30	1 500
1	21	购入	40	35	1 400				20	20	400
									40	25	1 000
									50	30	1 500
									40	35	1 400
1	23	销售				20	20	400	10	30	300
						40	25	1 000	40	35	1 400
						40	30	1 200			

销货收入 = 80×40+100×60 = 9 200（元）

销货成本 = 1 600+400+1 000+1 200 = 4 200（元）

销货毛利 = 9 200−4 200 = 5 000（元）

应纳所得税 = 5 000×25% = 1 250（元）

方案 2：采用全月一次加权法，存货 A 成本明细账如表 9-8 所示。

表 9-8　　存货 A 成本明细账 II　　单位：元

20×2 年				摘要	收入			发出			结存		
月	日				数量	单价	金额	数量	单价	金额	数量	单价	金额
1	1	1	1	期初余额	—	—	—				100	20	2 000
1	3	2	1	购入				80					
1	10	3	3	购入	40	25	1 000						
1	20	9	1	购入	50	30	1 500						
1	21	12	20	购入	40	35	1 400						
1	23	12	23	购入				100					
				期末	130		3 900	180	25. 65	4 617	50	25. 65	1 283

加权平均单价=(2 000+3 900)/(100+130)=25.65（元）

销货收入=80×40+100×60=9 200（元）

销货成本=180×25.65=4 617（元）

销货毛利=9 200-4 617=4 583（元）

应纳所得税=4 583×25%=1 146（元）

方案3：采用移动加权平均法，存货A成本明细账如表9-9。

表9-9　　存货A成本明细账Ⅲ　　单位：元

20×2年		摘要	收入			发出			结存		
月	日		数量	单价	金额	数量	单价	金额	数量	单价	金额
1	1	期初余额	—	—	—				100	20	2 000
1	3	购入				80	20	1 600	20	20	400
1	10	购入	40	25	1 000				60	23.33	1 400
1	20	购入	50	30	1 500				110	26.36	2 900
1	21	购入	40	35	1 400				150	28.67	4 300
1	23	购入				100	28.67	2 867	50	28.67	1 433

移动加权平均单价=(上期存货成本+本期新增存货成本)÷(上期存货数量+本期新增存货数量)

销货收入=80×40+100×60=9 200（元）

销货成本=1 600+2 867=4 467（元）

销货毛利=9 200-4 467=4 733（元）

应纳所得税=4 733×25%=1 183（元）

【筹划结论】

不同的存货成本计价方式对所得税的影响分析表如表9-10所示。

表9-10　　不同的存货成本计价方式对所得税的影响分析表　　单位：元

存货计价方式	销售收入	销售成本	销售毛利	应纳所得税	有利排序
先进先出法	9 200	4 200	5 000	1 250	3
全月一次加权平均法	9 200	4 617	4 583	1 146	2
移动加权平均法	9 200	4 467	4 733	1 183	1

在物价呈上涨趋势时，先进先出法使得企业销售成本偏低、利润偏高，当期支付的所得税也偏高，这时采用移动加权平均法更好。

【筹划点评】企业在处于税法规定的免税期或者减税期时，宜采用先进先出法，这时虽然销售成本偏低，应税利润偏高，但可以通过免税或者减税政策抵消，同时期末存货的价值偏高，则下一年度（征税期）的期初存货价值相应地也被高估，从而抵消该企业的利润，实现延期缴税。

9.4.2 折旧计算的纳税筹划

固定资产在使用过程中，因发生损耗而使价值减少。为了使固定资产由于损耗而减少的价值得到及时补偿，企业应按期间收入与费用配比原则，将其以折旧费用分期计入产品成本和费用。由于折旧都要计入成本费用，直接关系到费用的大小、利润的高低和纳税额的多少。

折旧计算方法很多，有平均年限法、工作量法、双倍余额递减法和年数总和法等。采用不同的折旧方法对于企业来说会产生不同的税收影响。

【例 9-6】某企业有一台主要生产设备，原值为 180 000 元，预计残值为 10 000 元，使用年限为 5 年。5 年内企业未扣除折旧的利润和产量表如表 9-11 所示。该企业适用 25%的所得税率。

表 9-11　　5 年内企业未扣除折旧的利润和产量表

年限	未扣除折旧的利润（元）	产量（件）
第一年	100 000	1 000
第二年	90 000	900
第三年	120 000	1 200
第四年	80 000	800
第五年	76 000	760
合计	466 000	4 660

【工作任务】计算企业在不同折旧方法下应缴纳的企业所得税。

【税法依据】税法规定，企业固定资产按照直线法或者双倍余额递减法计算的折旧费用准予税前扣除。

【筹划方案】

方案 1：采用平均年限法计提折旧。

年折旧额 =（固定资产原值-估计残值）÷估计使用年限

=（180 000-10 000）÷5 = 34 000（元）

第一年利润额 = 100 000-34 000 = 66 000（元）

第一年应纳所得税 = 66 000×25% = 16 500（元）

第二年利润额 = 90 000-34 000 = 56 000（元）

第二年应纳税得税 = 56 000×25% = 14 000（元）

第三年利润额 = 120 000-34 000 = 86 000（元）

第三年应纳所得税 = 86 000×25% = 21 500（元）

第四年利润额 = 80 000-34 000 = 46 000（元）

第四年应纳所税得 = 46 000×25% = 11 500（元）

第五年利润额 = 76 000-34 000 = 42 000（元）

第五年应纳所得税＝42 000×25%＝10 500（元）

五年累计应纳所得税额＝16 500+14 000+21 500+11 500+10 500＝74 000（元）

方案2：采用年数总和法计提折旧。

每年折旧额＝（可使用年数÷使用年数总和）×（固定资产原值-预计残值）

本例中，使用年数总和＝1+2+3+4+5＝15

第一年折旧额＝5÷15×(180 000−10 000)＝56 667（元）

第一年利润额＝100 000−56 667＝43 333（元）

第一年应纳所得税＝43 334×25%＝10 833（元）

第二年折旧额＝(4÷15)×(180 000−10 000)＝45 333（元）

第二年利润额＝90 000−45 333＝44 667（元）

第二年应纳所得税＝44 667×25%＝11 667（元）

第三年折旧额＝（3÷15）×（180 000−10 000）＝34 000（元）

第三年利润额＝120 000−34 000＝86 000（元）

第三年应纳所得税＝86 000×25%＝21 500（元）

第四年折旧额＝(2÷15)×(180 000−10 000)＝22 667（元）

第四年利润额＝80 000−2 2 667＝57 333（元）

第四年应纳所得税＝57 333×25%＝14 333（元）

第五年折旧额＝（180 000−10 000）－（56 667+45 333+34 000+22 667）

＝11 333（元）

第五年利润额＝76 000−11 333＝64 667（元）

第五年应纳所得税＝64 667×25%＝16 167（元）

五年累计应纳所得税＝10 833+11 667+21 500+14 333+16 167＝74 500（元）

方案3：采用双倍余额递减法计提折旧。

折旧率＝2/使用年限＝2/5＝40%

第一年折旧额＝180 000×40%＝72 000（元）

第一年利润额＝100 000−72 000＝28 000（元）

第一年应纳所得税＝28 000×25%＝7 000（元）

第二年折旧额＝（180 000−72 000）×40%＝43 200（元）

第二年利润额＝90 000−43 200＝46 800（元）

第二年应纳所得税＝46 800×25%＝11 700（元）

第三年折旧额＝（180 000−72 000−43 200）×40%＝25 920（元）

第三年利润额＝120 000−25 920＝94 080（元）

第三年应纳所得税＝94 080×25%＝23 520（元）

第四年折旧额＝（180 000−10 000−72 000−43 200−25 920）÷2＝14 440(元)

第四年利润额＝80 000−14 440＝65 560（元）

第四年应纳所得税＝65 560×25%＝16 390（元）

第四年折旧额 =（180 000−10 000−72 000−43 200−25 920）÷2 = 14 440(元)

第五年利润额 = 76 000−14 440 = 61 560（元）

第五年应纳所得税 = 61 560×25% = 15 390（元）

五年累计应纳所得税 = 7 000+11 700+23 520+16 390+15 390 = 74 000（元）

【筹划结论】应纳税额的比较表见表 9-12。

表 9-12　　应纳税额的比较表　　单位：元

年限	平均年限法	年数总和法	双倍余额递减法
1	16 500	10 833	7 000
2	14 000	11 667	11 700
3	21 500	21 500	23 520
4	11 500	14 333	16 390
5	10 500	16 167	15 390
合计	74 000	74 500	74 000

企业采用不同的折旧方式，在每一折旧年度对所得税的影响不同。在平均年限法下，计入各期的折旧额相同，从而使各年度之间的损益相对均衡。年数总和法的折旧额是逐年递减的，前期折旧多，后期折旧少，从而使前期利润相对减少，后期利润相对增加。双倍余额递减法与年数总和法基本相似，只是折旧额的递减速度快于年数总和法，有加速折旧的特征。如果不考虑其他原因，双倍余额递减法和年数总和法滞后了纳税期，可以获得递延纳税的益处。在这种情况下，优化纳税的折旧方法的选取顺序依次是双倍余额递减法、年数总和法、直线法。

【筹划点评】期间盈利或者亏损具有一定的不确定性，因此有时候会限制此类纳税筹划的运用。

本章小结：

财务管理是基于企业再生产过程中客观存在的财务活动和财务关系而产生的，是组织企业财务活动、处理企业财务关系的一项经济管理工作，是企业管理的重要组成部分。财务管理包括筹资管理、投资管理、营运资本管理和收益分配管理等内容。加强财务管理对企业纳税具有很重要的意义，需要精心安排。企业财务管理方面的筹划主要包括：对企业筹资的税收筹划通过负债筹资、权益筹资等方面提出筹划方案，对企业投资的税收筹划主要通过对投资方式的选择、投资结构的安排等方面提出筹划方案，对企业分配的税收筹划主要通过合理选择收益的结算日、合理调整所得的实现年度等方法提出筹划方案，对企业会计核算的税收筹划主要通过合理选择存货计价、折旧方法等方面提出筹划方法。

关键术语：

负债筹资　权益筹资　直接投资　间接投资　投资结构

思考题

1. 简述负债筹资与权益筹资成本的税务处理差异。
2. 简述投资结构对企业税负及税后利润的影响。
3. 简述企业分配的税收筹划思路。
4. 简述直线折旧与加速折旧对企业所得税的影响。

第 10 章
企业经营的税收筹划

培养能力目标

（1）掌握纳税人在采购、生产、销售、非货币资产交换时的涉税处理方法；

（2）理解并掌握纳税人在经营环节所涉及的税收筹划方法；

（3）理解经营过程中不同税收筹划方案的区别。

案例导入

代购的税收筹划

20×7 年，大鹏商贸公司希望南方公司替其代购一批材料，有两种方案供对方选择，一是支付手续费方式，手续费率为 10%；二是加价代购，加价率为 8%。假设对该批材料，南方公司的采购成本为 100 000 元（不含税），大鹏商贸公司该月销售额为 800 000 元（不含税），同时假设双方该月皆无其他购销事项。

工作要求　请对上述业务进行税收筹划。

案例解析　见本章的 10.1。

企业的生产经营流程包括采购、生产、销售和非货币性资产交换，每一流程都与税收息息相关。税收筹划不仅仅是企业财会部门的事情，更离不开其他职能部门的积极配合。本章将阐述采购活动税收筹划、生产过程税收筹划、销售过程税收筹划和非货币性资产交换税收筹划。

10.1　企业采购活动的税收筹划

一般来说，公司在采购活动中要考虑购货对象的选择、购货方式的选择、购货时间的选择及采购结算时间的选择。

10.1.1　购货对象选择的税收筹划

税金是公司购进货物及应税服务的成本之一，从不同纳税人处购得的货物及应税服务，所承担的税收负担是不一样的，这就为纳税人利用购货对象及应税服务的提供方的选择进行税收筹划提供了可能。从理论上讲，在货物或者服务不含税价格不变的情况下，纳税人取得13%、9%、6%、3%的增值税专用发票和不能取得专用发票时的纳税总额是逐渐递增的。但这种假设是不现实的，因为货物及服务不含税价格相同，小规模纳税人和个体工商户将无法生存。若要在市场竞争中生存，小规模纳税人和个体工商必然要降低销售价格，才能与一般纳税人竞争。因此，采购货物或者购买服务时，无论是从一般纳税人处购进，还是从小规模纳税人处购进，我们都要计算比较销售价格及增值税。

在税收待遇上，一般纳税人与小规模纳税人有所不同。一般纳税人采用税额抵扣法，凭增值税专用发票从当期销项税额中抵扣；小规模纳税人采用的是简易征收的办法，其只能开具普通发票，不能领取增值税专用发票。另外，一般纳税人适用的税率为13%、9%、6%，小规模纳税人的征收率为3%。

一般纳税人选择购货对象或者选择应税（增值税）服务提供方时，可以借助于含税价格优惠临界点进行税收筹划，关于临界点的测算我们已经在第三章第三节简述了，我们可以借助价格优惠临界点进行购货或提供服务。

小规模纳税人从一般纳税人或小规模纳税人购进货物或接受服务时进行筹划是比较容易的。小规模纳税人可以获得增值税专用发票，但不能进行进项税额抵扣，只要比较一下购进货物或应税服务的含税价格，从中选择价格较低的一方就可以了。

10.1.2　委托代购方式的税收筹划

公司在生产经营中需要购进大量原材料、辅助材料。但是受购货渠道、地理位置等方面的限制，公司常常需要委托其他公司代购各种原材料。委托代购业务分为受托方只收取手续费和受托方按正常购销价格与购销双方结算两种形式。两种形式均不影响公司生产经营，但其会计核算和纳税利益各不相同。作为委托方和受托方，应该选择哪种方式，我们应当仔细分析。

甲公司打算购进一批货物，由于多方面情况，自己不能采购，而是委托乙公司从丙公司购进货物，假设：第一，甲、乙、丙三家公司均为增值税一般纳税人，在购销业务中都能开具相应的增值税专用发票；第二，货物适用增值税税率为13%。城市维护建设税税率为7%，教育费附加征收率为3%，公司所得税税率为25%，其他税收暂不考虑；第三，甲公司购入后对外销售的价格为B，丙公司的销售价格为A（以上均为不含税价）。

方案1：决定选择收取手续费的方式代购货物，手续费率 为x，即乙公司代购这批材料，收益是Ax。

方案2：决定选择加价销售的方式代购货物，加价费率 为y，即乙公司代购这批材料，收益是Ay。

方案1对于乙公司而言：

乙公司应纳增值税额$=Ax\times6\%$

应纳城市维护建设税及教育费附加$=Ax\times6\%\times(7\%+3\%)=Ax\times6\%\times10\%$

应纳企业所得税 $=[Ax-Ax\times6\%\times10\%]\times25\%$

税后利润 $R_1=[Ax-Ax\times6\%\times10\%]\times(1-25\%)$

对于甲公司而言：

应纳增值税额 $=B\times13\%-A\times13\%-Ax\times6\%=(B-A)\times13\%-Ax\times6\%$

应纳城市维护建设税及教育费附加 $=[(B-A)\times13\%-Ax\times6\%]\times(7\%+3\%)$

$=[(B-A)\times13\%-Ax\times6\%]\times10\%$

应纳企业所得税 $=\{B-A-Ax-[(B-A)\times13\%-Ax\times6\%]\times10\%\}\times25\%$

税后利润 $R_2=\{B-A-Ax-[(B-A)\times13\%-Ax\times6\%]\times10\%\}\times(1-25\%)$

方案 2 对于乙公司而言：

乙公司应纳增值税额 $=(A+Ay)\times13\%-A\times13\%=Ay\times13\%$

应纳城市维护建设税及教育费附加 $=Ay\times13\%\times(7\%+3\%)=Ay\times13\%\times10\%$

应纳企业所得税 $=[Ay-Ay\times13\%\times10\%]\times25\%$

税后利润 $R_3=[Ay-Ay\times13\%\times10\%]\times(1-25\%)$

对于甲公司而言：

应纳增值税额 $=B\times13\%-(A+Ay)\times13\%=(B-A-Ay)\times13\%$

应纳城市维护建设税及教育费附加 $=(B-A-Ay)\times13\%\times(7\%+3\%)$

$=(B-A-Ay)\times13\%\times10\%$

应纳企业所得税 $=[B-A-Ay-(B-A-Ay)\times13\%\times10\%]\times25\%$

税后利润 $R_4=[B-A-Ay-(B-A-Ay)\times13\%\times10\%]\times(1-25\%)$

当乙公司选择方案 1 时，$R_1>R_3$，则

$$[Ax-Ax\times6\%\times10\%]\times(1-25\%)>[Ay-Ay\times13\%\times10\%]\times(1-25\%) \tag{10.1}$$

将式（10.1）整理得 $x/y>0.990$。

当乙公司选择方案 2 时，$x/y<0.990$。

当甲公司选择方案 2 时，$R_2>R_4$，则

$$\{B-A-Ax-[(B-A)\times13\%-Ax\times6\%]\times10\%\}\times(1-25\%)>[B-A-Ay-(B-A-Ay)\times13\%\times10\%]\times(1-25\%) \tag{10.2}$$

将式（10.2）整理得 $x/y<0.990$。

当甲公司选择方案 2 时，$x/y>0.990$。

从上面分析可以看出，甲公司和乙公司只有在手续费与加价率之比等于 0.990 时，两者选择的方案才保持一致，即选择方案 1 或方案 2，两者税后利润相同。当手续费与加价率之比低于 0.990 时，甲公司选择方案 1，乙公司选择方案 2；反之，当手续费与加价率之比高于 0.990 时，甲公司选择方案 2，乙公司选择方案 1。如果双方之间都有利益上的争议，决定权在于双方之间的协商，以达到双方利益均衡。

【例 10-1】导入案例解析

【税法依据】现行税法规定：代购货物行为，凡同时具备以下条件的，不论企业的财务和会计账务如何处理，均属于现代服务业，按照现代服务业征收增值税。

第一，受托方不垫付资金。第二，销货方将增值税专用发票开具给委托方，并由受托方将该发票转交给委托方；受托方按代购实际发生的销售额和增值税额与委托方结算货款，并另收取手续费。

【筹划思路】对于南方公司，其应当选择代购行为，选择现代服务业的增值税缴纳，按照6%的增值税税率计算缴纳增值税。

【筹划过程】

测算出其手续费率与加价率之比为1.25（10%÷8%=1.25），大于0.990，因此南方公司应选择获得手续费的方式代购材料，才能达到双方的利益最大化的目标。

方案1：支付手续费销售。

南方公司应缴纳增值税=100 000×10%×6%=600（元）

南方公司应缴纳城建税及教育费附加=600×(7%+3%)=60（元）

南方公司应缴纳企业所得税=(100 000×10%-60)×25%=2 485（元）

南方公司税后利润=(100 000×10%-60)×(1-25%)=7 455（元）

大鹏商贸公司应缴纳增值税=800 000×13%-100 000×13%-600=90 400（元）

大鹏商贸公司应缴纳城建税及教育费附加=90 400×(7%+3%)=9 040（元）

大鹏商贸公司应缴纳企业所得税=(800 000-100 000-9 040)×25%
=172 740（元）

大鹏商贸公司税后利润=(800 000-100 000-9 040)×(1-25%)=518 220（元）

方案2：加价销售。

南方公司应缴纳增值税=100 000×(1+8%)×13%-100 000×13%=1 040（元）

南方公司应缴纳城建税及教育费附加=1 040×(7%+3%)=104（元）

南方公司应缴纳企业所得税=(100 000×8%-104)×25%=1 794（元）

南方公司税后利润=(100 000×8%-104)×(1-25%)=5 922（元）

大鹏商贸公司应缴纳增值税=800 000×13%-100 000×(1+8%)×13%
=89 960（元）

大鹏商贸公司应缴纳城建税及教育费附加=89 960×(7%+3%)=8 996（元）

大鹏商贸公司应缴纳企业所得税=[800 000-100 000×(1+8%)-8 996]×25%
=170 751（元）

大鹏商贸公司税后利润=[800 000-100 000×(1+8%)-170 751]×(1-25%)
=512 253（元）

【筹划结论】比较两方案，可以看出，南方公司倾向于选择方案1，大鹏公司也倾向于选择方案1，因为符合双方的利益最大化目标。

【筹划点评】南方公司选择支付手续费销售时，必须按照税法规定，一定要满足代购的基本条件，否则只能按照加价销售处理。

10.1.3 购货运费的税收筹划

从2014年1月1日起，在全国范围内开展铁路运输“营改增”试点。增值税一般纳税人提供货物运输服务，使用增值税专用发票和增值税普通发票，在开具发票时应将起运地、到达地、车种车号及运输货物信息等内容填写在发票备注栏中，如内容较多可以另附清单。

“营改增”后，一般纳税人外购货物和销售货物所支付的运输费用，可以根据运输企业按照规定开具的增值税专用发票注明的税金进行进项税额抵扣。因此，纳税人不论是选择自备车辆提供运输服务，还是选择自备车辆设立独立的运输公司，若该纳税人都是一般纳税人，则税负水平保持一致；若自备车辆设立独立的运输公司为小规模纳税人，由于小规模纳税人不能抵扣税额，在物耗金额比较多的情况下，选择自备车辆提供运输服务可以抵扣更多的进项税额，从而降低公司增值税税负。

10.1.4 购货时间的税收筹划

公司在满足材料及时供应的前提下，根据生产经营需要，可以选择适当的购货时间，以尽可能降低公司税收负担。在安排购货时间时，公司可以从以下几个方面考虑。

首先，可以利用商品供求关系进行税收筹划。公司在不影响正常生产的情况下，选择供大于求时进行采购，购进方往往可以大幅度压价，容易实现税负转嫁。

其次，关注税制的变化，利用税制变化进行税收筹划。税制改革往往会采用过渡方式，过渡措施的存在为利用税制变化进行税收筹划提供了空间，对于纳税人来讲，及时掌握各类商品税收政策的变化，如征税范围、税率等的变化，就可以在购货时间上做出相应的筹划安排，进而减轻税负。

最后，关注税制的规定，利用税款抵扣时间差以减轻当期税收负担。增值税一般纳税人购进货物主要用于增值税应税项目，但也有一部分用于集体福利或者个人消费的情况，根据《中华人民共和国增值税暂行条例》规定，进项税不得从销项税额中抵扣，仅指“用于”，也就是在领用的时候要转出进项税额，不“用于”时就无须转出。在一般情况下，货物在购进和领用之间存在一定的时间差，公司能充分利用货物购进和领用的时间差，进行相应的涉税处理，也可以减轻公司税收负担，获得可观的经济效益。

10.1.5 购货方式的税收筹划

公司在购进货物时是采购方，在销售产品时又是销售方。面对不同的事项，公司扮演的角色不同，这决定了公司完全可能会做出在形式上相互矛盾甚至相反的税收筹划。结算方式的税收筹划可以分为采购结算方式的税收筹划和销售结算方式的税收筹划。

纳税人在购进货物所采用的方式主要有两种：一种是现金采购，另一种是赊销。无论采用哪种结算方式，作为采购方的税收筹划的基本思路就是在税法允许的范围内，尽量采取有利于本公司的结算方式，延缓付款，为公司赢得更多的时间价值。具体而言，实务中我们应注意到这几个方面：货款未付，先取得对方开具的发票；说服供应方接受托收承付与委托收款的结算方式，尽量让对方先垫付税款；采取赊购和分期付款的方式，使供应方垫付税款；尽可能少用现金。

10.1.6　购货合同的税收筹划

在进行购货合同筹划时我们应注意以下几个问题：明确合同性质，是属于商业性合同还是其他类型的合同；对合同涉及的任何内容，包括交货时间、结算方式、违约责任等，都应分析清楚，使筹划的内容能够对号入座；文字规范，用词准确；充分利用合同保障己方的权益。

在进行购货合同筹划时我们应注意防范税收陷阱。采购合同中出现的如下条款："全部款项付完后，由供货方开具发票"。这种条款就有一定的税收陷阱。因为在实际生活中，由于质量、标准等方面的情况，采购方往往不能完全正确付款，而根据合同将导致购货方无法取得发票，不能进行抵扣，从而影响税负。购货方只要将合同条款改为"根据实际支付金额，由供货方开具发票"，就不会存在这样的问题了。

10.2　企业生产过程的税收筹划

10.2.1　公司生产方式的税收筹划

公司生产主要有自行生产和委托加工两种方式。自行生产是指公司自行购进原材料，自行组织生产产品的行为；委托加工是委托方提供原料及主要材料，受托方按照委托方的要求制造货物并收取加工费的业务。

《中华人民共和国消费税暂行条例》规定：委托加工的应税消费品，由受托方在向委托方交货时代收代缴税款。委托加工的应税消费品，委托方用于连续生产应税消费品的，所纳税款准予按规定抵扣。

《中华人民共和国消费税暂行条例实施细则》规定：委托加工的应税消费品，是指由委托方提供原料和主要材料，受托方只收取加工费和代垫部分辅助材料加工的应税消费品。对于由受托方提供原材料生产的应税消费品，或者受托方先将原材料卖给委托方，然后再接受加工的应税消费品，以及由受托方以委托方名义购进原材料生产的应税消费品，不论纳税人在财务上是否做销售处理，都不得作为委托加工应税消费品，而应当按照销售自制应税消费品缴纳消费税。委托加工的应税消费品直接出售的，不再征收消费税。

公司自行生产与委托加工，其税收待遇是不一样的，纳税人应进行有效的税收筹划，以获得较好的税收利益。

【例 10-2】某化妆品生产公司欲将 50 万元的化妆品原料加工成化妆品销售。现有两个方案。方案 1：委托某协作厂加工，付加工费 37.5 万元；方案 2：企业自行生产，据测算，自行生产的人工费及分摊费用为 37.5 万元。假设两种方案生产的化妆品品质没有差异，销售收入为 200 万元（不含税）。化妆品消费税税率为 30%。

【工作要求】请对上述公司业务进行纳税筹划。

【税法依据】《中华人民共和国消费税暂行条例》规定：委托加工的应税消费品，由受托方在向委托方交货时代收代缴税款。委托加工的应税消费品，委托方用于连续生产应税消费品的，所纳税款准予按规定抵扣。委托加工的应税消费品，是指由委托方提供原料和主要材料，受托方只收取加工费和代垫部分辅助材料加工的应税消费品的行为。

【筹划思路】分析方案 1 和方案 2 的公司的纳税和盈利情况，然后进行选择。

【筹划过程】

方案 1：该厂向受托方支付加工费的同时，向其支付代收代缴的消费税。

消费税组成计税价格＝（50+37.5）÷（1-30%）＝125（万元）

应纳消费税＝125×30%＝37.5（万元）

收回的化妆品直接对外销售时，不再缴纳消费税。假设不考虑其他期间费用，这笔业务的利润＝200-50-37.5-37.5＝75（万元）。

方案 2：自行生产的应税消费品对外销售时，计算缴纳消费税。

应纳消费税＝200×30%＝60（万元）

这笔业务的利润＝200-50-37.5-60＝52.5（万元）

【筹划结论】在各相关因素相同的情况下，企业自行生产应税消费品较之委托加工应税消费品税负较重、利润较少。本例中，自行生产方式比委托加工方式多缴消费税 22.5 万元（60-37.5＝22.5 万元），利润随之也减少 22.5 万元（75-52.5＝22.5 万元）。故公司应选择方案 1。

【筹划点评】委托加工的应税消费品与自行生产应税消费品计算消费税的税基不同。委托加工方式下，由受托方代收代缴税款，税基为组成计税价格（相当于委托加工成本）或受托方同类产品的销售价格；自行生产方式下，在对外销售时计算缴纳消费税，税基为对外销售价格。一般情况下，委托方收回委托加工的应税消费品要以高于委托加工成本的价格对外销售，并且消费税应税消费品的利润率一般都比较高，就是说，同等条件下，自行生产的应税消费品对外销售价格大大超过委托加工成本，由此造成两种加工方式下税负的差距，进而导致利润差距。但是，按照委托加工应税消费品计征消费税，必须满足委托加工应税消费品的条件。

由于消费税是价内税，由公司在所得税税前承担，其大小直接影响公司的利润水平，税收筹划时一定要考虑这种税的税收负担。如果其他因素相同，在委托加工应税消费品与自行生产应税消费品之间，企业选择委托加工应税消费品可以节省税负，增加盈利。

10.2.2　公司合理确定劳动力规模与结构的税收筹划

公司应该在充分考虑国家税收政策的前提下，根据自身的实际生产和营运能力确定劳动力规模与结构。在招聘员工时，公司要善于利用税法中的税收优惠政策进行税收筹划。目前，我国为了解决残疾人员、转业军人、下岗人员的就业问题，我国税法中规定了公司雇佣上述人员的税收优惠政策，而且优惠力度很大。因此，公司可以根据公司用人性质，并结合税法上的优惠规定，尽量聘用那些税法给予优惠的员工，以降低公司的整体税负。

《中华人民共和国企业所得税法》第三十条规定，安置残疾人员及国家鼓励安置的其他就业人员所支付的工资，可以在计算应纳税所得额时加计扣除。根据《中华人民共和国企业所得税法实施条例》第九十六条的规定，企业安置残疾人员所支付的工资的加计扣除，是指企业安置残疾人员的，在按照支付给残疾职工工资实际扣除的基础上，按照支付给残疾职工工资的 100%加计扣除。残疾人员的范围适用《中华人民共和国残疾人保障法》的有关规定。企业安置国家鼓励安置的其他人员所支付的工资的加计扣除办法，由国务院另行规定。

假定某公司的安置符合《中华人民共和国残疾人保障法》规定的残疾人员就业，如果公司支付的月工资为 3 000 元，则公司在计算应纳税所得额时，不仅可据实扣除 2 000 元，还可以另外再多扣除 3 000 元。也就是说，在适用税率为 25%的情况下，公司每安置一名残疾人员就业，将可以享受到 750 元的企业所得税税收减免优惠。如果公司支付给该类职工更高的工资，其所获得的税收优惠就更多。

同时，根据《国家税务总局关于发布〈促进残疾人就业增值税优惠政策管理办法〉的公告》（国家税务总局公告 2016 年第 33 号），自 2016 年 5 月 1 日起，纳税人享受安置残疾人增值税即征即退的优惠政策。

月应退增值税额=纳税人本月安置残疾人员人数×本月最低工资标准的 4 倍

那么，在实施税收筹划时，我们应当注意以下几点。

第一，必须保证所有业务的真实性，不能为了节税而开展一些与合同内容截然不同的业务，即形式上符合享受税收优惠政策的条件但实质内容不符合享受税收优惠政策。这是违法行为。

第二，招用可以享受税收优惠政策的人员，必须经过相关部门认定，根据相关规定操作。例如，《财政部、国家税务总局关于安置残疾人员就业有关企业所得税优惠政策问题的通知》（财税〔2009〕70 号）规定，企业享受残疾职工工资 100%的加计扣除应同时具备以下条件。

①依法与安置的每位残疾人签订一年以上（含一年）的劳动合同或服务协议。

②为安置的每位残疾人按月足额缴纳基本养老保险、基本医疗保险、失业保险、工伤保险和生育保险等社会保险。

③通过银行等金融机构向安置的每位残疾人按月支付不低于纳税人所在区县适

用的、经省人民政府批准的月最低工资标准的工资。

④具备安置残疾人上岗工作的基本设施。

第三，是否选择上述税收筹划方案，以及选择哪种方案，我们还必须考虑公司的历史状况、市场环境及公司以后的发展。

10.3 企业销售过程的税收筹划

10.3.1 销售方式的税收筹划

公司在产品的销售过程中竞争日益激烈，要想在产品同质化程度高的环境中脱颖而出，就必须不断改进促销模式，以促进公司持续健康发展。公司可以采取的促销模式多种多样，如打折、满减、买赠、满额赠、返券、抽奖、返现等方式。然而在不同促销方式下，公司取得的销售额是不同的，与之相关的税负也有差异。因此，公司应根据自身的实际情况，选择适当的促销方式，在不违反国家税收政策的前提下，尽量减轻公司税负。

10.3.1.1 销售折扣的税收筹划

《企业会计准则》规定：现金折扣，是指债权人为鼓励债务人在规定的期限内付款而向债务人提供的债务扣除。销售商品涉及现金折扣的，应当按照扣除现金折扣前的金额确定销售商品收入金额。现金折扣在实际发生时计入当期损益。商业折扣，是指企业为促进商品销售而在商品标价上给予的价格扣除。销售商品涉及商业折扣的，应当按照扣除商业折扣后的金额确定销售商品的收入金额。

《中华人民共和国增值税若干具体问题的规定》（国税发〔1993〕154 号）规定：纳税人采取折扣方式销售货物，如果销售额和折扣额在同一张发票上分别注明的，可按折扣后的销售额征收增值税；如果将折扣额另开发票，不论其在财务上如何处理，均不得从销售额中减除折扣额。

《中华人民共和国国家税务总局关于企业销售折扣在计征所得税时如何处理问题的批复》（国税函发〔1997〕472 号）规定：纳税人销售货物给购货方的销售折扣，如果销售额和折扣额在同一张销售发票上注明的，可按折扣后的销售额计算征收所得税；如果将折扣额另开发票，则不得从销售额中减除折扣额。纳税人销售货物给购货方的回扣，其支出不得在所得税前列支。

【例 10-3】20×7 年，某百货商场是一家服装专业零售企业，是增值税一般纳税人。公司以名牌服装零售为主，上一年实现销售收入 35 000 万元，在当地拥有一定的知名度。公司销售部决定在当年国庆节黄金周期间展开一次促销活动，以提升该公司的盈利能力。

对于这项活动，公司管理层提出不同的促销方案。

①董事长认为，目前人们越来越讲实惠，如果采用返还现金的方式进行促销，

一定能够吸引更多的顾客。

②公司总经理认为，采用赠送货物的促销方式，可以减少公司的存货，同时也可以刺激销售。

③市场部经理认为，采用赠送优惠券的方式可以增加商品销售的吸引力，不仅可销售更多的商品，而且可以为公司带来更多的利润。

④财务部主管认为，采用折扣销售方式，可以减少税收负担。

各方从不同角度考虑，而且都有道理，彼此互不相让，最后没有达成一致意见。于是公司决定通过税务筹划测算以上方案的利润，从而达到利润最大化的目的。

我们以销售额10 000元、平均成本6 000元为基数，提出四个操作方案。

方案1：购物就在商品原价的基础上打7折。

方案2：购物满100元赠送价值30元的商品（赠品成本18元）。

方案3：购物满100元赠送购物券30元（不可兑换现金，下次购物可代币结算）。

方案4：购物满100元返还30元现金。

上述商品销售额与成本均为含税价，仅考虑增值税、企业所得税和个人所得税，因城市维护建设税和教育费附加对计算结果影响较小，故忽略不计。假定各种促销方式消费者都能接受，消费者在当月实现所有购买行为。

【工作要求】请对上述公司业务进行税收筹划。

【税法依据】第一，根据《中华人民共和国增值税暂行条例》（国务院1993年12月13日颁布，国务院令〔1993〕第134号，2008年11月5日国务院第34次常务会议修订通过）。第二，根据《中华人民共和国增值税暂行条例实施细则》（财政部、国家税务总局第50号令，根据2011年10月28日《关于修改〈中华人民共和国增值税暂行条例实施细则〉的决定》修订）。第三，根据《国家税务总局关于确认企业所得税收入若干问题的通知》（国税函〔2008〕875号）。第四，根据《关于企业促销展业赠送礼品有关个人所得税问题的通知》（财税〔2011〕50号文件）。

【筹划思路】计算并分析上述四种方案的纳税情况，进而根据纳税情况进行决策。

【筹划过程】

方案1：此方案为折扣销售。

税法规定，如果销售额和折扣额在同一张发票上分别注明，按折扣后的销售额计征增值税；如果折扣额另开发票，不论其在会计上如何处理，均不得从销售额中扣除折扣额，须全额计征增值税。

假定1：该商场未将销售额和折扣额未开在一张发票上。

应纳增值税 = 10 000÷(1+13%)×13%-6 000÷(1+13%)×13% = 460.17（元）

应纳企业所得税 = [7 000÷(1+13%)-6 000÷(1+13%)]×25% = 221.24(元)

税后利润 = 7 000÷(1+13%)-6 000÷(1+13%)-221.24 = 663.72（元）

纳税合计数 = 460.17+221.24 = 681.41(元)

假定 2:该商场将销售额与折扣额开在同一张发票上。

应纳增值税=7 000÷(1+13%)×13%-6 000÷(1+13%)×13%=115.04(元)

应纳企业所得税=[7 000÷(1+13%)-6 000÷(1+13%)]×25%=221.24(元)

税后利润=7 000÷(1+13%)-6 000÷(1+13%)-213.68=663.72(元)

纳税合计数=115.04+221.24=336.28(元)

在税后利润相同的情况下,该商场会选择纳税合计数最小的假定 2 的做法。

方案 2:企业以买一赠一的方式组合销售本企业商品的,不属于捐赠,应将总的销售金额按各项商品的公允价值的比例分摊确认各项的销售收入。

应纳增值税=[10 000÷(1+13%)×13%-6 000÷(1+13%)×13%-1 800÷(1+13%)×13%]

=253.10(元)

应纳企业所得税=[10 000÷(1+13%)-6 000÷(1+13%)-1 800÷(1+13%)]×25%

=486.73(元)

税后利润=10 000÷(1+13%)-6 000÷(1+13%)-1 800÷(1+13%)-486.73

=1 460.17(元)

纳税合计数=253.10+486.73=739.83(元)

方案 3:该种方式实质就是商场赠送给消费者价值 3 000 元的商品。税法规定,该方式视同销售处理。企业在向个人销售商品(产品)和提供服务的同时给予赠品,不再征收个人所得税。

应纳增值税=[10 000÷(1+13%)×13%-6 000÷(1+13%)×13%]+[3 000÷(1+13%)×13%-1 800÷(1+13%)×13%]

=598.23(元)

应纳企业所得税=[10 000÷(1+13%)-6 000÷(1+13%)]×25%=884.96(元)

税后利润=10 000÷(1+13%)-6 000÷(1+13%)-1 800+(1+13%)-884.96

=1 061.94(元)

纳税合计数=598.23+884.96=1 483.19(元)

方案 4:当企业采取这种促销方式时,表明企业并没有对其所出售的商品进行降价,所以消费者有权要求企业按照购买商品的实际价格开具发票,最终企业必须就发票上开具的 100 元销售额计税,同时还要就另行赠送的 30 元代顾客缴纳个人所得税。显然,这种做法将大大增加企业的实际成本,降低税后利润。实践中,有些企业采用最后抵扣的办法最终完成赠送,即消费者在累积消费满 100 元后凭购物小票在购买下一件商品时直接抵扣 30 元,而且该件商品的发票按照扣除 30 元后的金额开具。实际上这种做法在消费者对开具发票金额没有异议的情况下是可以实行的,相当于进行了 30 元的折扣销售。但是,如果消费者要求必须全额开具该商品的发票,企业也无权拒绝,因为企业并没有事先说明最后一件商品属于折扣销售。因此,如果企业采用这种方式,必须在活动规则中明确说明 30 元的赠送方式及开具发票的方式，否则会带来不必要的麻烦。下面的计算仅考虑直接返还现金的方式。

应纳增值税=10 000÷(1+13%)×13%-6 000÷(1+13%)×13%=460. 17（元）

应替顾客缴纳个人所得税=3 000÷(1-20%)×20%=750（元）

应纳税所得额=10 000÷(1+13%)-6 000÷(1+13%)-3 000=-539. 82（元）

应纳企业所得税=539. 82×25%=134. 96（元）

税后利润=10 000÷(1+13%)-6 000+(1+13%)-134. 96-750

=-345. 14（元）

纳税合计数=460. 17+134. 96=595. 13（元）

我们将以上4个方案的计算结果编制成表，其纳税情况与获利情况的比较表见表10-1。

表10-1　　纳税情况与获利情况比较表　　单位：元

方案		增值税	企业所得税	缴税合计	税后利润
折扣销售	折扣金额未开在一张发票上	460. 17	221. 24	681. 41	663. 72
	折扣金额开在一张发票上	115. 04	221. 24	336. 28	663. 72
赠商品		253. 10	486. 73	739. 83	1 460. 17
赠购物券		598. 23	884. 96	1 483. 19	1 061. 94
返现金		460. 17	134. 96	595. 13	-345. 14

【筹划结论】根据表10-1中的数据，总结如下，第一，从税后利润角度看，在所有方案中，购物返现金是最不可取的，最优方案应是购物赠商品；第二，从纳税合计数来看，纳税数会直接影响企业的现金流出量，折扣销售（尤其是折扣额与销售额开在一张发票上）和购物赠商品比较可取，现金流比较小，对企业的生产经营不会造成太大的影响。

【筹划点评】企业进行促销的税务筹划思路是：第一，购销差价是税务筹划需要考虑的重点问题。如果商品的购进成本较高，采用打折销售比较好；反之，如果商品的购进成本较低，则采用赠送商品或赠送购物券的方式比较好。赠送商品的价值越低，企业的成本利润率越高，企业获利面越大，同时现金流也比较小；赠送购物券，在一般情况下可以扩大销售量，扩大企业的影响，提高企业的商品的市场占有率。而且，商品成本越低，折扣优惠越大时，赠送购物券促销方式的优势就更加明显，同时企业也不用担心税后是否会亏损。第二，个人所得税代扣代缴问题影响企业的经营业绩。如果促销商品需要代扣代缴个人所得税，而个人所得税的适用税率较高，对企业的经营成果就会产生较大的影响。第三，进行促销活动的税务筹划需要关注促销活动的最终目的。商品零售企业在选择让利促销方式时，切不可只考虑节税效益，而要从企业整体的盈利能力加以考虑。对于不同的促销方式，纳税少并不意味着税后获利大。进行让利促销方式的选择，务必从企业的实际情况出发，事先做好筹划，选择较优的促销方式，这样才能确保企业利益最大化。

10.3.1.2 一般业务中混合销售与兼营行为的税收筹划

如果一个企业既涉及货物又涉及服务，就可能发生混合销售行为和兼营行为。《营业税改征增值税试点实施办法》第三十九条的规定，纳税人兼营销售货物、劳务、服务、无形资产或者不动产，适用不同税率或者征收率的，应当分别核算适用不同税率或者征收率的销售额；未分别核算的，从高适用税率。第四十条规定，一项销售行为如果既涉及服务又涉及货物，为混合销售。从事货物的生产、批发或者零售的单位和个体工商户的混合销售行为，按照销售货物缴纳增值税；其他单位和个体工商户的混合销售行为，按照销售服务缴纳增值税。本条所称从事货物的生产、批发或者零售的单位和个体工商户，包括以从事货物的生产、批发或者零售为主，并兼营销售服务的单位和个体工商户在内。

【例 10-4】20×7 年 9 月，某商场销售空调 1 000 台，取得不含税销售额 300 万元，购进空调当月可抵扣进项税额 40 万元。商场下设的安装部门为客户提供上门安装空调业务，取得安装费 23.4 万元，与之相关的可抵扣进项税额为 0.1 万元。该商场有以下两种筹划方案可供选择：一种是该商场的安装部门为非独立核算部门，另一种是该商场成立独立核算的安装部门，提供安装业务。

【工作要求】请对商场销售业务进行税收筹划。

【税法依据】第一，根据《中华人民共和国增值税暂行条例》（国务院 1993 年 12 月 13 日颁布，国务院令〔1993〕第 134 号，2008 年 11 月 5 日国务院第 34 次常务会议修订通过）。第二，根据《中华人民共和国增值税暂行条例实施细则》（财政部、国家税务总局第 50 号令，根据 2011 年 10 月 28 日《关于修改〈中华人民共和国增值税暂行条例实施细则〉的决定》修订）。第三，根据《营业税改增值税试点实施办法》。

【筹划思路】在进行税务筹划时，我们主要比较混合销售行为和兼营行为下税负的高低，选择低税负的方案。

【筹划过程】

方案 1：该商场的安装部门为客户提供上门安装空调业务。

根据税法的规定，上述行为属于混合销售行为，安装部门取得的安装费为 23.4 万元，应并入空调的价款缴纳增值税。

该商场应纳增值税额 = [300+23.4÷(1+13%)]×13%−40−0.1 = 1.59（万元）

方案 2：该商场成立独立核算的安装部门。

根据税法的规定，上述行为属于兼营行为，空调的安装费属于“营改增”后的建筑服务中的安装服务，应按销售服务缴纳增值税。

若独立核算的安装部门被认定为一般纳税人，则

该商场总共应纳增值税额 = 300×13%−40+23.4÷(1+9%)×9%−0.1 = 0.83（万元）。

若独立核算的安装部门被认定为小规模纳税人，则

该商场总共应纳增值税额= 300×13%-40+23.4÷(1+3%)×3%=-0.318（万元）。

【筹划结论】方案 2 比方案 1 少缴税 0.76 万元（1.59-0.83=0.76 万元）或 1.908 万元（1.59+0.318=1.908 万元）。所以，商场应选择方案 2。

【筹划点评】兼营行为的产生有两种可能：一是增值税的纳税人为加强售后服务或扩大经营范围，涉足应税服务的征税范围，提供应税服务；二是提供应税服务的纳税人为增强获利能力，转而销售增值税的应税商品或提供增值税的应税劳务。在进行该项税务筹划时，我们还应注意：第一，销售行为是否属于混合销售，需要主管税务机关认定。如果希望通过混合销售的税务筹划来节税，必须得到税务机关的认可。第二，必须考虑筹划对象的成本变化，同时考虑产品售价的定价是否合理。

10.3.1.3　还本销售的税收筹划

还本销售是指纳税人在销售货物后，到一定期限由销售方一次或分次退还给购货方全部或部分价款。这种方式实质上是一种筹资，是以货物换取资金的使用价值，到期还本不付息的方法。《增值税若干具体问题的规定》（国税发〔1993〕154 号）规定：纳税人采取还本销售方式销售货物，不得从销售额中减除还本支出。

【例 10-5】20×7 年，甲公司以还本销售方式销售货物，价格为 300 万元（含税），规定 5 年内每个月还本 60 万元，该货物的市场价格为 100 万元（含税）。假定该企业当期允许抵扣的进项税额为 0 元。

【工作要求】请对上述公司还本销售业务进行税收筹划

【税法依据】《增值税若干具体问题的规定》（国税发〔1993〕154 号）规定：纳税人采取还本销售的方式销售货物，不得从销售额中减除还本支出。

【筹划思路】甲公司按照正常的市场价格 100 万元销售货物，然后向购买方借款 200 万元，利率为 10%，规定 5 年内每年还本付息 60 万元。

【筹划过程】

方案 1：还本销售方式。

由于还本销售的销售额就是货物的销售价格，不得从销售额中减除还本支出，则

甲公司应缴纳增值税额=300÷（1+13%）×13%=34.51（万元）。

方案 2：甲公司按照正常的市场价格 100 万元销售货物，然后向购买方借款 200 万元，利率为 10%，规定 5 年内每年还本付息 60 万元。

5 年中每年还本付息=200÷5+200×10%=60（万元）

5 年归还本息共计=60×5=300（万元）

甲公司应缴纳增值税额= 100÷（1+13%）×13%=11.51（万元）

【筹划结论】方案 2 比方案 1 少纳税 23 万元（34.51-11.51=23 万元）。

【筹划点评】任何税收筹划都需要相应的平台，如果购买方不答应借款给甲公司，上述筹划是不可行的。因此，关键在于借款的利息如何确定，若利息过低，购买者不同意，利息过高会导致甲公司适得其反。因此购销双方应当协商合适的借款

利率，同时要考虑借款利息的个人所得税问题。

10.3.1.4 代销方式的税收筹划

代销就是委托销售，一般发生在工业企业与商业企业之间。工业企业委托他人为自己代销商品，而商业企业为他人代销。对商业企业来说，采用代销方式销售商品是一种明智的选择，本身能减轻销售等方面的风险，同时又可以获得一定的经营利润；对于工业企业来说也可以通过此次委托适当降低营销成本，同时迅速拓宽销售市场。

根据税法规定，代销行为分为以下两种。

第一种是视同买断的代销行为。委托方根据签订的协议价格将货物交付受托方，受托方自行确定实际售价。货物售出后，委托方按协议价收取价款，受托方获得实际售价与协议价的差额。双方比照销售进行增值税会计处理，分别按不含税协议价和不含税实际售价计量收入，确定销项税额。受托方同时将委托方收取的增值税作为进项税额予以抵扣。

第二种是收取手续费的代销行为。委托方按双方签订的协议确定代销货物的售价，受托方按其定价代销，并按售价的百分比收取手续费。双方同样按不含税售价计算销项税额，委托方将其销售货物的价款记作收入，受托方则记作应付账款；受托方将委托方开来的专用发票上的进项税额用于抵扣，同时收到手续费时，按手续费金额的多少计算应纳增值税。

【例 10-6】20×7 年，A 公司与 B 公司签订一项代销协议，由 B 公司代销 A 公司的产品，不论采取何种代销方式，A 公司的产品在市场上均以 1 000 元/件的价格销售。城建税税率为 7%，教育费附加征收率为 3%。

【工作要求】请对上述 A、B 公司之间的代销行为进行税收筹划。

【税法依据】根据国务院令 2008 年第 538 号《中华人民共和国增值税暂行条例》及《营业税改增值税试点实施办法》。

【筹划思路】我们比较视同买断的代销行为和收取手续费的代销行为的纳税情况，然后进行决策。

【筹划过程】

方案 1：采取视同买断方式。假设在纳税期，B 企业代销 A 公司产品共 200 件，该产品在 A 公司与 B 公司的协议价为 800 元/件，同时 A 公司当期允许抵扣的进项税额为 20 000 元。

A 公司：收入增加额＝800×200＝160 000 元，应缴增值税额＝160 000×13%−20 000＝800 元，应缴城建税及教育费附加额＝800×（7%+3%）＝80 元，应缴流转税合计＝800+80＝880 元。

B 公司：收入增加额＝1 000×200＝200 000 元，成本增加额＝160 000 元，应缴增值税额＝200 000×13%−160 000×13%＝5 200 元，应缴城建税及教育费附加额＝5 200×（7%+3%）＝520 元，应缴流转税合计＝5 200+520＝5 720 元。

A公司与B公司应缴流转税=880+5 720=6 600（元）

方案2：采取收取手续费的方式。假设在纳税期，B公司代销A公司产品200件，同时根据代销数量，B公司向A公司收取20%的代销手续费40 000元，A公司当期允许抵扣的进项税额为20 000元。A和B公司均向对方开具了增值税专用发票。“营改增”后，手续费代销方式属于增值税征税范围中的商务辅助服务。

A公司：收入增加额=1 000×200=200 000元，同时收到B公司开具的增值税专用发票，应交增值税额=200 000×13%-20 000-40 000×6%=3 600元，应交城建税及教育费附加额=3 600×（7%+3%）=360元，A公司应交流转税合计=3 600+360=3 960元。

B公司：销售货物增值税销项税额与进项税额相等，相抵后，该项业务的应交增值税为0，但B公司采取收取手续费的代销方式，应缴纳增值税额=40 000×6%=2 400元，应交城建税及教育费附加额=2 400×（7%+3%）=240元，B公司应交流转税合计=2 400+240=2 640元。

A公司与B公司应交流转税=3 960+2 640=6 600（元）

【筹划结论】两种代销方式的比较：从整体税负来看，视同买断方式下的代销方式与收取手续费方式的代销方式的税收负担相同。但在现实销售过程中，在视同买断方式下，A公司节约3 080元（3 960-880=3 080元），B公司多交3 080元（5 720-2 640=3 080元）。因此，A公司可以考虑采取补偿的方式鼓励B公司接受视同买断的代销方式。

【筹划点评】任何税收筹划都需要相应的平台，由于A公司少缴纳税收和B公司多缴纳了税收，所以A公司应考虑采取补偿的方式鼓励B公司接受视同买断的代销方式。

10.3.2　销售结算方式的税收筹划

销售结算方式通常有直接收款、委托收款、托收承付、赊销或分期收款、预收款销售、委托代销等。对于不同的销售方式，其纳税义务发生的时间是不相同的。销售结算方式的筹划就是在税法允许的范围内，尽量采取有利于本企业的结算方式，推迟纳税时间，获得纳税期的递延，或者打时间差，避免纳税税额过于集中，减轻企业资金的压力。比如，税法规定，赊销和分期收款的结算方式都是以合同约定日期为纳税义务发生时间，因此，企业在产品销售过程中，在应收货款一时无法收回或部分无法收回的情况下，可以选择赊销或分期收款结算方式。再如，税法规定，委托代销商品是委托方将商品交付给受托方，受托方根据合同要求，将商品出售后开具销货清单并交给委托方，这时委托方才能确认销售收入的实现。因此，如果企业产品销售对象是商业企业，并且产品以商业企业再销售后的付款结算方式销售，则可以采用委托代销的结算方式，根据实际收到的货款分期计算销项税额，从而延缓纳税时间。案例详见【例3-10】。

10.3.3 销售价格的税收筹划

与筹划有关的企业定价策略包括两种表现形式：一种是与关联企业间合作定价，目的是减轻企业间的整体税负；另一种是主动制定一个稍低的价格，以获得更大的销量，从而获得更多的收益。

10.3.3.1 利用转让定价技术筹划税收

转让定价又称转移定价，是指在经济活动中，有经济联系的企业各方（可为两方或多方）为均摊利润或转移利润而在产品交换或买卖过程中，不依照市场买卖规则和市场价格进行交易，而是根据其共同利益或最大限度地维护其收入，进行产品或非产品转让。这是税收筹划的一种基本方法。

在这种产品的转让中，产品的转让价格根据双方的意愿，可高于或低于市场上供求关系决定的价格，以达到少纳税甚至不纳税的目的。转让定价的操作方法是：当甲企业所得税税率高于乙企业时，甲企业采取低价出货、高价进货的方式，使乙企业实现更多利润，减少所得税税额。转让定价必须合理，否则税务机关会进行特别纳税调整，纳税人可与税务机关达成预约定价协议，一劳永逸地避免税务机关调整。

《中华人民共和国企业所得税法》及实施条例规定：企业与其关联方之间的业务往来，不符合独立交易原则而减少企业或者其关联方应纳税收入或者所得额的，税务机关有权按照合理方法调整。

关联方，是指与企业有下列关联关系之一的企业、其他组织或者个人：

①在资金、经营、购销等方面存在直接或者间接的控制关系；

②直接或者间接地同为第三者控制；

③在利益上具有相关联的其他关系。

独立交易原则，是指没有关联关系的交易各方，按照公平成交价格和营业常规进行业务往来遵循的原则。

转让定价具有双重性，有积极的一面，也有消极的一面。关联企业之间的内部交易价格可以采取与市场正常价格不同的价格，这是企业定价自主权的体现。但如果仅仅出于税收上的动因，纳税人在价格上做文章，不正常地抬高或压低价格以达到少纳税的目的，则可能被税务机关认定为避税行为，从而导致价格的调整。因而针对转让定价行为，在具体操作时，我们应该确保调整后的价格与市场交易价格有一定差距，以降低税收遵从成本。

企业可以向税务机关提出其与其关联方之间业务往来的定价原则和计算方法，税务机关与企业协商、确认后，达成预约定价安排。预约定价安排，是指企业就其未来年度关联交易的定价原则和计算方法，向税务机关提出申请，与税务机关按照独立交易原则协商、确认后达成的协议。案例详见【例3-9】。

10.3.3.2　主动调整商品价格的筹划税收

企业在制定价格时，应该特别注意价格对企业税负可能造成的影响。在现实生活中，产品的销售价格提高，会导致销量减少，有可能导致总收入下降。同时，考虑到税收征管中的临界点因素，价格过高可能会导致税负大幅增加。因此，根据经营情况灵活调整商品价格是进行销售价格筹划的主要方式。

【例 10-7】某房地产开发公司主要从事房地产的开发与销售，现开发一批普通住宅，在制定销售价格时面临两种方案：第一，若以每平方米 11 800 元的价格售出，可扣除项目金额为每平方米 10 000 元；第二，若以每平方米 12 100 元的价格售出，可扣除项目金额为每平方米 10 000 元。

【工作要求】请对房地产开发公司的销售定价方案进行筹划分析。

【税法依据】根据《中华人民共和国土地增值税暂行条例》（国务院 1993 年 12 月 13 日颁布，国务院令〔1993〕第 138 号）。

【筹划思路】我们先比较上述两种方案的获利情况，然后进行决策。

【筹划过程】

方案 1：若每平方米的价格为 11 800 元，可扣除的项目金额为每平方米 10 000 元。

增值率=（11 800-10 000）÷10 000=18%

因为增值率小于 20%，可以免缴土地增值税。

每平方米销售净收入=11 800-10 000=1 800（元）

方案 2：若每平方米的价格为 11 800 元，可扣除的项目金额为每平方米 10 000 元。

增值率=（12 100-10 000）÷10 000=21%

应纳土地增值税=（12 100-10 000）×30%=630（元）

每平方米销售净收入=12 100-10 000-630=1 470（元）

【筹划结论】虽然方案 1 中售价较低，但因为规避了土地增值税，反而比方案 2 中每平方米多获利 330 元（1 800-1 470=330 元）。因此房地产开发公司应选择方案 1。

【筹划点评】可见，企业只有合理利用销售价格的适当选择权，才可以达到节税的目的，但同时要注意规避降低价格的误区。

10.3.4　销售地点的税收筹划

企业发展到一定规模以后，基于稳定供货渠道、开辟新市场或方便客户服务的考虑，不可避免地需要在销售业务相对集中的地区设立业务联络点。联络点的形式大致有两种：一是办事处，二是分公司。分公司可以从事经营活动，办事处一般只能从事总公司营业范围内的业务联络活动。分公司、办事处的税收待遇不同，主要体现在流转税和企业所得税上。

从增值税上看，办事处由于不从事经营活动，所以在当地无须缴纳增值税，而分公司的经营活动必须在当地缴纳增值税。

从企业所得税看，办事处由于不能从事经营活动，没有业务收入，不存在利润，也就没有应纳税所得额，无须缴纳企业所得税。对于分公司而言，企业所得税可以在分公司所在地的税务机关缴纳，也可以汇总后由总公司集中缴纳。对于由总公司汇总缴纳的，由总公司所在地国税局开具企业所得税已在总机构汇总缴纳的证明，分公司凭此证明到所在地国税局办理相关手续。一般来说，汇总纳税优于独立纳税，因为总公司和分公司的盈亏可以互相弥补。

同时，也必须看到，国家为了鼓励某些地区的发展，在税法上体现出地区倾斜政策，从而导致地区性税负差别，以及不同国家之间税收政策的差异，这也是销售地点筹划的存在依据。从国内看，我国的税收政策在区域上的差别主要体现在所得税方面，其中有经济特区的税收优惠、经济开发区的税收优惠、沿江开发区的税收优惠、沿边开发区的税收优惠、民族自治区的税收优惠和我国西部开发的税收优惠等。在这些区域开办的企业，一般情况下，不仅能够享受到税收上的优惠，而且能享受到当地政府有关税费减免或者财政返还上的优惠。特别是设立具有独立生产经营职能的分公司。国税发〔2008〕28 号文件第十条规定，总机构设立具有独立生产经营职能的部门，且具有独立生产经营职能部门的经营收入、职工工资和资产总额与管理职能部门分开核算的，可将具有独立生产经营职能的部门视同一个分支机构，就地预缴企业所得税。具有独立生产经营职能的部门与管理职能部门的经营收入、职工工资和资产总额不能分开核算的，具有独立生产经营职能的部门不得视同一个分支机构，不就地预缴企业所得税。案例详见【例 3-6】。

10.4 企业非货币资产交换的税收筹划

非货币性资产交换，是指交易双方主要以存货、固定资产、无形资产和长期股权投资等非货币性资产进行的交换。该交换不涉及或只涉及少量的货币性资产（补价）。货币性资产，是指企业持有的货币资金和将以固定或可确定的金额收取的资产，包括现金、银行存款、应收账款和应收票据及准备持有至到期的债券投资等。非货币性资产，是指货币性资产以外的资产。

《中华人民共和国企业所得税法实施条例》规定：企业发生非货币性资产交换，以及将货物、财产、劳务用于捐赠、偿债、赞助、集资、广告、样品、职工福利或者利润分配等用途的，应当视同销售货物、转让财产或者提供劳务，但国务院财政、税务主管部门另有规定的除外。通过捐赠、投资、非货币性资产交换、债务重组等方式取得的固定资产，以该资产的公允价值和支付的相关税费为计税基础。通过捐赠、投资、非货币性资产交换、债务重组等方式取得的无形资产，以该资产的公允价值和支付的相关税费为计税基础。

10.4.1　非货币性资产交换的增值税筹划

10.4.1.1　*以旧换新*

以旧换新是指纳税人在销售自己的货物时，有偿收回旧货物的行为。

根据《增值税若干具体问题的规定》（国税发〔1993〕154 号），纳税人采取以旧换新的方式销售货物，应按新货物的同期销售价格确定销售额。

10.4.1.2　*以物易物*

以物易物是一种较为特殊的购销活动，是指购销双方不以货币结算，而是以同等价款的货物相互结算，实现货物购销的一种方式。

根据税法，以物易物双方都应作购销处理。《关于增值税若干征管问题的通知》（国税发〔1996〕155 号）规定：对商业企业采取以物易物、以货抵债、以物投资方式交易的，收货单位可以凭以物易物、以货抵债、以物投资的书面合同以及与之相符的增值税专用发票，确定进项税额，经过认证予以抵扣。

以物易物的双方可以通过采用非等价的物物交易或协商以低价出售的方式进行筹划，达到降低增值税税负或解决资金紧张的目的。

【例 10-8】20×7 年，甲公司为生产棉布的一般纳税人，乙公司为生产服装的一般纳税人。由于未来市场上的棉布价格处于上升趋势，而服装价格处于下降趋势，乙公司预测未来市场以棉布加工的休闲装利润较高，欲大批购置棉布，但目前资金紧张，因此与甲公司协商以积压服装换取棉布。甲公司考虑到该批服装可以作为本厂职工的工作服，同意与乙公司签订物物交易协议，甲公司以成本为 240 00 元，市价为 360 000 元，作价为 400 000 元的棉布置换乙公司积压的成本为 360 000 元，市价为 440 000 元，作价为 400 000 元的服装。

【工作要求】请对上述公司发生的以物易物行为进行税收筹划。

【税法依据】《关于增值税若干征管问题的通知》（国税发〔1996〕155 号）规定：对商业企业采取以物易物、以货抵债、以物投资方式交易的，收货单位可以凭以物易物、以货抵债、以物投资的书面合同以及与之相符的增值税专用发票，确定进项税额，经过认证予以抵扣。

【筹划思路】甲乙双方可以通过采用非等价的物物交易或协商以低价出售的方式进行筹划，达到降低增值税税负或解决资金紧张的目的。

【筹划过程】

甲公司增值税的计算：

换出的棉布的销项税额 = 360 000×13% = 46 800（元）

换入商品的进项税额 = 440 000×13% = 57 200（元）

该业务应纳增值税额 = 46 800−57 200 = −10 400（元）

乙公司增值税的计算：

换出商品的销项税额=440 000×13%=57 200（元）

换入商品的进项税额=360 000×13%=46 800（元）

该业务应纳增值税额=57 200-46 800=10 400（元）

【筹划结论】对于甲公司而言，降低了增值税税负 10 400 元；乙公司为了解决资金紧张，增加了增值税税负 10 400 元，由于资金成本率为 2. 89%（10 400÷360 000×100%=2. 89%），低于银行同期贷款利率 5. 58%，对于乙公司而言，比向银行贷款更为有利。

【筹划点评】对于以物易物的双方，一方满足了需要，同时又降低了税负；另一方减少了货物积压，同时又获得了较银行贷款利率更低的资金。但是，在以物易物时，双方应注意价格；否则会适得其反。

10. 4. 2　非货币性资产交换的消费税筹划

《消费税若干具体问题的规定》规定：纳税人用于换取生产资料和消费资料，投资入股和抵偿债务等方面的应税消费品，应当以纳税人同类应税消费品的最高销售价格作为计税依据计算消费税。

【例 10-9】某化妆品生产企业，当月对外销售同型号的化妆品共有 3 种价格，以 4 000 元的单价销售 50 件，以 4 500 元的单价销售 10 件，以 4 800 元的单价销售 5 件。该企业当月以 20 件同型号的化妆品与 A 公司换取原材料，双方按当月的加权平均价格确定化妆品的价格。该化妆品适用的消费税税率为 30%。

【工作要求】请对上述公司业务进行纳税筹划。

【税法依据】《消费税若干具体问题的规定》规定：纳税人用于换取生产资料和消费资料、投资入股和抵偿债务等方面的应税消费品，应当以纳税人同类应税消费品的最高销售价格作为计税依据计算消费税。

【筹划思路】化妆品企业可以采用先销售化妆品给 A 公司后再购买 A 公司的原材料的方式，这样避免按照同类应税消费品的最高销售价作为计税依据，达到减轻税负的目的。

【筹划过程】

方法一，化妆品企业用 20 件化妆品直接与 A 公司换取原材料。

化妆品企业应纳消费税额=20×4 800×30%=28 800（元）

方法二，化妆品企业先销售化妆品给 A 公司后，再购买 A 公司的原材料。

化妆品企业销售的 20 件化妆品可按照当月加权平均销售价格计税。

当月加权平均销售价格=(4 000×50+4 500×10+4 800×5)÷(50+10+5)

=4 138. 46（元）

化妆品企业应纳消费税额=20×4 138. 46×30%=24 830. 76（元）

【筹划结论】通过筹划，化妆品公司节省消费税 3 969.24 元（28 800-24 830.76=3 969.24 元）。

【筹划点评】在实际操作中，当纳税人用应税消费品换取货物或者投资入股时，一般是按照双方的协议价或评估价确定，而协议价往往是市场的平均价。纳税人可以采用先销售后入股（换货、抵债）的方式，避免按照同类应税消费品的最高销售价作为计税依据，达到减轻税负的目的。

10.4.3　非货币性资产交换的契税筹划

《中华人民共和国契税暂行条例》规定，契税的计税依据：国有土地使用权出让、土地使用权出售、房屋买卖，为成交价格；土地使用权赠与、房屋赠与，由征收机关参照土地使用权出售、房屋买卖的市场价格核定；土地使用权交换、房屋交换，为所交换的土地使用权、房屋的价格的差额。

《中华人民共和国契税暂行条例细则》规定：土地使用权交换、房屋交换、交换价格不相等的，由多交付货币、实物、无形资产或者其他经济利益的一方缴纳税款。交换价格相等，免征契税。土地使用权与房屋所有权之间相互交换，按照前面的规定征税。

【例 10-10】居民张某拥有一套旧住房（普通住房），市价为 500 000 元。为改善居住条件，打算卖掉旧房，购买一套价值 1 000 000 元的新住房（普通住房）。当地政府规定的契税税率为 4%。

【工作要求】请为张某进行纳税筹划。

【税法依据】《关于调整房地产市场若干税收政策的通知》（财税字〔1999〕210 号）规定：个人购买自用普通住宅，暂减半征收契税。

【筹划思路】张某与房地产开发公司商定，双方进行房地产置换，张某向房地产开发公司支付房屋差价款 500 000 元。这样可以降低张某缴纳的契税。

【筹划过程】

方案 1：张某直接购买一套新住房。

应纳契税＝1 000 000×4%÷2＝20 000（元）

方案 2：张某与房地产开发公司商定双方进行房地产置换，张某向房地产开发公司支付房屋差价款 500 000 元。

应纳契税＝（1 000 000-500 000）×4%÷2＝10 000（元）

【筹划结论】通过筹划，张某节约契税 10 000 元（20 000-10 000＝10 000 元）。

【筹划点评】纳税人如果先卖出房屋，再买进另一房屋，要按买进价格全额计算缴纳契税。纳税人如果进行房屋交换，只按多交付的差额即补价计算缴纳契税，从而节省契税。

本章小结：

企业的生产经营流程包括采购、生产、销售和非货币性资产交换，每一流程都与税收息息相关。税收筹划不仅仅是企业财务部门的事情，更离不开其他部门的积极配合。企业经营过程的税收筹划主要包括：企业采购活动的税收筹划应当考虑购货对方的选择、购货方式的选择、购货时间的选择及采购结算时间的选择，企业生产的税收筹划应考虑生产方式、生产规模和生产结构等方面的选择，企业销售的税收筹应考虑销售方式、混合销售与兼营、销售价格等方面的因素，非货币性资产交换下应考虑不同涉税税种的税收筹划。

关键术语：

代购　赊销　自行生产　委托加工　现金折扣　商业折扣
折扣销售　还本销售　代销　转让定价　独立交易原则
预约定价安排　非货币性资产交换　以物易物

思考题

1. 简要回答代购的基本条件。
2. 简述购货时间的税收筹划的基本思路。
3. 简述利用购货合同的税收筹划应注意的问题。
4. 简述利用残疾人税收优惠政策进行税收筹划时应注意的问题。
5. 简述折扣销售的税务处理。
6. 简述企业进行促销的税务筹划思路。
7. 简述混合销售的税务处理。
8. 简述视同买断的代销行为的税务处理。
9. 简述收取手续费的代销行为的税务处理。

第 11 章
企业财务成果分配的税收筹划

培养能力目标

(1) 理解企业财务成果的相关概念；

(2) 理解企业收入组织的税收筹划方法；

(3) 熟悉收益分配顺序的税收筹划；

(4) 掌握保留盈余的税收筹划思路及股息与资本利得的税收筹划。

案例导入

甲公司应如何转让股权

甲公司于 20×7 年 2 月 20 日以银行存款 900 万元投资于乙公司，占甲公司股本总额的 70%，甲公司当年生产经营所得为 100 万元，乙公司当年获得税后利润 500 万元。关于乙公司税后利润分配及甲公司股权转让有以下两种方案（甲公司所得税税率为 25%，乙公司所得税税率为 15%）。

方案 1：20×8 年 3 月，乙公司董事会在 20×8 年 4 月决定将 20×7 年的税后利润的 30%用于分配。20×8 年 5 月，甲公司将其拥有乙公司 70%的股权全部转让给丁公司，转让价为 1 000 万元，转让过程中产生税费 0.5 万元。

方案 2：乙公司保留盈余不分配。20×8 年 5 月，甲公司将其拥有乙公司 70%的股权全部转让给丁公司，转让价为 1 105 万元，转让过程中产生税费 0.5 万元。

工作要求　请为甲公司筹划并做出决策。

案例解析　见本章的 11.3。

11.1　收入组织的税收筹划

公司进行收入组织就是将商品或产品销售出去并取得收入的过程安排。根据税收法规的规定，纳税人（公司）每一纳税年度的收入总额减去准予扣除项目后的余额为应纳税所得额，所得税按年计算，分月或分季预缴，由纳税人向其所在地主管税务机关缴纳。基于此，公司税收筹划应着眼于收入取得的时间、总额构成、纳税地点和准扣项目及税收优惠政策等方面的组织，使之达到节税的目的。

11.1.1 收入控制法

收入控制法是通过对收入的合理控制，相应减少所得，减轻或延迟纳税义务，以减轻企业税负的节税方法。合理的收入控制就是根据有关财务会计制度、规定对企业的收入进行财务技术处理或根据税法的有关规定进行处理，以达到节税的目的。

一般来说，对于企业各项收入、费用、损失的入账时间，会计制度都有明确的规定，企业本身基本上没有选择的余地。但有时对同一项目的入账时间与计税期，会计制度规定与税法规定有可能存在差异。这时，税法往往表现出更大的权威性。因此，纳税人可以在税法规定的范围内，选择有关项目的纳税期。运用收入控制法进行企业税收筹划，其主要途径是收入认定时点（收入实现点）的决定与收入实现地点的确定。

11.1.1.1 收入认定时点（收入实现点）的决定

在时间上的筹划可以从收入的时间差异和结算方式的选择等方面进行。一般情况下，采用权责发生制确认收入时，节税的可能性较小，但可以进行结算方式的选择，在实际未收到货款时作为委托代销商品处理，收到货款时才开具发票，以此达到递延纳税的目的。采用收付实现制确认收入时，其节税的空间比较大，公司可以采用推迟货款收回期限来影响利润，从而实现所得税支付的节约。我国财务会计制度规定，费用应当按照权责发生制原则，在确认有关收入的期间予以确认。费用摊销时的确认，一般有三种方法：一是直接作为当期费用确认；二是按其与营业收入的关系加以确认，凡是与本期收入有直接联系的耗费，就是该期的费用；三是按一定的方法计算摊销额予以确认。上述三种不同的费用确认方法，使企业在计算成本时可以选择对自己有利的方法来节税。

在会计实务中，由于不同企业的经营活动各有特色，对不同的交易存在不同的处理方法，所以现行会计制度对营业收入的取得按照货款的结算方式的不同而分别确定。比如：

①在交款提货销售的情况下，如货款已收到，发票账单和提货单已交给买方，无论商品、产品是否发出，都视为收入已实现。

②采用预收货款销售商品、产品，在商品、产品发出时视为收入已实现。

③采用分期收款结算方式销售商品的，以合同约定的收款日期作为收入的实现日期。

④长期劳务交易以合同约定一次或分次结算作为收入的实现日期。

企业在利用公允的会计方法和财务准则设定适当的收入时点进行税收筹划时，应注意几点：第一，应注意尽量将收入的实现日期安排在纳税期初，接近期末的收入应设法推迟到下一个纳税期的期初。这样，可以抑减当期的收入，从而减轻当期企业所得税税负，起到延期纳税的作用。第二，如在纳税期期末时购入存货，增加当期进项税额，适当安排支出，也可以起到延迟缴纳所得税和增值税的作用，特别是购入存货时先验收入库后付款，使更多的货币资金留在企业的资金循环体内，税收筹划的效果就更加明显。

11.1.1.2　收入实现地点的确定

改变收入的地点也可以达到节税的效果。公司可以利用地区性的税负差别，在税负较低的地区设立分公司或子公司，将货物调拨到分公司销售；或采用转让定价法，以等于成本的价格将商品销往低税区的子公司，并以等于市场的价格从子公司购进商品或原材料，实现收入的转移，以达到节约税负的目的。

11.1.2　费用分摊法

费用的分摊方法不同，会扩大或缩小企业的成本费用总额，从而影响利润和企业的纳税额。在利用不同的费用分摊方法进行税收筹划时，我们应注意和解决两个主要问题：一是如何实现费用的最小支付，二是在摊入成本费用时怎样实现最大摊入。

企业的费用种类很多，分为管理费用、财务费用、销售费用三类，各类费用又包括众多内容。在进行税收筹划时，除了要弄清各种费用所包含的具体内容外，我们应特别注意的是：第一，如何将各种合理的费用最大限度地摊入成本，以减轻企业税负；第二，如何能及时或尽早地将费用摊入成本费用总额，以达到延迟企业税负的目的。

在生产经营过程中选用费用分摊法调整当期的损益时，我们应注意以下几点：

①尽量把应由本期负担而在以后发生的各项费用计入预提费用，并分摊计入各期成本；把应由本期负担的费用尽可能全面地计入本期的成本，从而达到最大限度地抵消当期利润、降低当期税负的目的。

②对于那些数额较小的、在本期发生并在以后各期受益的费用，应直接计入当期成本，尽量不通过待摊费用核算，这样可以达到延期纳税的目的。

③设立各种准备金制度，按照一定标准预提各种准备金计入费用，从而可达到抵消当期利润、减轻税负的目的，实现延期纳税。

④尽量缩短各种待摊费用分摊计入成本的期限和各种无形资产、递延资产分摊计入费用的期限，这样可以达到延期纳税的目的。

11.2　收益分配顺序的税收筹划

在利润分配顺序上进行税收筹划，主要表现为以下三个方面：一是公司通过兼并亏损企业，以公司所获得的税前利润弥补亏损，减少所得税支出。二是在税法许可的条件下，利用公司在资产计价方法、资产摊销方法、费用开支范围、费用开支标准及存货计价方法等方面的选择权，增加应税所得额的扣除项，以实现所得税支出的减少。三是在实行累进所得税税率的条件下，在利润分配上，公司在税法允许的前提下可以先分后税，将利润分散给投资者去适用较低的所得税税率。在实行区域性税收优惠政策的情况下，公司在利润分配上是先分后税还是先税后分，要视公司与投资者的所得税率差别而定。如果公司适用的所得税率高于投资者适用的所得税率，宜采用先分后税的形式；反之，则宜采用先税后分的形式进行利润分配。

11.2.1 合理选择收益的结算日

企业缴纳税收的多少取决于企业的收益规模大小和税率的高低。一般来说，应该列入收入的部分，除另有规定外，通常是指产品销售、有偿或无偿的资产转让、提供劳务以及其他交易部分，而其中最为普遍的是产品销售。对于企业来说，如何处理产品的计算标准问题，是计算税收金额的最基本的事项。在税收上，销售收入的计算是以“交货或交付”为计算标准的，也就是说，商品及其他销售收入应计入交货或交付所在的年度。而交货或交付日在不同的场合下有不同的计算标准。但是对于交货或交付日，税法并未做出详细规定。因此，收益结算日定得越晚越好，可以得到推迟纳税的好处。故从企业的角度来看，应尽量地在得到许可的情况下，从几个可被视为交货日或交付日的日期中，选取一个最合适的、最晚的日期作为计算税款的标准。

11.2.2 销售收入计算截止日的选择

一般地，在企业营业执照和章程里，通常把营业年度的结束日定为某月的月末，也就是说，根据营业年度开始之日的月初到营业年度结束之日的月末之日计算企业的收入。但是，从企业的实际情况来说，可能并不完全是这样。国际上有些国家的税法规定，如果企业的内部计算能保持连续性，同时其计算对税收没有明显的弊端，也允许企业根据商业习惯以及其他不能成立的理由，将作为营业年度的有关收入及支出计算基础的截止日提前到各营业年度结束之日之前的十天左右；将剩余的最后十天的销售款和销售成本做相应的调整之后，进行年度损益计算。这样一来，对企业来说，尽管没有因此而减少税金支出，却可以获得与某种存款利率相同的利益。

11.2.3 合理调整所得实现的年度

①合理提前所得年度。《中华人民共和国公司法》第一百六十六条第二款规定：公司的法定盈余公积金不足以弥补以前年度亏损的，在提取法定盈余公积金之前，应当先用当年利润弥补亏损。《中华人民共和国企业所得税法》及《中华人民共和国企业所得税法实施条例》规定：企业每一纳税年度的收入总额，减除不征税收入、免税收入、各项扣除及允许弥补的以前年度亏损后的余额，为应纳税所得额。亏损是指企业依照企业所得税法和本条例的规定将每一纳税年度的收入总额减除不征税收入、免税收入和各项扣除后小于零的数额。企业纳税年度发生的亏损，准予

向以后年度结转，用以后年度的所得弥补，但结转年限最长不得超过五年。五年内不论是盈利还是亏损，都作为实际弥补期限计算。企业在汇总计算缴纳企业所得税时，其境外营业机构的亏损不得抵减境内营业机构的盈利。因此，企业有必要利用合理手段将规定期限以后的利润提前到规定期限以内，以减少所得税。详见【例 8-6】企业清算的税收筹划。

②合理推迟所得年度。在同样的会计年度之内，如果企业前亏后盈，可以用以后年度的盈利弥补，而如果前盈后亏，就只能用亏损以后年度的利润弥补。这样，在同样的会计年度内，税前利润累计一样，而税后利润却不一样。因此，企业若能合理地推迟所得纳税年度，也可以缓缴所得税。

③利用税前利润弥补以前年度亏损。对企业发生的年度亏损，税法允许用下一年度的税前利润弥补。下一年度利润不足以弥补的，可以逐年延续弥补。但是，延续弥补期最长不得超过五年。争取用税前利润弥补以前年度亏损的主要方法有：兼并账面上有亏损的企业，将盈补亏，可以达到免缴企业所得税的目的；利用税法允许的资产计价和摊销方法的选择权，以及费用列支范围和标准的选择权，多列税前扣除项目和扣除金额，在用税前利润弥补亏损的五年期限到期前，继续造成企业亏损，从而延长享受税前利润补亏这一优惠政策的期限。

④利用税收优惠政策控制所得实现时间。这种税收筹划的基本原理是要尽量把利润提前或集中于减免税期，而把亏损或支出推迟于征税期，或把所得规划在亏损年度实现，以达到盈亏互抵的目的。要把利润提前或集中到减免税期，用成本费用调整法进行反向操作即可，即尽量缩小减免税期的成本、费用。例如，在物价持续上涨时，我们采用先进先出法进行存货的计价，这样就会高估当期利润，高估期末存货价值。又如，在选择折旧方法时，我们尽量不选用加速折旧的方法，综合平衡，做到在减免税期少提折旧计入成本。再如，在费用的分摊方面，对于本期应负担而在以后才产生的费用，数额较小的，我们可以不预提计入成本，而对于减免税期发生的应由以后负担的费用，应尽可能地通过待摊费用核算，分期计入成本；对于各种需要摊销的无形资产、递延资产，我们应尽量将其摊销期延长到减免税期以后；在减免税期我们应尽可能少建或者不建立准备金制度，待以后发生时，直接计入成本。这些做法都可以使企业的利润提前或集中到减免税期。

⑤合理确定获利年度。对于享受限期减免所得税优惠的新办企业，获利年度的确定也是企业税收筹划的一项内容。国家为鼓励在一些特定地区或行业举办新企业，一般规定新办企业在获利初期享受限期减免所得税的优惠。正常情况下，由于新企业产品初创，市场占有率相对较低，获利初期的利润水平也较低，因此，减免所得税给企业带来的利益也相对较小。为了充分享受所得税限期减免的优惠，企业可以通过适当控制投产初期产量及增加广告费用等方式，一方面推迟获利年度，延长免税期；另一方面提高产品知名度，提高潜在市场占有率，以提高减免税期内的利润水平，从而获取更大的节税利益。

11.3 保留盈余的税收筹划

11.3.1 保留盈余的税收筹划思路

利润分配中的保留利润问题，实际上是股利分配政策问题。公司在保留利润上的留存直接影响股利分配。国际上有些国家（如印度）对公司保留利润总额超过其以总收入额减去已纳税收入和税法允许扣除的各项金额后的余额的一定比例时，要对其不合理保留利润征收未分配利润税。我国当前对公司保留利润方面还没有税收约束，个人股东获取的股息、红利要缴纳个人所得税（存在经济性重复征税）。对资本利得的税务处理是：公司获取的资本利得缴纳公司所得税，个人获取的资本利得暂不纳税。出于对股东利益的考虑，公司可以不向股东分配或少分配税后利润，而将大部分利润留存于公司进行发展，促进股票市价提高；股东虽然失去了即期的现金收益，却可以获得个人所得税的节税收益和完整的资本利得收益。

11.3.2 股息与资本利得的差异及税收筹划

目前，纳税人开展股权投资业务已很普遍，投资人从被投资企业获得的收益主要有股息（包括股息性所得）和资本利得。根据目前我国企业所得税方面的相关法规，企业股权投资取得的股息与资本利得的税收待遇不同。

股息性所得是投资方从被投资单位获得的税后利润，属于已征收企业所得税的税后所得，原则上应避免重复征税。《中华人民共和国企业所得税法》规定：符合条件的居民企业之间的股息、红利等权益性投资收益为免税收入，不征收企业所得税。但不包括持有居民企业公开发行并上市流通的股票连续时间不超过 12 个月取得的权益性投资收益。

《关于股权投资业务所得税若干问题的通知》规定，被投资企业对投资方的分配支付额，如果超过被投资企业的未分配利润和累计盈余公积金而低于投资方的投资成本，被视为投资回收，应冲减投资成本；超过投资成本的部分，被视为投资方企业的股权转让所得，应并入企业的应纳税所得额，依法缴纳企业所得税。因此，在进行转让之前分配股息时，其分配额应以不超过可供分配的被投资单位未分配利润和盈余公积的部分为限。

资本利得是投资企业处理股权的收益，即企业收回、转让或清算处置股权投资所获的收入减除股权投资成本后的余额。这种收益应全额并入企业的应纳税所得额，依法缴纳企业所得税。纳税人可以充分利用上述政策差异进行筹划。例如，如果被投资企业是母公司下属的全资子公司，则没有进行利润分配的必要。但是，由此引发的问题是，如果投资方企业打算将拥有的被投资企业的全部或部分股权对外转让，则会造成股息所得转化为股权转让所得。因为，企业保留利润不分配，将导致股权转让价格增加，使得本应享受免税或仅补税的股息性所得转化为应全额并入所得额征税的股权转让所得。因此，除非保留利润一直到转让投资前分配或清算，否则保留利润不分配导致的股息与资本利得的转化对企业是不利的。

因此，正确的做法是被投资企业保留利润不分配，在企业股权欲转让时，在转让之前再将未分配利润进行分配。这样做，对于投资方来说，可以达到不补税或递延纳税的目的，同时又可以有效地避免股息性所得转化为资本利得，从而消除重复纳税；对于被投资企业来说，由于不分配可以减少现金流出，而且这部分资金无须支付利息，等于增加了一笔无息贷款，因而可以获得资金的时间价值。

【例 11-1】导入案例解析

【税法依据】根据《中华人民共和国企业所得税法》，符合条件的居民企业之间的股息、红利等权益性投资收益属于免税收入；被投资企业将股权（票）溢价所形成的资本公积转为股本的，不作为投资方企业的股息、红利收入，投资方企业也不得增加该项长期投资的计税基础。

【筹划思路】我们比较上述两种方案中甲公司应纳的企业所得税金额，然后进行决策。

【筹划过程】

方案 1：

甲公司 20×7 年生产经营所得应纳企业所得税 = 100×25% = 25（万元）

20×8 年 4 月股息收益 = 500×70% = 105（万元），属于免税收入，免缴纳企业所得税。

20×8 年 5 月转让股份所得应纳企业所得税 = (1 000-900-0.5)×25% = 24.87（万元）

因此，甲公司投资乙公司净所得 = 105+(1 000-900-0.5)-24.87 = 179.63（万元）

方案 2：

甲公司 20×7 年生产经营所得应纳企业所得税 = 100×25% = 25（万元）

20×8 年 5 月转让股份所得应纳企业所得税 = （1 105-900-0.5）×25%
= 51.13（万元）

因此，甲公司投资乙公司净所得 = 1 105-900-0.5-51.13 = 153.37（万元）

【筹划结论】较方案 2，方案 1 中甲公司投资乙公司净所得增加了 26.26 万元（179.63-153.37 = 26.26 万元）。原因在于，甲公司在股权转让之前进行股息分配，有效地避免了重复征税，因此甲公司应选择方案 1。

【筹划点评】税收上确认的股权转让所得与会计上确认的股权转让收益不同。在计算股权转让所得时，我们应按计税成本计算，而不能按企业会计账面反映的“长期股权投资”科目的余额计算。

本章小结：

企业的财务成果是指企业在一定时期内全部经营活动所取得的利润或发生的亏损。财务成果分配即利润分配，是指将企业在一定时期内实现的利润总额按照有关法规进行合理的分配。企业的利润在进行相应调整后，依法缴纳所得税。企业税后利润按规定顺序进行分配。财务成果的分配，不仅关系到企业投资者的利益和企业未来的发展，而且关系到企业税负。在企业财务成果分配过程中，与税负有关的问题，主要是收益分配的顺序和保留盈余的问题。企业财务成果的税收筹划主要包括收入组织的税收筹划、收益分配顺序的税收筹划、保留盈余的税收筹划。

关键术语：

收入控制法　　费用分摊法　　管理费用　　财务费用　销售费用
资本利得　　股息性所得

思考题

1. 简述利用费用分摊法调整当期的损益应注意的问题。
2. 简述收益分配顺序的税收筹划的基本思路与方法。
3. 简述股息与资本利得的差异与节税筹划。

参考文献

[1] 贺飞跃. 税收筹划理论与实务 [M]. 2版. 成都：西南财经大学出版社，2008.

[2] 盖地. 税务筹划理论研究 [M]. 北京：中国人民大学出版社，2013.

[3] 徐泓. 企业纳税筹划 [M]. 2版. 北京：中国人民大学出版社，2014.

[4] 翟纯垲. 营改增实战与筹划必读200案例 [M]. 北京：中国市场出版社，2016.

[5] 马泽方. 企业所得税实务与风险防控 [M]. 北京：中国市场出版社，2016.

[6] 庄粉荣. 纳税筹划实战精选百例 [M]. 6版. 北京：机械工业出版社，2016.

[7] 翟继光. 新税法下企业纳税筹划 [M]. 4版. 北京：电子工业出版社，2016.

[8] 盖地. 税务筹划学 [M]. 5版. 北京：中国人民大学出版社，2017.

[9] 蔡昌. 税务筹划理论、实务与案例 [M]. 1版. 北京：中国人民大学出版社，2018.

[10] 计金标. 税收筹划 [M]. 7版. 北京：中国人民大学出版社，2019.

[11] 梁文涛. 纳税筹划 [M] 5版. 北京：清华民大学出版社、北京交通大学出版社，2019.

[12] 梁俊娇. 税收筹划 [M]. 7版. 北京：中国人民大学出版社，2019.

[13] 中国注册会计师协会. 税法 [M]. 北京：中国财政经济出版社，2020.

[14] 全国税务师职业资格考试教材编写组. 税法1 [M]. 北京：中国税务出版社，2020.

[15] 全国税务师职业资格考试教材编写组. 税法2 [M]. 北京：中国税务出版社，2020.